THE STARS AND STRIPES
MEDITERRANEAN

Vol. 1, No. 243, Thursday, May 3, 1945 Printed In Italy TWO LIRE

NAZI ARMIES IN ITALY SURRENDER

By Sgt. HOWARD TAUBMAN
Staff Correspondent

AFHQ, May 2—The German armies in Italy and in part of Austria have surrendered—completely and uncondi-onally.

The long, bitter, back-breaking campaign of Italy has been crowned with victory. In the theater where the estern Allies made their first breach in Adolf Hitler's Fortress Europe, the fighting has come to an end with the rrender of an entire front.

This front covers not only the rest of Italy where the routed Germans have been fleeing in disorder but the estern area of Austria. The Germans defending the Austrian provinces of Vorarlberg, Tyrol, Salzburg and parts Carinthia and Styria have surrendered to the Allied might of the Mediterranean Theater.

This means that vital cities like Innsbruck and Salzburg are ours without a fight. It means that Allied forces e over Austrian territory within ten miles of Berchtesgaden, where Hitler built what he thought was a personal tress so deep in the fastnesses of the Alps that it would take months and years to approach it.

It means that the bankruptcy of German aggressive policy and German arms has caused an old line Prussian itary leader like Col. Gen. Heinrich von Vietinghoff and a convinced Nazi like SS General Karl Wolff, the two manders on this front who have surrendered, to ignore Hitler's and Himmler's injunction—to fight to the end.

It means that other fronts where the Germans have any sort of sizable formations may choose to follow suit. ay be that here, in Italy, where the Allies have done their hardest and most sustained fighting, the way has been wn to German commanders how to end the useless slaughter at once.

But above all else, the surrender in Italy means that the valorous fighters of the 5th and 8th Armies, who e fought their way up the entire length of the relentless Apennines, need not begin the heart-breaking task of quering the mountains that lead to the Brenner Pass and into Austria.

It means, too, that the fliers of the Mediterranean Allied Air Forces need not go plunging into the flak alleys round Brenner Pass or in the other narrow passages among the Alps where the Germans (Continued on page 2)

三位中间人：韦贝尔少校、胡斯曼教授、帕里利男爵

盖弗尼茨和杜勒斯

韦贝尔少校、莱姆尼策将军及艾雷将军在阿斯科纳的会见

1945年4月29日，亚历山大元帅的参谋长摩根将军（右）在卡塞塔对德国使者讲话

施韦尼茨代表维廷霍夫将军签署投降书，他后面是沃尔夫将军的代表温纳少校

摩根将军代表地中海战区盟军最高司令签署投降书，他的后面是苏联的基斯连科将军和美国的莱姆尼策将军

摩根将军向英国和美国的记者们通报投降的消息，并要求保密三天

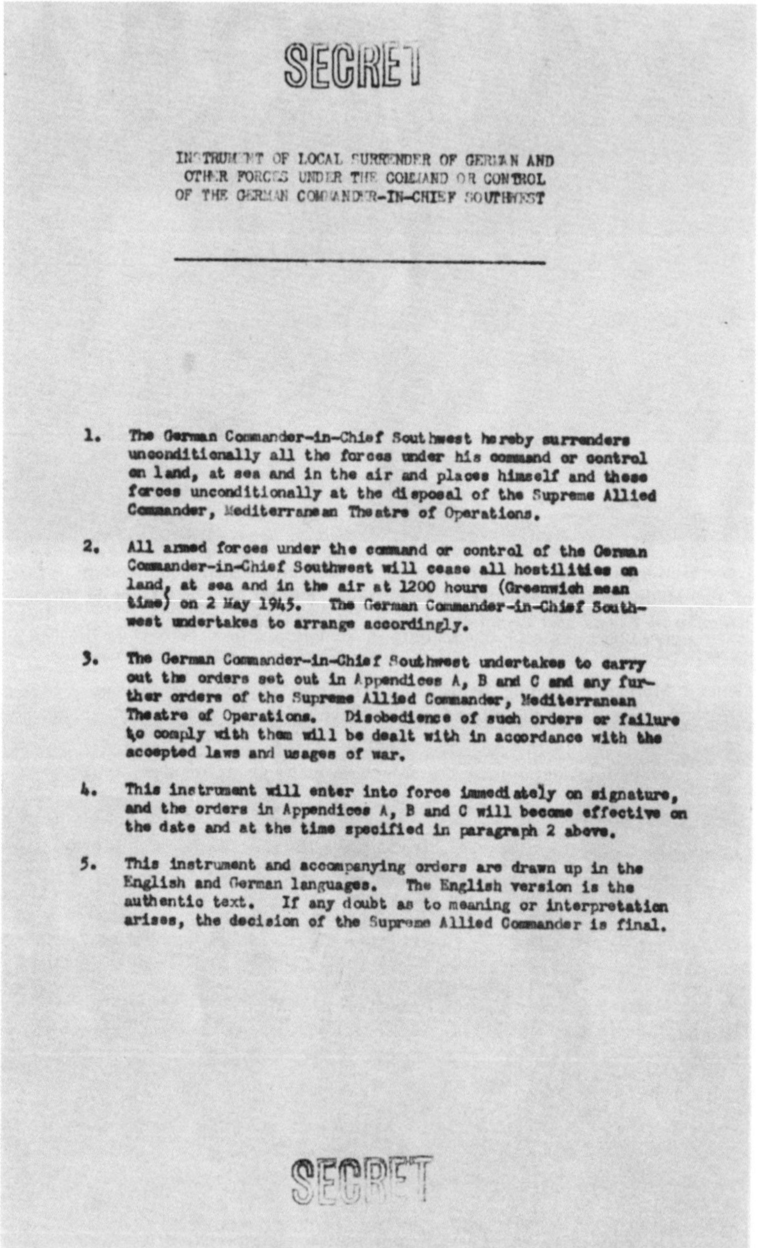
SECRET

INSTRUMENT OF LOCAL SURRENDER OF GERMAN AND OTHER FORCES UNDER THE COMMAND OR CONTROL OF THE GERMAN COMMANDER-IN-CHIEF SOUTHWEST

1. The German Commander-in-Chief Southwest hereby surrenders unconditionally all the forces under his command or control on land, at sea and in the air and places himself and these forces unconditionally at the disposal of the Supreme Allied Commander, Mediterranean Theatre of Operations.

2. All armed forces under the command or control of the German Commander-in-Chief Southwest will cease all hostilities on land, at sea and in the air at 1200 hours (Greenwich mean time) on 2 May 1945. The German Commander-in-Chief Southwest undertakes to arrange accordingly.

3. The German Commander-in-Chief Southwest undertakes to carry out the orders set out in Appendices A, B and C and any further orders of the Supreme Allied Commander, Mediterranean Theatre of Operations. Disobedience of such orders or failure to comply with them will be dealt with in accordance with the accepted laws and usages of war.

4. This instrument will enter into force immediately on signature, and the orders in Appendices A, B and C will become effective on the date and at the time specified in paragraph 2 above.

5. This instrument and accompanying orders are drawn up in the English and German languages. The English version is the authentic text. If any doubt as to meaning or interpretation arises, the decision of the Supreme Allied Commander is final.

SECRET

投降协议的签字页

SECRET

6. This instrument is independent of, without prejudice to, and shall be superseded by any general instrument of surrender imposed by or on behalf of the United Nations and applicable to GERMANY and the German armed forces as a whole.

Schweinitz

....

VICTOR VON SCHWEINITZ,
Lieutenant Colonel in
the General Staff of
Army Group C,
for Colonel General VON
VIETINGHOFF-SCHEEL,
Commander-in-Chief South-
west and Commander-in-
Chief of Army Group C.

W. D. Morgan

....

W. D. MORGAN,
Lieutenant General,
Chief of Staff,
for Field Marshal The
Honourable Sir Harold
R.L.G. ALEXANDER,
Supreme Allied Commander
of the Mediterranean
Theatre of Operations

....

EUGEN WENNER,
SS-Sturmbannführer and
Major in the Waffen-SS,
for SS-Obergruppenführer
and General of the Waffen-
SS WOLFF,
Supreme Commander of SS and
Police and plenipotentiary
General of the German Wehr-
macht in Italy.

Signed at CASERTA, Italy.

29th April 1945

.... Hours

投降协议的签字页

投降后，罗廷格将军、盖弗尼茨、温纳少校、维廷霍夫将军、多尔曼上校及沃尔夫将军在博尔扎诺

秘密投降

THE SECRET SURRENDER

[美] 艾伦·杜勒斯 / 著　忠华 / 译

中信出版集团 | 北京

图书在版编目（CIP）数据

秘密投降 /（美）艾伦 · 杜勒斯著；忠华译 . -- 北京：中信出版社，2021.4

书名原文：The Secret Surrender

ISBN 978-7-5217-2080-8

Ⅰ．①秘… Ⅱ．①艾… ②忠… Ⅲ．①第二次世界大战—史料 Ⅳ．① K152

中国版本图书馆 CIP 数据核字（2021）第 037174 号

秘密投降

著　　者：[美] 艾伦 · 杜勒斯

译　　者：忠　华

出版发行：中信出版集团股份有限公司

（北京市朝阳区惠新东街甲 4 号富盛大厦 2 座　邮编　100029）

承 印 者：天津市仁浩印刷有限公司

开　　本：880mm×1230mm　1/32　印　张：10　插　页：4 页　字　数：208 千字

版　　次：2021 年 4 月第 1 版　印　次：2021 年 4 月第 1 次印刷

书　　号：ISBN 978-7-5217-2080-8

定　　价：45.00 元

目　录

第一章
“必须保持绝密”

第二次世界大战的欧洲战场即将结束的前几天，1945 年 5 月 2 日，英国首相温斯顿·丘吉尔（Winston Churchill）出人意料地出现在国会下议院。不过，首相没有立即参与正在进行的辩论。如往常一样，他在“吊大家的胃口”，并没有急着公布他所知道的重大消息。在请议长允许他做一个简短的报告之前，他浏览了一遍讲稿，然后平静地宣布了德国向同盟国在二战中的第一次大投降。没有华丽的辞藻，他只用事实说明一切：意大利北部有近 100 万人投降，那里的反纳粹和反法西斯[①]战争已经结束；欧洲战线上，战争也已接近尾声。

丘吉尔先生说：“元帅哈罗德·亚历山大爵士（Sir Harold Alexander）[②]刚宣布，德国的西南战区司令兼陆军 C 集团军总司令

① 本书对“纳粹”和“法西斯”进行了区分。“纳粹”（Nazism）是德语“Nationalsozialismus”（民族和社会主义）的简称，宣扬种族优越论，强调一切领域的“领袖”原则，鼓吹达尔文主义，力主以战争为手段夺取生存空间，建立世界霸权。“法西斯”的意大利语“Fascismo”的本意是“束棒”（古罗马使用的权力标志棒），它代表以专制元首为中心的极端集体主义。在本书中，纳粹代表德国，法西斯代表意大利。——译者注

② 哈罗德·亚历山大元帅（1891—1969）曾任北非战区盟军最高副司令、地中海战区盟军最高司令。——译者注

冯·维廷霍夫（von Vietinghoff）将军率领的陆海空三军已无条件投降；投降书已于星期日（4 月 29 日）下午由德军的两名全权代表及盟军司令部总参谋长 W. D. 摩根（W. D. Morgan）中将，在位于卡塞塔（Caserta）的盟军司令部签署。投降条款规定，在 5 月 2 日格林尼治标准时间中午 12 点停止敌对行动。”

下议院发出一片惊讶之声。国会议员们意识到，丘吉尔首相把这个重要的消息从 4 月 29 日投降书签署之日起隐瞒了三天后才公布。对为何保密之事，丘吉尔先生感觉欠下议院一个解释，于是他补充道：“直到最后一分钟仍有许多不确定因素，德方最高司令向其军队发出投降的命令得到有效确认后，亚历山大元帅才发来这个消息。”

然后，丘吉尔简单地回顾了意大利战线的情况。在登陆意大利半岛后的长途跋涉中，一支由不同国家和民族——美国人及日裔美国人、英国及其自治领的人、法国人、波兰人、巴西人、意大利人和其他民族组成的军队，肩并肩地在艰难中与顽固抵抗的敌人英勇作战。这支军队的荣耀在于它迫使德国第一次无条件向盟军投降。

丘吉尔说，投降的纳粹和法西斯力量分别是 22 个被打残了的德国师和 6 个意大利师。盟军夺回的地区包括：意大利北部的伊松佐河（Isonzo）地区，奥地利的福拉尔贝格州（Vorarlberg）的整个地区、萨尔茨堡（Salzburg）、蒂罗尔州（Tyrol）及卡林西亚州（Carinthia）、施蒂里亚州（Styria）的一部分。位于阿尔卑斯山脉的德国阵地整个南翼已被拿下。尽管纳粹曾企图在那里坚守，但是现在进入山地堡垒的钥匙已经被我们夺过来了。

在丘吉尔结束对亚历山大元帅、马克·克拉克（Mark Clark）将军及组成驻意大利盟军的各民族军人的称赞之后，下议院的一位议员询问这次投降的情况，以及这位德国将军本人是否承担投降的责任。对此，丘吉尔给予肯定的回答，并继续说：“在一段时间内，这些谈判是私人性质的。谈判在某些时间比另一些时间更有希望，但是我在最后两天就已经知道会出现什么结果，不过直到最后一分钟还不能确定谈判是否会被中断。所以，必须绝对保密。”

外界不知道的是，自 1945 年 2 月末起，由我负责的美国战略服务局（the Office of Strategic Service, OSS）驻瑞士的使团，就已与在意大利的德国将军有秘密来往和信息传递。在关键的两个月里，忙于作战的双方指挥官通过我在伯尔尼的办事处寻求结束意大利战线战斗的方式，使纳粹在意大利的投降成为可能，从而导致它在欧洲的总投降。为了加快处理信息和保密，我们给这个行动起了一个代号——“日出”（Sunrise）。后来我们才知道，密切关注此事进程的温斯顿·丘吉尔已经给这个行动起名为“字谜”（Crossword）。

阿道夫·希特勒（Adolf Hitler）顽固而愚蠢的政策阻碍了我们更早取得成功。尽管他的军队已陷于绝望的境地，但他仍不准任何地区的任何部队投降。他的将军们有充分理由惧怕未经他授权就停止战斗，因为这会使他们付出生命的代价。这意味着，他们不可能接受持白旗越过战线而来的谈判者，我们也不可能进行公开的和谈或正式的谈判。替代的办法是由一个秘密的情报组织接手这项不寻常的任务：建立初步的接触，认真地同敌方谈判，直到准备签署投降书。在亚历山大元帅的批准下，我们成为盟军与德军双方高级司令部之间保持沟通的渠道。

美国战略服务局在那时有明确的职责，由于其创始者和局长威廉·多诺万（William Donovan）的远见和主动，战略服务局组织了一批已经准备好执行这项敦促投降任务的核心人员。

多诺万是天生的领袖人物。他有不畏艰难的毅力和高度热情，而且有巨大的勇气和聪明的才智。令人信服的个性使其成为卓越的谈判者。

在第一次世界大战时，多诺万因在爱尔兰第69战斗师的杰出军事服务贡献而很快被提升为上校。由于作战勇敢，他获得了“国会勇敢奖章”和公认的外号——“野蛮的比尔”。一战结束后，他曾是纽约市的著名律师，1933年代表共和党竞选州长，其对手是赫伯特·莱曼（Herbert Lehman）。莱曼后来说，多诺万的竞选活动是他迄今见过最干净的。1933年对共和党的候选人来说不是一个吉祥年[①]，票选结果是多诺万屈居第二。这对美国政界来说是一个损失，却是美国情报界不可估量的一个收获。

多诺万的兴趣不限于法律和政治。在第二次世界大战爆发前的几年，他已经在研究军事，并规划美国一旦成为交战国所需要的情报组织，他认为这是不可避免的。他总是喜欢亲自考察事件。

① 由于上一任的共和党总统胡佛执政期间的经济大萧条，美国民众对共和党不满，从而有利于民主党候选人赢得竞选。——译者注

不管哪里有战事，只要有可能，他都会去那里。1936年，第二次意大利－埃塞俄比亚战争期间，他专程去了埃塞俄比亚；1936—1937年，西班牙内战时期，他特地到西班牙。

当第二次世界大战在1939年9月爆发时，多诺万是最早察觉到现代战争性质变化的少数美国人之一。20世纪30年代，他预料全球性的冲突即将到来。在那时，他就已确信，在未来战争中，现在我们称为“非常规战”或心理战将会占有重要地位。

在这方面，多诺万完全同意温斯顿·丘吉尔关于第一次世界大战期间遵循了错误战略的观点。1915年、1916年和1917年英法的进攻证明了丘吉尔所述的“竭尽全力的政策导致愚蠢的大屠杀”。法国和英国在这几年中损失了诸多民族精英——成年男子。丘吉尔说道：“战役是靠屠杀和灵活机动赢得的。一位将军在灵活机动方面贡献越多，牺牲就越少，他就越伟大。”他补充说：“在战争中有多种方式的灵活机动，有些只是在战场上实施机动，包括向侧翼和后方的远距离机动，还有在时间、外交、过程和心理方面的，而这些灵活机动虽远离战场，却往往能对战争起决定性作用，它们的目标都是寻求比纯粹大屠杀容易得多的途径去达到主要目的。”①

多诺万同样反对血腥的堑壕战思想。他认为必须迫使敌人在其弱我强的地区作战：“我们必须利用对方的弱点，并由我们自己确定作战的地点。”他觉得非常规战和特种战使我们能利用敌

① Winston S. Churchill, *Great Destiny* (New York: Putnam, 1962), p.283.

方阵营内的不满情绪，其证据是在纳粹和法西斯控制的一切国家内的汹涌澎湃的地下活动。

鉴于纳粹组织已开始改变欧洲的版图，多诺万不得不投入一项能唤起同胞们警惕所面临的危险的行动中。幸运的是，他得到了富兰克林·罗斯福（Franklin Roosevelt）总统的信任，而且与海军部长弗兰克·诺克斯[①]（Frank Knox）特别亲近。多诺万常常同参谋长联席会议的成员们争论关于情报工作的作用及非常规战的实施，赢得了他们的尊敬，并最终取得与他们的合作。

1940年，法国沦陷后不久，英国也处于战争最黑暗的阶段。多诺万在这一年酷热的8月来到华盛顿，在国会为当时的军事训练法案做证。他意外地被传唤到白宫。在那里，他发现罗斯福总统与国务卿科德尔·赫尔（Cordell Hull）[②]、陆军部长亨利·史汀生（Henry Stimson）[③]和海军部长弗兰克·诺克斯在开会。多诺万上校不明白他为什么会被传唤到此。诺克斯部长首先发言，问多诺万是否愿意接受秘密访问英国的使命，并回来向总统报告那里的情况，特别是要搞清楚这样一些问题：英国能否如丘吉尔承诺的那样继续单独对希特勒作战？他们有这样做的手段吗？如果他

① 诺克斯（1874—1945），在1936年代表共和党竞选副总统失败，但是罗斯福总统（民主党）仍任命他为海军部长（1940—1944）。——译者注

② 赫尔（1871—1955），曾任10届（22年）众议员和1届（6年）参议员。罗斯福总统任命他为国务卿，直到1944年杜鲁门总统上台。——译者注

③ 史汀生（1867—1950），在1911—1913年担任陆军部长。共和党的胡佛总统任命他为国务卿（1929—1933）时，他反对日本侵略我国满洲，宣布美国不支持任何以武力更改的国际边界线。民主党的罗斯福总统任命他为陆军部长（1940—1945）。——译者注

们继续作战，美国给他们提供哪些东西最有效？多诺万还必须报告纳粹“第五纵队”[①] 在欧洲的活动，这多多少少是为了掩护他的主要使命。

那时，英国的命运正处于最低谷。法国已经求和，并已签订停战协议。英国度过了敦刻尔克灾难，救出了有限兵力的主要部分，但是在作战所需的弹药和财力方面，英国处于绝望的境地。美国总统必须很快决定，是否继续实施《租借法案》，把老旧的驱逐舰转让给英国以及执行其他的援英计划。总统要求多诺万做出判断，不是判断英国未来能否打赢战争，而是判断美国给了这些战争援助后，英国是否能继续战斗。

多诺万在伦敦与英国的某些领导人进行了一系列谈话后回到美国。他把确定的意见告诉罗斯福总统：即使胜利的概率很小，英国也要继续战斗。他不能预测英国能否赢得战争，但是总统可以影响英国作战的决心。多诺万还提出一系列措施以加强英国保卫自己的能力。后来，根据《租借法案》，这些措施大部分被付诸实施。

多诺万在英国还研究了英国情报工作的组织和技术。这使他认为，美国的军事计划及整个国家战略将要前所未有地依靠情报环节，美国的情报机构应该完全改组。他还从英国了解到他们所知道的纳粹“第五纵队”的活动，这些活动在德国攻占波兰、比利时、荷兰和挪威时起了很大的作用。多诺万知道，美国没有足

① “第五纵队”为叛徒、间谍、内奸和破坏分子的总称。——译者注

够的防卫力量以对付敌方的“第五纵队”，没有组织好对付它所需采取攻势。他强烈地感到，美国应装备好以对付此事。

多诺万与芝加哥《每日新闻》的埃德加·莫勒（Edgar Mowrer）合作，在报纸上发表了一系列文章，旨在唤醒美国严肃面对“第五纵队”活动带来的危险。这些文章由多诺万和莫勒共同署名，被美国的主要新闻机构传播到全世界，二人还受到诺克斯部长的赞扬。

多诺万的英国之行使他确信，地中海即将成为盟军生死攸关的战场，关键是要保持通信线通畅。因此他成为后来1942年秋季盟军在法属北非[①]成功登陆的热心参与者。他们迫使纳粹和法西斯在尽可能远离家乡和补给基地的地区作战，迫使他们不断延长易受盟军日益增长的海军和空军力量攻击的通信线，这就是他曾建议的策略！

在完成赴英使命之后，多诺万并没有在美国待很久。他使罗斯福相信，地中海将注定成为关键的战场。1940年12月1日，他被召到华盛顿，总统问他是否愿意执行第二个使命——对地中海地区做一个经济、政治和军事的战略评估。他立即接受了。1940年12月6日，他进行了一次长达3个半月的2.2万英里的旅行，坐飞机从地中海的一端到另一端。

1941年4月回国后，在给总统的报告中，多诺万极力强调

① 法属北非指当时法国在地中海西部的非洲沿岸殖民地：摩洛哥、阿尔及利亚和突尼斯。地中海东部是英国的殖民地：利比亚和埃及。登陆北非的行动代号是“火炬行动”。——译者注

落实其关于美国情报服务工作的思想，尤其是心理战、政治战及破坏活动和游击战。多诺万把所有这些手段视作一个整体作战的各个部分，他提出一份计划，设立一个创建和指挥这些活动的组织。他的报告中有一个专门章节，叙述他在地中海之旅期间发现的英国突击队。他指出，英国皇家总参谋部在敦刻尔克大撤退后建立了一支英国游击队特种力量，以此为背景，他敦促罗斯福总统根据美国的地位组建类似的军事力量。他估计，至少需要花两年时间招募、培训和装备能在一对一的战斗中打败德国人的军队。同时，美国必须准备好运用非常规战的技巧。

那时，多诺万在费城的一次演讲中说：“我们的方向有误。我们总是谈论援助英国，似乎英国是大门外的一个乞丐；准确的事实却是，英国一直是我们的屏风——我们可以在它后面穿袜子、系鞋带和整装，它也是我们的实验室[①]。”

罗斯福总统任命了一个内阁专门委员会，评估多诺万的思想并推荐行动计划。成员有陆军部长史汀生、海军部长诺克斯和总检察官罗伯特·杰克逊（Robert Jackson）。结果是，作为美国总统兼陆海军总司令的罗斯福在1941年7月11日签署了一项行政命令，设立一个情报协调者办公室（the Office of the Coordinator of Information，OCI），并指定多诺万为主任。该部门的职责是：收集和分析与国家安全有关的一切信息和数据，使这些信息和数据互相关联，并能为总统及总统确定的政府部门和官员们所用。

---

① 意指英国在实验如何能有效地对付纳粹德国。——译者注

该命令给实施“可能有助于对保护国家安全至关重要的辅助信息活动”赋予附加授权。虽然这项命令不是专门针对非常规战的，但其实指的就是非常规战。多诺万无疑是这样理解的。在签署这项行政命令时，美国当然还是一个中立国。当时距珍珠港事件还有5个月。

珍珠港事件之后，总统发布了一项新命令，把情报协调者办公室改为战略服务局，多诺万担任局长。总统在1942年6月13日签署的这项命令把OSS置于参谋长联席会议管辖之下。除了其前身OCI收集和分析情报的职能之外，还授权OSS“规划和实施美国参谋长联席会议可能指定的特种服务”。有了这些条件，多诺万就可以完成其关于协调战略情报收集工作的蓝图。

“特种服务”在情报界意味着：非常规战、用突击队袭击敌区、援助游击队，以及以隐蔽手段应对希特勒和墨索里尼帝国的弱点。由于OSS的规章中包含“特种服务”条款，美国首次建立了一个把收集情报、反间谍、援助地下抵抗活动、搞破坏，以及将几乎一切有助于国家事业而常规武装力量做不了的任务置于一体之内的情报组织。今天人们不断论争这种安排是否明智，但很少有人能回忆组建OSS及其后续的美国中央情报局（CIA）的决策曾得到过各方的高度支持。

多诺万邀请社会各阶层的各种人士帮助他，有军人、民间领袖、教师、银行家、律师、商人、图书馆管理员、作家、出版商、球员、传教士、弃恶从良的保险箱窃贼、酒吧调酒师、拖船操作者等等。他需要懂得某些技能或者能得到有用东西的人。这些男男女女开始工作之前，由于战事紧急，没有时间学习情报行业知识。他需要在任何可能的地方找到具有专门知识的人：有一位酒吧调酒师曾经被他雇用，并非因为善于调制饮料，而是由于会说纯正的意大利语，并且住在亚平宁山脉的一个隘口；一位传教士被雇用，是由于其熟悉缅甸的部落和当地语言；还有一位雕刻家，其能精准地伪造特工人员所需要的证件，帮助他们通过敌方战线。

多诺万最初的计划之一是，呼吁在欧洲的重要友好和中立地区建立情报前哨站。他没有浪费时间，立即推动美国国务院做出一项安排：在瑞典、瑞士、西班牙、葡萄牙及摩洛哥丹吉尔设立OSS的办事处，其中一些由美国在当地的外交使团承担。这个建议自然遭到职业外交家们的反对，但是多诺万最终如愿以偿。有些办事处还有不同形式的更深掩护。

我成为多诺万早期吸收的成员之一。在珍珠港事件后不久，他邀我入伙，并描述了OSS将如何帮助赢得战争。我们讨论了欧洲的形势，特别是那些被纳粹和法西斯占领的国家，在严酷的独裁统治下那些国家已经出现了民众动乱的迹象。在这些地区，他的非常规战和心理战理论都可以得到试验。他不需要过多地说服我，因为我完全相信他的做法总体健全及当前这项工作的重要性。

多诺万是我的一位老朋友。第二次世界大战前，他曾在华盛顿的司法部工作，后来在纽约做律师。那时他就知道在第一次世界大战的早期我在世界各地教书，后来我还在德国、奥匈帝国和瑞士任外交官。在瑞士任职时，我的实际活动是给华盛顿提供关于德国、奥匈帝国和巴尔干地区事务的情报。

起初，多诺万要我去伦敦，在那里同他和戴维·布鲁斯（David Bruce）一起工作，从而建立与英国情报机构的关系。但最终我说服他让我去一个比较不起眼的，但我觉得我过去的经验会有用处的地方——瑞士。

第二章

在瑞士的使命

第二章

[illegible]

我于1942年11月2日动身去伦敦，这是我赴伯尔尼履职的第一段旅程。在伯尔尼，我将出任公使的特别助理，附属于美国公使馆（现在称大使馆）。然而，我的真实任务是收集纳粹和法西斯方面的信息，并尽我所能，悄悄地给希特勒或墨索里尼统治下的毗邻瑞士地区的反纳粹和反法西斯力量提供鼓励和帮助。

启程前，我仔细听取了关于我的旅程问题的简报。我得到警告，我很有可能无法到达我的岗位。美国已经对德国开战[①]，当然我必须避免途经被纳粹控制的领域。那时从美国到瑞士的唯一途径是，先飞到里斯本（Lisbon）[②]，然后横穿西班牙和维希（Vichy）政府的法国，最后到达日内瓦。但是，我离开纽约时得知，美英联军在北非秘密登陆的"火炬行动"计划将于11月初进行。我们在华盛顿时曾估计，一旦美英联军开始登陆，纳粹将立即出

① 在第二次世界大战初期，美国一直采取孤立主义政策，未参战，只根据《租借法案》向抗击轴心国（德、意、日）的国家提供物资援助。1941年12月日本偷袭珍珠港后，美国才正式对轴心国宣战。——译者注

② 里斯本是葡萄牙首都。1932年以萨拉查为首的葡萄牙法西斯党"国民联盟"执政，掌权30多年，对内实行法西斯独裁专政，对外却与西班牙的法西斯独裁者佛朗哥一起保持中立。希特勒容忍葡萄牙和西班牙的亲法西斯力量中立，条件是不准帮助英国。——译者注

动，占领维希政府的整个管辖区。在军事方面，控制法国在地中海的港口对德国具有紧急的必要性。土伦港（Toulon）不能留给维希政府的海军。

不幸的是，由于天气恶劣，我去里斯本的飞机在亚速尔群岛停留了几天，我失去了宝贵的几天时间。我知道这个着陆不可避免。我从里斯本飞到巴塞罗那（Barcelona），这次旅程的剩余部分就是坐火车横穿西班牙和维希法国。我在巴塞罗那登上火车时已经是 11 月 8 日。在从巴塞罗那到法国边境的火车上，我遇到几位瑞士朋友。我们在波港站（Port Bou，这是到维希法国之前在西班牙境内的最后一站）一起吃午饭时，我的朋友认识的一位瑞士外交使节来到我们的餐桌。“你们听到消息了吗？”他极度兴奋地大叫，“美国人和英国人正在北非登陆。”

我依然身处中立的西班牙，如有必要，我能往回走或者继续前行，赌的是纳粹可能需要几天时间来决定他们该做什么。不过，我必须假定他们至少会占领横穿维希法国的交通线，并拦截、搜查火车。我知道，我将途经一个附近有大量德军驻扎的地区。如果我在维希法国被纳粹抓住，我最好的处境是在整个战争期间被关押。我的外交护照对我没有多少帮助。这是一次艰难的抉择，最终我决定继续前行。我跨过边境进入维希法国后，在韦里耶尔（Verrières）受到接待。似乎我是美国“解放军”的一员，来此把他们从纳粹手中救出来。法国人欣喜若狂，他们有某种误解——美军将在几天之内横跨地中海而来。实际情况是，他们不得不再等待两年。

当我的火车在那天晚上通过法国时，我决定，如果有德国人检查的迹象，我就尝试在中途停车时溜走，消失在野外，寄希望于联系上法国的抵抗力量，也许最终能非正式地或如我们习惯称呼的“摸黑儿”偷越边界进入瑞士。

在法国境内的最后一站是阿纳马斯（Annemasse），所有去瑞士的旅客必须下车接受护照检查。我发现一个穿着便装的人，他显然是一个德国人，在监视法国边境官员的工作。我在华盛顿时曾被告知，法国边境可能会有盖世太保[①]密探。在旅客中我是唯一被认为符合要求的。这个盖世太保在他的笔记本上仔细记录了我护照内的信息。几分钟后，一个法国宪兵对我解释，刚收到维希政府的一个命令，扣留来到边境的所有美国人和英国人，并直接向贝当元帅报告。我把这个宪兵拉到一旁，同他做了一次我从未有过的最热情的和我认为最有说服力的法语谈话。我援引拉法叶（Lafayette）和潘兴（Pershing）[②]的功绩，使他深刻地认识到让我通过边境的重要性。我持有有效的护照和签证，而且他们没有扣留我的正当理由。我使他相信，除了我的事情，贝当元帅在那天还有其他许多事情麻烦他。我还让他看我钱包内的东西。我的

① 盖世太保是德语“Gestapo”的音译，由德语“Geheime Staats Polizei”（国家秘密警察）的词头组成。1933 年纳粹上台后，它的二号人物戈林把政治警察、谍报警察和刑事警察合并组成“Gestapo”，由希姆莱率领的纳粹党卫军控制。——译者注

② 法国的拉法叶侯爵（Marquis de Lafayette，1757 —1834）在 1776 年卖掉家产，自费率募集到的人员到美国支援华盛顿将军领导的美国抗英的独立战争。美国的潘兴将军（John J. Pershing，1860 —1948）在一战时于 1917 年率领百万美军到法国抗击德军。这两位传奇人物被称为“法美两国的英雄”。——译者注

爱国主义谈话和给他的一些金钱方面的暗示似乎都不能打动他。他去打电话，我留在月台上漫步。我开始仔细观察周围，设想徒步溜走的计划，避免陷在那里。这并不容易。

最后，大约在中午时分，当火车即将离站驶往日内瓦时，这个宪兵来到我身边，急促地把我推上火车，并对我耳语："走吧。您看到我们（与德国人）的合作只是象征性的。"此时那个盖世太保不见了。后来我得知，那个盖世太保每天中午准时上街，到附近一家小饭馆喝啤酒和吃午饭。任何事情，包括登陆非洲，都不能打破其固定的德国式习惯。这些法国的边境执法人员按照下达的命令行事，敷衍了事地给维希政府打电话。但是，一旦盖世太保离岗午休，他们就可自行其是。几分钟后，我就合法地通过法国边界进入瑞士了。在法国获得解放之前，我是通过这种方式越过法国边境的最后一批美国人中的一个。我准备好了上岗工作。

我在伯尔尼的海伦街（Herrengasse）找到了一处公寓，那里风景如画、古色古香，靠近伯尔尼大教堂。这条有拱廊和铺了鹅卵石的街道沿着高高的阿勒（Aare）河岸蜿蜒。24年前，在第一次世界大战的最后几个月里，我曾在离此不远的地方居住和工作。那时，作为一名年轻的外交工作者，我在中立的瑞士受到了第一次情报工作培训。在我的公寓及其下面的河流之间生长着葡萄藤蔓，它为那些不愿被人发现行踪的来访者提供了理想的掩蔽。我还可以从上面的阳台看到整个伯尔尼阿尔卑斯山脉激动人心的伸展。

我在瑞士刚待了几个星期，当地最受尊敬和被广泛阅读的报纸之一，就警觉到我来此有着不同寻常的目的，它刊载了一篇文章，把我描述成“罗斯福总统的私人代表”，带着指定的“特殊任务”。这种谄媚而含糊其词的称呼被广泛传播，我没有办法阻止，公开否认等于为这个报道做了广告。当然，报道使信息提供者、志愿者与各种冒险分子、职业或业余间谍、好人和坏人纷纷登门。多诺万的行动原则是，不要让他的高级代表企图深藏地下，但让人们知道你在从事情报工作，最好告诉他们在哪里能找到你。瑞士报纸的曝光不召自来，把这项原则迅速而直截了当地付诸实践，虽然没有完全按照我愿意为自己选择的方式进行。

随着我的工作迅速地扩展，我极需要得到增援。显然，我不可能从华盛顿得到支持，因为当时瑞士的全部边境线都已被纳粹或法西斯占领的地区封死，所以我从驻瑞士的美国官员中借了几位助手。由于瑞士已被封锁，这些来自美国政府各部门——如经济战委员会的工作人员原先的任务已或多或少地过时了。在瑞士的此后数年内，我从美国人中找到的与我密切合作的大部分人，或者是由于各种原因而以个人身份留在瑞士，或者是因为突然封闭边境而滞留在瑞士。有些人在日内瓦为那些苟延残喘的国际联盟工作，有些人是因为健康状况而来瑞士的，有些人干脆是在旅行时遭遇不期而至的战争以及纳粹占领维希法国而被滞留瑞士的。

格罗·冯·盖弗尼茨（Gero von Gaevernitz）就是其中一位，它为本书所叙述的特殊事业做了大量工作。盖弗尼茨出生于德国，是效忠美国的德裔美国人，在瑞士有商业利益和家族私有财产。

他在战争爆发后仍留在那里，预期自己迟早有可能以甚为特殊的方式，为从希特勒独裁统治下解放欧洲的事业做出贡献。盖弗尼茨是一位高个儿美男子，那时40岁出头[①]。他个性迷人，并且很善于结交朋友。第二次世界大战时期我在瑞士工作期间，我们一直一起工作。在我联系反法西斯运动的工作中，他是我最紧密的合作伙伴。

盖弗尼茨的父亲是德国著名的教授和政治学家，曾是德国国会的左翼议员。在希特勒上台前，他帮助起草了《魏玛宪法》，并且把自己的大部分生命奉献给促进美－英－德的友好关系，以维护世界和平。1916年，我们介入第一次世界大战之前，我在美国驻柏林大使馆工作时就已知道他了。

由于家庭背景和人格魅力，年轻的盖弗尼茨与德国国内反希特勒的地下组织成员建立了极好的联系。在美国保持中立时，他经常在瑞士与德国之间往来并保持联系。我们在不久后联系那些参与反希特勒的重要计划的人时，单靠他的名字就帮了我们大忙。暗杀希特勒的计划在1944年7月20日失败。[②]而盖弗尼茨的热情、信念和关系使他最适合在困难的条件下开展对德国人的工作，当一个人试图在战争时期对敌人讲道理时往往处于这种心态。

① 格罗·盖弗尼茨出生于1901年，1942年应该是41岁，是经济学家。——译者注

② 这个计划的代号是“瓦尔基里行动”。1944年7月20日，德国陆军上校施陶芬贝格奉召向希特勒当面汇报工作，他在公文包内暗藏了一枚定时炸弹，走进会议室后把公文包放在橡木会议桌腿的一侧，距希特勒仅2米。不料一位军官嫌公文包碍事，把它挪到另一侧。炸弹爆炸后，结实的桌腿挡住了炸弹的威力，希特勒仅受轻伤。——译者注

盖弗尼茨深受其信念的驱使，认为德国从未如此普遍地受到纳粹主义的感染，而且许多人倾向于相信它。但是在德国，甚至在政界和军界的高层，有许多人准备支持能够摆脱希特勒和纳粹分子的可行行动，并结束战争。他友好地对待很多为躲避纳粹迫害而在瑞士避难的德国和奥地利的知名人士，以及还住在德国但时常访问瑞士的反纳粹者。他把两位重要人物介绍给我：一位是汉斯·伯德·吉斯维乌斯（Hans Bernd Gisevius）①，作为我与 7 月 20 日反纳粹政变者之间的联系人，他虽然身处危险，但扮演了激动人心的角色；另一位是威廉·霍格纳（Wilhelm Hoegner）博士②，他是我极其宝贵的顾问，为我提供德国内部的情报，在1923年慕尼黑酒馆暴动③失败后，他曾作为该案的公诉人专门起诉“阿道夫·希特勒一人”，因此成为希特勒上台后第一批被纳粹迫害的目标之一。在瑞士的其他反对希特勒的人士，给我们提供关于德国控制下的欧洲的情况。这些信息都来自他们还住在敌占区的朋友们，包括在波罗的海岸边的佩内明德的 V-1 和 V-2 导弹的

① 吉斯维乌斯（1907—1974），1933 年从法学院毕业后被分配到盖世太保工作，1936 年被解雇，1939 年到卡纳里斯的反间谍局工作，被派到瑞士任副领事。卡纳里斯和他都卷入了刺杀希特勒的行动，卡纳里斯被捕处死，他逃到瑞士。——译者注

② 霍格纳（1887—1980）是社会民主党人，曾任巴伐利亚州议员（1924—1930）、德国国会议员（1930—1933）。希特勒在 1933 年上台后，他逃到奥地利，1934 年逃到瑞士，与其他逃亡者一起成立了反纳粹的“民主德国”组织。——译者注

③ 1923 年 11 月 8 日，当巴伐利亚的军政头目和社会名流正在一家酒馆聚会时，希特勒带领数百名冲锋队员冲入酒馆，用欺骗和虚张声势的手段搞政变，宣布德意志共和国政府已被推翻。这场政变闹剧最终被镇压。希特勒被判处 5 年监禁，在狱中写的《我的奋斗》一书成为纳粹的纲领。——译者注

秘密武器库地址的重要情报。

无论情报多么宝贵，如不能及时送到需要的人手中，它就没有价值。我们从一开始就担心的主要问题之一，是战略服务局情报中心的通信联络，从被敌人完全包围的地方把我的报告传送到各地——华盛顿、伦敦、位于意大利卡塞塔的盟军司令部。我们在法国、德国和意大利的特工们想尽办法往返偷越瑞士边界，冒着生命危险将我们收集的信息立即送到几千英里之外的那些情报中心。

在把德国人赶出法国之前，我们的官方信使无法重新出行，把秘密的书面资料从瑞士送到美国当然是危险的。因此，我们不得不利用瑞士的商业电台设施来发送编成密码的外交信息。这是一条快速通道，但是不能发送长篇文章和分析报告，因为我们只有少数编码员，他们每天只能编码和解码有限的文字。我们还有一个连接华盛顿的跨大西洋的无线电话，瑞士为它提供了一套通话加密装置。我的电话报告只限于报刊综述及其他不保密资料。瑞士人自然也能听到这些报告，我们不希望德国人听到，除非他们能费力地进行拦截和解读，我们总是假设他们这样做。①

为了方便与意大利北部的游击队联络，并输送人员和补给物资给他们，我们在一个名为坎皮恩（Campione）的地方设立了一个站。坎皮恩是卢加诺湖（Lugano Lake）边的一块 15 平方公里

① 我有过一次经验。一位瑞士高官在一个晚宴上微笑着重述我刚和华盛顿之间的电话交谈。明知瑞士人窃听我与总部的谈话，我通常会在我的报告中插入几句我故意要瑞士人听到的话。

的意大利飞地，它被瑞士控制的陆地和湖面完全包围，从意大利的卢加诺坐船可以到达。在正常时期，坎皮恩最盈利的商业模式是保护一家赌场的经营，那时赌博在瑞士还没有合法化，但很多瑞士人经常光顾此地。

我们得知坎皮恩的防卫由6名持卡宾枪的意大利士兵担任，他们对法西斯的忠诚度不高，不至于为保卫法西斯而冒险镇压坎皮恩的居民。据说，当地600名不是法西斯的居民能把他们扔进湖里。1944年1月的一个深夜，足够装备20人的枪支和几百枚手榴弹从水上被走私到坎皮恩，惊讶的卡宾枪枪手们未发一声就投降了。坎皮恩人兴奋地庆祝自己就此回归维克托·伊曼纽尔国王（King Victor Emmanuel）[①]的怀抱，而且国王与盟军正在意大利南部合作。我们的代理人在飞地开了一家商店，安装了一个无线电台以保持与山中的游击队的联系，还在当地组织了一所学校，为我们培训在瑞士土地上未曾从事过游击战的意大利人。这些游击队员受训后就溜出坎皮恩，穿过约300米的瑞士领土，进入德国控制的意大利，加入隐藏在那里的反法西斯游击队。

然而，坎皮恩的人们没有周全考虑他们参加革命后所带来的经济后果。摆脱法西斯控制的意大利使当地居民碰到了财政问题，他们转而向我求助，其数额出乎我的预料。不过，坎皮恩的领导

---

① 伊曼纽尔（1869—1947）在1900年继承王位，被称为伊曼纽尔三世。第一次世界大战时他决定意大利加入协约国一方，从而成为胜利国。1922年墨索里尼率法西斯党徒进军罗马，被倾向于独裁制度的伊曼纽尔任命为总理。第二次世界大战开始后，他同意墨索里尼与希特勒建立纳粹－法西斯联盟。但是，随着战事失利及美英联军登陆意大利南部，他宣布停火，并逃到南部与盟军合作。——译者注

者自己想出了一个聪明的办法缓解了危机。在我们的帮助下，他们发行了一套纪念这块飞地与意大利王国合并的专题邮票。这些邮票自然成了全世界收藏家们的宝贝。卖出去的邮票比几代坎皮恩人寄信所贴的还要多，收入足够弥补预算赤字。由于收藏者们急于要收集盖了邮戳的邮票，坎皮恩的居民被雇来在信封上填写许多国家的地址。

1944 年仲夏，盟军成功进入法国，我们终止了对法国抵抗运动的支援工作。他们与盟军的军事当局直接接触。自我到瑞士以来，这项工作曾占用了我大部分时间。在 1943 年至 1944 年初的那些艰难岁月里，我的同事和我花了许多天接待马基（Maquis）①及其他抵抗组织的领导、战士和信使，他们偷偷进出瑞士。我们给他们资金，安排降落伞给他们空投武器和补给品，同他们一起制订配合盟军横扫法国的计划。在靠近瑞士的法国上萨瓦省（Haute-Savoie）地区活动的那些游击队，曾为 1944 年 7 月在法国南部海岸登陆后向北推进的美军承担先遣任务。

我们与意大利游击队的合作类似我们在法国做的事。游击队领袖偷越多山的国界，进入说意大利语的瑞士提契诺州（Ticino）②，把他们的要求和计划交给我们。我们安排向他们在山里的据点空投补给品。

意大利的游击队处于困难境地。德国在卡西诺山（Monte

---

① “Maquis”是地中海沿岸的灌木地带。法国农村的抵抗运动的最大组织以这个词命名，含有“纠缠”的意思。——译者注

② 提契诺州在瑞士南部，毗邻意大利，该州说意大利语（瑞士通行意、法、德三种语言）。卢加诺在该州南端的马焦雷湖旁，属于这个州。——译者注

Cassino)[①] 长期据守，而且德国在退出卡西诺山后仍然顽固地为寸土而战，这使北部的游击队在整整两个困难的冬季（1943—1944年和1944—1945年）不能直接与尚未抵达游击队坚守区的盟军汇合。除了零星袭击德国占领军之外，游击队多做任何事都等于自杀。

在此期间，我的许多工作涉及为游击队鼓舞士气和提供财政支援，以确保他们在盟军到达那里之前保存实力。鉴于意大利人的性格，这不容易做到。在被德军占领的意大利北部，所有反法西斯政党，包括共产党，团结在一起，成立了北意大利解放委员会（Committee for the Liberation of Northern Italy，CLNAI）。我同这个委员会的领袖们打交道。在这些领袖中，最著名的是最高军事规划者之一的费卢西奥·帕里（Ferruccio Parri），后来他成为战后意大利的第一任总理。他从事地下工作时用的名字是“毛里齐奥将军”（General Maurizio），而他和他的同事则称我为“阿图罗”（Arturo）。帕里是学者和政治活动家，戴着厚厚的眼镜，一头乱发因长期被监禁和曾遭受法西斯分子虐待而过早变白。他是墨索里尼惧怕的人——不妥协地正直，全身心奉献于解放事业，但很不冷静。他战斗的总部设在米兰，我们通过秘密信使保持联系，他不打算冒险通过德国和法西斯监控的边界到瑞士见我及与他合作的英国同事。

1944年末，当游击队的士气特别需要提振时，我们安排了一

① 卡西诺山在意大利首都罗马东南约130公里。1944年德军一个伞兵师在这里阻击并重创英、加、新西兰联军，这是意大利战线的最惨烈之战。——译者注

次行动——把以帕里为首的 CLNAI 使团带到意大利卡塞塔的盟军司令部。当时唯一可行的路线是：非法潜入瑞士后把他们带进法国，自纳粹撤走以后我们在那里有 OSS 的几个基地和机场，从我们在法国的一个机场把他们送到卡塞塔的盟军司令部。地中海盟军最高司令正式授权 CLNAI 作为一支与盟军协调行动的军事力量，并委派它在德国最终要撤退的地区维持法律和秩序。

被盟军的真诚和援助鼓舞的 CLNAI 使团沿原路返回意大利。尽管采取了防卫措施掩盖 CLNAI 使团进出意大利的行踪，但不幸和遗憾的是，德国人仍听到了某些风声，进行了一系列猛烈扑向一切可疑的抵抗运动中心的突袭，并抓到了帕里。严酷的危机降临到 CLNAI。盟军不得不假设德国人在抓帕里时拿到了他的一些文件，就像以往抵抗运动的一些领袖被捕时那样，因此必须取消帕里手中的文件提到的所有行动计划。

作为 CLNAI 中比较冒进的青年活动分子之一，埃德加多·索格诺（Edgardo Sogno，当时他是意大利的外交人员之一）[①]，试图和 3 个伙伴用德国 SS 成员的制服伪装后，从隔壁房顶过天桥进入米兰的女王酒店（Hotel Regina）把帕里救出来。但他在走廊里被卫兵拦住、抓走，并遭到拷打、审问和监禁。此后，帕里被移送到防守更严的维罗纳（Verona）SS 监狱。任何以武力把帕里救出来的机会都没有。与我们有联系的其他 CLNAI 成员呼吁我

① 索格诺（1915—2000）参加过墨索里尼的军队，1938 年在西班牙内战中站在佛朗哥那边。1942 年任墨索里尼内阁的司法部长，促成了释放数百万意大利籍犹太人。1943 年他因预言美国将战胜而被捕。他在 CLNAI 中代表自由党，是一个既反法西斯又反共的自由派君主主义者，崇拜戴高乐。——译者注

尝试通过情报渠道展开营救，比如建议用几个著名的德国囚犯交换帕里，实际上这并不可行。但不久之后，一个促使帕里获释的机会出人意料地来到我们面前。不过，这个故事必须等到本书的后面才能叙述。

与德国对抗，我们的工作从一开始就必须用另一种方式。德国有高层次的抵抗运动，但是并不像我们在法国和意大利支持的那种游击活动。1943 年夏，我们在德国的情报来源出现了。这是一位外交工作者，他有情报官员所梦寐以求的关系。乔治・伍德（George Wood）——我们给他起的代号，不仅是我们在德国的最佳情报来源，而且无疑是以前任何情报站都不曾有过的最佳探子。他是柏林的德国外事办公室的一名官员，在那里的工作是审查和分发外事办公室与德国在全世界的外交站点之间往来的有线通信，以便采取行动。由于德国与其驻东京的陆军和空军武官的信息往来，通常也通过外事办公室的渠道，他也能看到这些信息。由于远东战争还未结束，这些信息有极大的价值。他经常被外事办公室作为信使派到瑞士和其他站点。在某次作为信使来瑞士出差时，他成功地联系到了我们。他痛恨纳粹，愿意为打败纳粹而效力。

在柏林的工作岗位上，伍德可以为我们搜寻官方档案中他认为对我们来说比较重要的一切资料，并且复制或照相（缩微胶卷）。然后，他把这些复制文件与他要送交德国驻伯尔尼公使馆的资料，一起放入密封的外交口袋，或者通过秘密渠道邮寄给我们。此处不可能描述他所提供的全部信息。他交给我们的情报包括：V 型导弹的战术技术性能信息、盟军轰炸的效果、德国的计划、整个纳粹体制的逐渐瓦解。多诺万将军高度重视这些资料，把其中的许多情报直接送交罗斯福总统。

在 1944 年 4 月发往华盛顿的一份情报中，伍德提供了纳粹内部各级情况的资料。我在这里简单摘取其中一些资料。

> 十分遗憾的是，你们现在看不到伍德提供的所有资料，因为它们还未被整理和删节。其中大约 400 页是关于德国外交政策在最后两个月中的内部变动，它预示着纳粹即将灭亡和最终垮台。来自数十个外交岗位的抱怨声涌入发愁的总部和半死不活的外事办公室。这是一个萧条的景象：秘密特工和外交特务在尽力对付失败主义者、根本不听指挥的卫星国和盟友，以及不服从的中立者。卡纳里斯（Canaris）[①]控制秘密保安部门和“香槟酒小贩”控制外交的时代正在走向终点。
>
> 卡纳里斯已从这个景象中消失。[②]柏林召开了一次紧急会议，力图填补卡纳里斯在反间谍局留下的窟窿。里宾特洛

① 卡纳里斯（1887—1945）海军上将是德国军事情报局和名为 Abwehr（防卫）的反间谍局首脑。

② 卡纳里斯有双重人生。起初，他追随希特勒参加慕尼黑酒馆暴动，促使兴登堡总统让希特勒当总理。他因此被希特勒重用，被委任为反间谍局的头目。后来，他目睹纳粹发动战争、屠杀犹太人等惨无人道的罪行，转而反对希特勒，劝西班牙佛朗哥不要对德国海军开放直布罗陀海峡，以便美英联军登陆北非，暗中保护德国的抵抗运动人士，积极参加 1944 年 7 月 20 日暗杀希特勒的计划，被希特勒处以绞刑。——译者注

甫（Ribbentrop）[1] 在萨尔茨堡留下了他的几个主要助手，自己仓皇逃到富施尔（Fuschl）。他的外事办公室的其余人员则散落在利森山区（Riesengebirge）与首都之间的路上。首都残留的是几乎不可能工作的环境，防空洞被长期征用于做编码工作。一旦信息被解码，就开始急切地寻找每一份电报应该被送交的部门或部长；如果要取回电，就必须再次寻找，才能把它送达正确的地方。

这些电报描绘了腐烂的纳粹外交的临终挣扎。读者仔细阅读这些资料后，会看到纳粹在 6 年的无效战争的最后绝唱中，如何残忍对待那些无望和可怜的陷入盖世太保网络中的人，又看到德国外交面对"欧洲堡垒"（*Festung Europa*）[2] 内外两难的荒谬局面时，读者的情绪会从一个极端被带到另一个极端。

这份描述德国瓦解的信息让华盛顿的一些人很惊讶，他们马上问我：是否再想一想，需要修改或把语气稍微降得低调一些。我回答："我支持它，不要修改。"不过，我指出，我绝对不是说

---

① 里宾特洛甫（1893—1946）曾从事向英、法出口酒类的贸易，因娶了香槟酒大王的女儿而步入上层社会，1932 年加入纳粹党，一年后成为希特勒的外交顾问，1936 年任驻英大使，1938 年任外交部长，在并吞奥地利、逼迫捷克斯洛伐克割让苏台德地区、建立德意日三国轴心、签订《苏德互不侵犯条约》、苏德瓜分波兰等方面为希特勒立了大功。希特勒称他为"俾斯麦第二"，引起戈林嫉妒，戈林把他称作"肮脏的香槟酒小贩"。——译者注

② 这里是讽刺说法。战争初期，纳粹空军头目戈林自夸能在一夜间向伦敦投下 450 吨炸弹，而德国是敌方无法攻进的"欧洲堡垒"。1943 年 6 月，盟军飞机能一夜间向德国投下 1 万吨炸弹，于是讽刺德国是"没有屋顶的欧洲堡垒"。——译者注

德国军队的士气已接近崩溃，只是说纳粹对欧洲的心理控制正开始崩溃，而且纳粹的国家情报机构也已经开始解体。

在伍德的贡献之中，具有最高价值且能直接使用的是一份电报的复印件。它是德国驻土耳其大使冯·巴本（von Papen）骄傲地向柏林报告（1943年11月），通过“一名重要的德国特务”从英国驻安卡拉大使馆搞到的绝密文件。当然，这是著名的“西塞罗”（Cicero）[①]，英国大使馆的一个男仆，设法搞到了大使私人保险箱的钥匙，把其中的文件拍了照。我立即把此事转告给我的英国同事，两位英国安保人员立即飞往安卡拉的英国大使馆，检查保险箱，更改了几个保险箱的密码，从而使“西塞罗”失业。德国人和“西塞罗”都不知道假装例行来访的安保人员为何事而来。就这样，我们通过在瑞士的美国人领导的一个特工盗窃了德国外事处的保险箱，而终止了德国在土耳其的特工盗窃英国大使馆的保险箱。

瑞士在第二次世界大战中保持中立，意味着瑞士不愿站在任何一方而介入冲突，或者在任何军事或非军事的活动中支持任何一方。但这并不意味着，如果遭到攻击，它不会保卫自己，也不意味着在纳粹主义问题上瑞士仍是中立的。瑞士从一开始就很清楚，西方盟军没有什么可让它害怕的。但是，对至少曾两次（一次是在1940年法国战败前，另一次是在1943年北非战斗的关键日子里）准备侵犯瑞士的纳粹德国，瑞士一直感到畏惧。

---

① 借用古罗马政治家、雄辩家、哲学家、三巨头执政官之一的西塞罗的名字，作为这个暗藏的德国特务的代号。——译者注

在动员的巅峰时期，瑞士有 85 万现役或预备役的武装人员，占其总人口的五分之一。这支力量的司令是亨利·吉桑（Henri Guisan）将军，一位杰出的爱国者。瑞士没有被迫打仗归功于它有抵抗意志，以及它在国防方面投入了大量的人才和装备。德国若进犯瑞士，将会付出高昂的代价。[①]

瑞士被轴心国完全包围之后，其防卫基于这样的战略设想：即使它的主要城市和工业区经不起德国的攻击，但是一个由堡垒、隧道、地下补给站构成的系统，将使任何敌人都很难把瑞士的防卫者们从这些要塞中铲除。迫不得已，瑞士将自行炸毁德国从意大利运送补给时需要通过的阿尔卑斯山的铁路隧道，这是瑞士公开宣布的。这等于通知德国人，如果进犯瑞士，他们必将失败。

在 1940 年的那些绝望的日子里，当瑞士完全被轴心国围困时，瑞士政府的某些成员曾想寻求妥协以避免与德国发生冲突。然而，在瑞士的陆军中有一些爱国军官坚持不惜一切代价抵抗德国。他们中有陆军的高级情报官员，很清楚德国对瑞士的意图。

马克斯·韦贝尔（Max Waibel）上尉和汉斯·豪斯曼（Hans Hausamann）上尉，领导着一个代号为“哈局”（Bureau Ha，豪斯曼的头两个字母）的情报组织，有证据认为，德国特务准备用武力

---

① 希特勒仇恨瑞士，称瑞士为“欧洲脸上的粉刺”。1940 年战胜法国后，他命令制订进攻瑞士的“圣诞树行动”计划。瑞士准备决一死战。吉桑将军的战略是，先在边境抵挡一下，然后撤进阿尔卑斯山中的一些堡垒打游击战。在瑞士冰冷的高山上打一场持久战，将使德国付出巨大代价，希特勒只好放弃其计划。——译者注

阻止吉桑将军向陆军下达保卫国家的命令。豪斯曼和其他军官们，包括将在我们后面的故事中发挥重要作用的马克斯·韦贝尔，甚至签订了一个秘密协议：如果他们上面的高级军官有任何不愿抵抗敌国入侵瑞士的行动，他们将夺取最高指挥权。由于这个爱国的“犯上”行为，他们之中有几位还被判处短期监禁，这是他们为了用坚定的立场增强瑞士人的抵抗意志而付出的小代价。①

对于我的使命，瑞士官方人士的立场遵循了恰当的中立礼节，但这是一种助人为乐的中立。当然，必须使瑞士人确信我的谨慎和明智，以及我对他们立场的充分理解。例如，瑞士希望阻止我们采取的能引起德国注意的所有行动，因为他们会把这些行动作为有利于交战的一方而不利于另一方的例子。他们担心任何明目张胆地违反中立的行动会被德国作为报复的借口。我做了最大的合作，以清楚地表明我无意侦探瑞士的任何防御措施。他们防御德国攻击的准备做得越好，我们就越高兴。另外，德国有特工和破坏者在瑞士刺探情报。数十名德国特工被逮捕，数人被枪毙。

当然，我们也明白，瑞士情报局与德国和盟军的情报系统都有联系。由于瑞士人是中立的，他们可以同任何卷入作战的交战方联系，为自身的防御这样做也是合理的。瑞士的一部分情报官员主要与德国人联系，另一部分与盟军联系，从而使误会被最

---

① 在阿里斯·梅耶尔（Alice Meyer）的书《妥协或抵抗》（*Anpassung Oder Widerstand*, Frauenfeld, Switzerland: Huber, 1965）中，可找到关于这些事件的相当好的叙述。

小化。瑞士总参谋部的罗杰·马森（Roger Masson）上校联系希姆莱[①]的情报局长沃尔特·舒伦堡（Walter Schellenberg），而马克斯·韦贝尔和他的亲密伙伴则与我们磋商。我至今不知道马森与韦贝尔是否有直接的联系，他们二人都直接对吉桑将军负责。我信任韦贝尔，从未有任何理由为此后悔。后来，当我们在 1945 年初与德国将军们发展秘密而不稳固的关系时，如果没有韦贝尔帮助促成双方的接触和通信，以及安排在绝对秘密的条件下巧妙越过战线，我们很可能在每一步都受挫。韦贝尔在他的一切活动中都是为了和平。

在谈论第二次世界大战中瑞士的中立时，不提及瑞士的人道主义作用是严重的疏忽。它是为受迫害者、无家可归者和流亡者提供人道主义帮助和慈善救助的避难所。作为致力于各国之间合作的和平组织与国际机构的所在地，这里是同盟国和德国都可以指望为追求和平而找到能干及建设性助手的一个欧洲国家。

---

① 希姆莱（1900—1945）参与了 1923 年的慕尼黑酒馆暴动，1927 年任纳粹冲锋队的首脑，1934 年成为盖世太保和党卫军 SS 的领袖。——译者注

第三章

投降路上的障碍

在 1944 年的最后几个月和 1945 年的头几个月里，希特勒依然是日益缩小的德意志帝国的主人。他利用他制造的恐惧，维持他的地位直到死去之日。率领军队的那些将军是他的俘虏。在纳粹德国，除了希特勒之外，没有任何其他政治领袖有真正的权力和影响力。1944 年 7 月 20 日暗杀希特勒的行动失败后，希特勒的地位反而得到增强而不是削弱。

盟军和德军双方的将军们早就认识到，只可能有一种军事结果。这只是时间的早晚问题与如何结束的问题。是有条不紊地投降还是在混乱中结束？从我们在瑞士得到的报告中可以清楚地看到，希特勒希望在德国的军事防御最终崩溃时把整个欧洲拉下水。德国军队的指挥官们最终可能执行他的“焦土政策”的命令，把德国占领的国家，甚至德国自己残留的一切工业和经济都毁掉。

1945 年 3 月，希特勒命令德国的战时经济统领者阿尔伯特·施佩尔（Albert Speer）① 破坏德国的铁路和桥梁，以及工厂和

① 施佩尔（1905—1981）是个建筑师，因其建筑风格体现了希特勒青年时期的绘画风格而受宠于希特勒。先后任希特勒的私人建筑师、德国建筑总监、军备与战时生产部长。战争后期，因企图用毒气管道除掉希特勒而被判 20 年监禁。——译者注

公共设施，烧焦德国的土地。面对这种穷凶极恶的做法，施佩尔退缩了，他请求希特勒考虑一下，这样做对未来的德国人意味着什么。根据施佩尔在纽伦堡国际军事法庭审判中的证词，希特勒冲向他，并叫嚷：

> 如果输掉战争，则整个民族完蛋。这是无法避免的。没有必要考虑人民为了过原始生活而需要什么。反之，更聪明的是我们自己毁掉这些东西。因为这个民族已被证明是软弱的，未来只属于更为强大的东方民族。此外，在这场战争之后剩下的是一些次等人，那些优等人早已倒下了。[①]

谣传纳粹军队将最后坚守在巴伐利亚南部和奥地利的阿尔卑斯山脉里的一个堡垒中。虽然没有证据表明，德国确实在阿尔卑斯山脉中建造了一个称得上是最后阵地的防御工事，但是仍有理由担心绝望的纳粹匪徒们可能会撤退到天然的山中要塞，在那里进行顽固的抵抗。这将使战争延长几个星期或几个月。

在这些日子里，让欧洲政治舞台上的一些思想观察者困惑的是，德国是否还存在盟军可以与之打交道的，或者有权力和有勇气投降的人，如果没有，就只能为每一座城市而战。那时，艾森豪威尔将军曾准确估计：从西面来的英美军队与从东面来的苏联军队，将像两台在毁坏的土地上互相接近的推土机那样，会师于

---

① Allen W. Dulles, *Germany's Underground* (New York: Macmillan, 1947), p.195.

德国中部，而在此之前，战争不会结束。

1944 年 7 月 20 日，暗杀希特勒的计划失败了，那些有勇气用这种方式结束战争的数十名德国军方和高级文职官员被处死或监禁。在瑞士，盖弗尼茨和我一直与这个行动的重要成员保持紧密接触。他们事先把此次暗杀计划、参与此行动的领导人和政变的大致时间告诉了我们。与这个勇敢反纳粹的抵抗运动组织打交道的经历使我们相信，在暗杀希特勒计划失败后经历过血洗的德国，除了那些直接卷入计划的人之外，还有许多人希望在纳粹的战争狂人彻底毁灭他们国家之前，能够挽救德国所剩下的一切。

从与卷入该计划的军人的接触中得知，我们提出的无条件投降政策对德国的将军们产生了一种遏制力量，否则他们本来会更愿意反对希特勒。在密谋者们接触过的高级将领中，有几位不愿参加这个行动和承担相关的政治责任，因为按照他们的理解，无条件投降意味着，无论是由反希特勒的德国人展开行动使投降早日到来，还是更晚一些的希特勒亲信出面投降，盟军对待德国都会同样严酷无情。1944 年 4 月，在实施暗杀之前，密谋者们确实派了一名特别使节到瑞士见我，了解是否有任何能从西方那里得到比无条件投降更好一些的投降条件的希望。但他们得到的答复是“绝不”。盟军关于无条件投降的立场不可能改变。这位使节带着这个答复回去，使这些密谋者感到绝望；他们之中的一些人觉察到苏联有灵活得多的态度，因此苏联有可能成为他们反希特勒的主要同盟。

除了我们提出的无条件投降政策，以及纳粹寄希望于阿尔卑斯山里的最后阵地，还有一些其他的障碍继续阻挠我们推动纳粹投降的进程。其中之一是“背后插刀”的传说。鲁登道夫（Ludendorff）[①]和其他的德国将军在第一次世界大战后宣称，他们是被伍德罗·威尔逊（Woodrow Wilson）的允诺和他的“十四点原则”[②]骗入1918年停火进程的。这个传说把第一次世界大战中德国战败归结于那时德国政治领袖们的软弱甚至背叛，他们毁灭了德国人民继续抵抗的意志，甚至迫使在战场上依然未战败的德国将军们投降。这个传说，加上在德国人看来异常严苛的《凡尔赛条约》的条款，给一战后的德国政治生活带来了巨大的破坏，严重摧毁了魏玛共和国，并滋生了纳粹哲学的复仇情绪。

奇怪的是，这个传说不仅导致许多德国将军在第二次世界大战末期反对任何缔造和平的提议，还影响了华盛顿和伦敦的同盟国政治领袖们关于投降的思想。他们之中的许多人说，这次反对纳粹和德国军国主义的战争必须坚持到底。他们不愿德国人、纳粹分子及他们的历史书作者，再有否认曾在战场上被彻底打败的可能。第一次世界大战的“背后插刀”传说，使华盛顿和伦敦开

① 鲁登道夫（1865—1937）是第一次世界大战时的德军副总参谋长（总参谋长是战后任总统的兴登堡将军）。在战争失利后，他拒绝无条件投降，建议在美国威尔逊总统的“十四点原则”基础上停火及和谈。一战后，他极力反对魏玛共和国，称战争的失败是因为战场上不败的德军被左翼政客“从背后插了一刀”。——译者注

② 威尔逊（1856—1924）是美国第28任总统（1912—1920）。他在1918年1月的国情咨文中提出“十四点原则”，作为通过和平谈判结束一战的基础和战后世界的蓝图，其实质是增强美国势力、削弱英法、重新瓜分世界、敌视新生的苏俄、反对民族解放运动、建议成立国际联盟。这一年的8月，德国同意在“十四点原则”的基础上停火及和谈。他因建议成立国际联盟而获得1919年诺贝尔和平奖。他的“威尔逊主义”要点是向世界输出美国的“民主、自由和人权”。——译者注

始怀疑利用德国领军人物早日投降，以结束第二次世界大战的任何努力。

另一个传说是，关于德国新武器的奇迹及希特勒利用它有效挫败任何走向投降的企图。直到最后时刻，希特勒仍对他的部队允诺，除了 V–1、V–2 导弹和喷气式飞机外，他还有能改变整个战争进程的新武器。如果德国人研制出这些武器的时间提前一两年，或者如果盟军未能成功地轰炸他们研制 V–1、V–2 导弹的基地——佩内明德，那么就没有人能预言战争将持续多久，还有多少人会死去。所以，“奇迹武器”的说法不完全是一个传说，生产出新武器的可能性，使许多德国将军有信心继续战斗，否则他们会走上投降之路。①

我要提到的最后一个传说是同盟国将出现分裂。在整个战争中，希特勒始终有一种幻觉：英美联盟将与苏联分裂，那时德国就能与它们之中的一方达成交易。这个传说在富兰克林·德拉诺·罗斯福总统于 1945 年 4 月 12 日逝世后便迅速扩散。希特勒认为这将加速同盟国的分裂。归根结底，美国失去了伟大领袖，而这却成为希特勒分裂同盟国和利用苏联作为其秘密武器的好时机：或者联合苏联对付我们，或者联合我们对

① 作者没有提到的另一种更重要的真正是“奇迹”的武器——原子弹。纳粹德国曾致力于研制原子弹。早在 1939 年 4 月，纳粹政府就将 8 名物理学家召集到柏林，秘密商议研究可控的核裂变；9 月 28 日，阿尔伯特·施佩尔制订了研制原子弹的“U 计划”。纳粹德国最终未能抢在美国前面研制出原子弹。其中有主观原因——希特勒不重视，没有拨足够的资金给 U 计划，因为他认为等研制成功时，战争早已打赢了。还有一些客观原因：生产中子减速剂石墨的工厂出了差错。——译者注

付苏联。今天看来，这似乎是他疯狂思想的又一个证据，这种疯狂是点燃希特勒思想中希望之火的燃料。虽然他对历史知之甚少，但据说他深受一段历史的影响，那就是伊丽莎白女沙皇（Czarina Elizabeth）突然逝世导致1762年沙俄与奥地利的反普鲁士联盟瓦解，腓特烈大帝（Frederick the Great）使普鲁士从失败的绝境中反败为胜的故事。[①②]

走向和平之路的某些障碍是希特勒本人早就设置好的。其中之一是德国军队中每个士兵和军官必须宣读的纳粹忠诚誓言，它无疑是对任何反希特勒的个人活动的最有力遏制。这个誓言如下：

> 我在上帝面前宣誓，我无条件服从帝国和德国人民的领袖、德国国防军的最高司令阿道夫·希特勒，我作为一名战士保证一直遵守这个誓言，即使在危及我的生命时。[③]

这个誓言的特色是向作为元首和司令的希特勒个人宣誓，而不是简单地向国家和国旗保证。

今天，对于在时间和精神上都远离那种场面的我们，这个纳

---

① 腓特烈大帝（1712—1786）是普鲁士国王（1745—1786）。伊丽莎白沙皇（1709—1762）是沙俄彼得大帝的女儿，通过政变上台，痛恨亲德派，联合法国和奥地利进攻普鲁士。普鲁士面临亡国的险境。伊丽莎白于1762年突然逝世，接任的沙皇是亲德派，宣布退出战争，三国联盟的瓦解使普鲁士转败为胜。——译者注

② J. W. Wheeler-Bennett, *Nemesis of Power*（New York: Macmillan, 1953）, p.611n.

③ 同上，第339页。

粹忠诚誓言在德国军官思想中产生的令人敬畏的力量是难以理解的。宣誓的仪式和誓言的每一句话都含有中世纪骑士对其封建君主，以及贵族军人对国王宣誓效忠的意味。那些对传统敏感的人认为违背誓言在良心上是一件难事，只有具有坚定信念和独立道德判断力的人才能打破誓言。参加 1944 年 7 月 20 日密谋的一些人知道纳粹的罪行，在能证明对元首不忠是正当行为之前，他们不得不先和自己的良心做斗争，这主要是由于军人誓言产生的约束力。一些被邀请参与密谋的将军，包括约德尔（Jodl）、古德里安（Guderian）和曼施坦因（Manstein）[①]，都拒绝参加，因为他们觉得不能违背誓言，至少他们后来是这样断言的。无疑，这是有些人在当时和后来为效忠希特勒并彻底摆脱个人责任而找的借口。正如我们所看到的，纳粹忠诚誓言在我们同在意大利的德国将军打交道时又起了作用。

希特勒对将军们所使用的“胡萝卜加大棒”策略，成功地加强了其对他们之中一些人的控制。当一名将军干得好并让希特勒高兴时，他就会得到赞扬、授勋，甚至被提升为元帅，在某些重要情况下希特勒还给予奖金甚至豪宅。这些受到恭维和贿赂的将军被紧紧地与希特勒捆绑在一起，比捆绑着他们的纳粹忠诚誓言还要紧。如果将军们让希特勒不高兴时，他们就会被先发制人地撤销职务。如果不服从，他们就会受到军事法庭审判，有时被判

---

① 约德尔（1890—1946）曾任作战部长和总参谋长，因签发过杀死一切战俘的命令而被纽伦堡国际军事法庭判处绞刑而死。古德里安（1888—1954）被称为“德军装甲兵之父”，是陆军战术“闪击战”的创始人。曼施坦因（1887—1973）未加入纳粹党，拟定了著名的“曼施坦因计划”，此后主要在东线对苏作战。——译者注

监禁，有时会被处死，或像隆美尔（Rommel）[1]那样被责令自尽。[2]

军人发挥带头作用的暗杀行动未能成功，这削弱了将军们——个人或群体曾经抱有的直接向希特勒建议，或在他背后活动以影响战争进程的主动性。在失败的暗杀中显露出的军人们对希特勒的背叛，使得希特勒转而更加狂热反对军人阶层。甚至那些未参与暗杀行动的将军，也怕流露出的一丁点儿不愿执行元首命令的迹象会被当作背叛的证据，而使他们受到相应的惩罚。

在7月20日刺杀事件之后，除了亲密的私人顾问鲍曼（Bormann）[3]和戈培尔（Goebbels）[4]之外，希特勒几乎只靠党卫军执行他的政策和为自己做警卫。军队在他心中已名声扫地。在将军身边的武器被取下之前，他不会听取这个帝国国防军将军的报告或让此人近身。归根结底，这都是因为7月20日在公文包里

---

① 隆美尔元帅（1891—1944）是装甲闪击战的优秀实践者。在统率北非战场的德军时，他被称为“沙漠之狐”，初期大胜，后来由于德国在地中海没有海军，无力为他提供补给而转胜为败。——译者注

② 在紧接着诺曼底登陆后的几个星期里，伦德施泰特元帅和隆美尔元帅会见希特勒，并坦率地把他们预测的西部战线的最后战争结果摆在他面前，指望能触及元首的偏执思想，并劝他把德军撤回德国或谈判。这当然是毫无希望的，然而他们还是想试试看。希特勒已经在吹嘘超强杀伤力的奇迹武器，不会改变态度。于是，隆美尔就想自己秘密接触艾森豪威尔或蒙哥马利，寻求在西线单独停战。一架盟军飞机攻击他的公务车导致严重车祸，使他在7月中旬失去了行动能力，他因此而未能实施这个计划。此后不久，他在希特勒的逼迫下自杀，因为他赞成将军们暗杀希特勒的计划，虽然当时他在远处。（Cf. Hans Speidel, *Invasion—1944* [Chicago: Henry Regnery Co., 1950], pp. 151—160.）

③ 马丁·鲍曼（1900—？）曾任纳粹党秘书长、总部主任，希特勒首席私人秘书。他掌握纳粹党的钱袋子，能决定谁可以见到元首，被称为“元首的影子”。——译者注

④ 戈培尔（1900—1945）1928年任纳粹党的宣传部长，被称为“纳粹的喉舌”“创造希特勒的人”。纳粹执政后，他任国民教育与宣传部长，控制媒体、文化艺术、信息，主持烧书行动。——译者注

携带一枚炸弹进地下室开会的克劳斯·冯·施陶芬贝格（Klaus von Stauffenberg）[①] 上校，是帝国国防军的一名军官。希特勒下令，由党卫军首领希姆莱及其直属下级恩斯特·卡尔滕布伦纳（Ernst Kaltenbrunner）[②]，调查这起复杂而又牵连甚广的阴谋。卡尔滕布伦纳是 RSHA（帝国保安总局）的首领，RSHA 包括盖世太保、德国的国内外秘密情报局（SD）和德国在占领地区的安全警察（Sipo）。

在柏林，盖世太保的官员们绞死了曾在 1941—1942 年任西线德军总司令的欧文·冯·维茨莱本元帅（Erwin von Witzleben）[③] 和其他高级军官，因为他们都参与了刺杀行动。

一度骄傲和独立的德国军事情报机构——反间谍局成了沃尔特·舒伦堡领导的 RSHA 外事秘密情报局的下级。海军上将卡纳里斯，反间谍局的首脑，因参与暗杀行动而被关进集中营，后来被党卫军官员处决。

盖世太保的探子控制军队的一切司令部。溜须拍马者及希特勒自己喜欢的那些人，如 1944 年 8 月在西线取代冯·克卢格（von

① 施陶芬贝格（1907—1944）有伯爵头衔，是普鲁士贵族的后裔。他是一个虔诚的天主教徒，痛恨屠杀犹太人。他未加入纳粹党，是德国国内反希特勒的抵抗运动的积极分子。他是 1944 年 7 月 20 日刺杀希特勒事件的现场实际执行者。——译者注

② 卡尔滕布伦纳（1903—1946）是奥地利裔德国人，1932 年在奥地利参加 SS。他曾制订过“跳远运动”计划，企图在德黑兰暗杀斯大林、罗斯福和丘吉尔，未能得逞。纽伦堡国际军事法庭判他绞刑。——译者注

③ 维茨莱本（1881—1944）在希特勒吞并奥地利时，就想推翻希特勒而与英国交好。他认为英国首相张伯伦的“绥靖政策”救了希特勒。——译者注

Kluge）将军[1]的沃尔特·莫德尔（Walter Model）将军[2]，邀请SS官员进入他们的部队，以证明他们对元首的忠诚。在面临即将失败时，执行焦土和灭绝政策计划的任务被托付给SS的特种部队。希特勒知道，他不能信任帝国国防军中那些“胆怯”的感情用事者去执行那些政策。德国的SS首脑希姆莱被任命为国土防御军司令，这意味着在最后保卫德国本土的决战中，党卫军将起主要作用。

最后时刻由SS控制，这主要是用秘密警察的手段和突出处罚个人的威胁来进行控制的方法。如果将军们曾经感到受誓言的约束，那么现在他们还生活在担忧自己性命的恐惧中：冷酷无情的希特勒能毁灭隆美尔、维茨莱本和卡纳里斯，谁还能感到安全？

对于那些愿意为和平而工作的人来说，这是致命的危险情况。幸存的将军们理论上能够实施地区性的局部投降，但是现在已经无能为力，或者被吓得不敢尝试。盟军恰恰最不愿意承认SS，这个控制德国的组织，作为投降的代言人，盟军政策的主要考虑之一是惩罚和消灭它。鉴于纳粹内部等级结构的这些情况，德国将军们显然不能违反希特勒的命令，或者暗地里在他背后投

---

① 克卢格（1882—1944）怀疑脱离步兵的装甲闪电战，反对希特勒的错误指挥。他知道刺杀计划但拒绝参与，事后仍受牵连，于1944年8月19日被迫服毒自杀。——译者注

② 莫德尔（1891—1945）被称为“防守大师”和“希特勒的救火队员”，指挥了1944年德军最后一次反攻的阿登战役。1945年4月在盟军包围中，他解散部队，令军人复员逃命，自己自杀。——译者注

降，除非在尝试投降时有不被消灭的可能。

尽管持有德国在作战到最后一刻也不会投降的悲观观点，我们在 1944 年秋的伯尔尼仍有了一个新想法：我们认为还是有一些德国将军不相信希特勒的许诺而乐意投降，如果他们自己有合情合理的安全保障，他们就有可能这样做。这个计划的中心思想是：找到符合这样条件的将军，与他们秘密接触，在希特勒和 SS 的力量制约到他们及其下属的头上之前，迅速而悄悄地实施他们的投降计划。

在德国军队被清除出法国南部，美国军队抵达瑞士边境之后，我们在伯尔尼的使团与美国第 12 军团和第 7 军团在法国的司令部建立了联系。我的习惯是在法国紧邻瑞士边界的地点，会见这些部门的主要情报官员——埃德温·赛伯特（Edwin L. Sibert）将军[①] 和威廉·奎因（William Quinn）上校[②]（现在是中将），把我们关于德国情况的最新情报交给他们。

在汝拉山（Jura Mountains）的蓬塔利耶镇（Pontarlier）的一次会见中，盖弗尼茨，他通常随我参加这类会见，向赛伯特将军提出一个在我们头脑里逐渐成形的想法：与敌人阵营中的将军们建立联系，以尝试赢得一个不必流血的胜利。大约 10 天后，我们收到第 12 军团司令部从卢森堡发来的电报，请盖弗尼茨立即访问他们，以继续推行在蓬塔利耶镇提出的计划。

---

① 赛伯特能接触艾森豪威尔的参谋长沃尔特·史密斯将军，后者与 OSS 的多诺万及当时在伯尔尼的杜勒斯合作，一起安排了这个大投降。——译者注

② 奎因（1907—2000），1933 年毕业于美国著名的西点军校，1945 年任 OSS 局长。——译者注

当盖弗尼茨在卢森堡与赛伯特将军交谈时，盟军已找到了许多德国战俘。他们之中有一些曾被关押在法国和比利时，有些高级人物则被关押在英国。我们认为他们之中有些人是强烈反对纳粹的，如给以机会，他们可能积极参与有助于战争加速结束的活动。我们的想法是找到这些人，寻求他们的帮助，请他们准确认定西线德军司令中，哪些是他们认为在我们的计划中可能愿意合作的。除此之外，我们的计划还包括一个解决方案——如何当面接触对投降问题持开放思想的德军司令。这个方案是派遣被俘虏的德军下级军官假装成逃脱的战俘，越过战线回到德军那里。

盖弗尼茨向赛伯特将军提出了这些建议。问题是从何处着手呢？那时，几乎不可能取得情报以了解在西线各地段负责的德国将军的真实想法。他们之中有许多人在德国从法国逐渐撤退时，以及由于 7 月 20 日的刺杀事件而被调动或替换。盖弗尼茨在与赛伯特将军的初步谈话中，提到了格哈德·冯·施威林（Gerhard von Schwerin）将军[①]的名字。他恰巧知道施威林在战争爆发时反对纳粹，而且有理由认为施威林就在西线某地。施威林这个名字听起来耳熟，赛伯特记得最近刚听到过。他让他的部下查查这件事。属下报告说，施威林最近率领第 116 坦克师部署在亚琛

① 施威林（1899—1980）在战争后期任第 116 坦克师师长，奉命坚守亚琛。他在邮局留信给美军司令，说他愿不战而降，以免平民伤亡和城市毁灭。此信落入纳粹党徒手中，希特勒下令逮捕他，判以叛国罪。在伦德施泰特元帅和莫德尔元帅的帮助下，他得以免死，仅受严厉训斥，被调到意大利战线。1945 年 4 月他被英军逮捕，1947 年末获释。——译者注

（Aachen）[1]。有流言说，施威林宣布亚琛为开放城市，但不知何故被撤职。此后，该城成为惨烈的战场。这些听起来颇为符合盖弗尼茨最初对施威林的揣测，值得继续追踪。赛伯特同意了。他指派他的一个部下——绰号“花苞”的李中校（E. C. “Bud” Lee，现在是上校）与盖弗尼茨合作，去亚琛，然后从美国人那里了解施威林的故事。

在亚琛的废墟中，盖弗尼茨和李中校访谈了许多幸存下来的德国居民，得出如下事实：亚琛是盟军进入德国路上的第一座大城市。因此希特勒下令打一场保卫该城的决战，使之成为德国坚韧不拔的榜样，并让盟军尝尝将要到来的是什么。尽管有希特勒的命令，施威林仍对亚琛的居民们说，他打算宣布这里是一个开放的城市，并且不战而撤，以免它被毁。施威林之所以能这样做，是因为纳粹的官员们认为该城将被美国占领而已经逃跑，从而使施威林得以完全控制局面。

起初被纳粹命令撤离该城的居民，得知施威林的决定后一片欢呼。为实施他的计划，施威林试图使驻扎在离亚琛不远处的美国第一军知道他的意图。当美国没有露出推进的迹象时，纳粹的头头们却在三天后回来了，逮捕了与施威林合作的居民，并且在施威林的上级面前告发他。结果，施威林被勒令交出其领导权，并到他上一级的军司令部报到。

施威林照办了，但是他也知道等待着他的是什么命运。他请

① 亚琛在德国西部的德、荷、比三国交界处，是西线的战略要地，1940 年德国绕过马其诺防线进攻法国就是从此地开始的。——译者注

求回到他的部队去告别，按规定这是允许的。其实，他这样做是希望再拖延几天，直到美国人登上舞台。次日，一支德国军事警察的分队包围了施威林司令部所在的民居，显然打算逮捕他。施威林部下的军官和平民带着机枪在民居周围摆出防卫姿态。如果警察分队试图逮捕他，他的部下将向他们开火。整个事件在第二次世界大战所有战线的德国军队的记载中是前所未有的，虽然此时还没有达到事件的高潮。

三天后，预期的美国军队挺进还是没有实现，施威林放弃了他的计划和指挥权，遵照命令向他所属的军司令部报到。他很幸运，未受到任何严厉的惩罚，因为承办他案件的主要调查官之一非常同情他，而且也同样反对希特勒执行的以牺牲平民为代价的决战政策。

1944 年 10 月 13 日，美国第一军终于进入亚琛。从那时起到该城的德国军队投降之前，城内的战斗持续了 8 天。直到最后一名防御者躲到市中心的一所独立建筑内避难，而盟军最终用 155 毫米口径榴弹炮抵近直射，把建筑墙壁一片片地轰成碎块之后，战斗才结束。希特勒拼死抵抗的计划得逞了。

此时，盖弗尼茨不可能找到更好的事例作为支持我们建议的理由了。如果施威林那时能联系上美国，战争就能避免，城市和交战双方的数千生命就能得救。问题是必须找到像施威林那样的人，以便成功地采取必要的措施。

赛伯特将军对此表示理解，并全力提供帮助。刚被俘虏的德军将领能够提供他们还在战斗的同事们的信息，而且是唯一可靠的信息来源。如果我们能找到反纳粹的战俘，那么就有可能让他们指出，还在顽抗的德军将领中有哪些是像施威林那样的人。于是，盖弗尼茨就建议自己和李上校一起，到几个大的战俘营中寻找合适的德国军官。在比利时的勒万[①]，盖弗尼茨经过仔细筛选，找到两名有希望的候选人：汉斯·谢弗（Hans Schaefer）[②]和冯·费尔伯特（von Felbert）。二人都直言不讳地表示出对纳粹的不满，并自愿列出他们的同事中可能倾向于投降的人员名单。二人都愿意和反纳粹的将军组成一个与盟军合作的顾问委员会[③]，并成为其成员。

盖弗尼茨提出一项计划，试图召集五名德国将军成立一个顾问委员会。除了已找到的两位，我们现在还需要找到三名成员。赛伯特建议盖弗尼茨和李上校到英国去，那里囚禁着大量的德国军官。

我们设想的计划对英国人来说毫无新意。据英国人说，经常当这一群战俘的发言人的巴辛格（Bassenge）将军[④]，毫无疑问是在任何反纳粹活动中表现得最能干和最有决心的。他尝试帮英国

① 此处作者有误。勒万不在比利时，而在法国的马斯（也译作缪斯或默兹）河畔。——译者注

② 此处作者有误。谢弗的名字不是汉斯（Hans），而是赫尔曼（Herman）。谢弗（1885—1962）曾在波兰作战，在盟军诺曼底登陆时是德军第244步兵师师长。——译者注

③ 虽然我们的计划与众不同，但是这个顾问委员会令人想起苏联提议由被苏军俘虏且思想转化为苏维埃的德国军官组成的“冯·赛德利茨自由德国委员会”（von Seydlitz Free Germany Committee）。冯·赛德利茨是在斯大林格勒被俘的保卢斯元帅部下的一名将军。

④ 格哈德·巴辛格（Gerhard Bassenge）是德国于1936年2月创建的空降兵的元老之一，那时他是负责研究空降兵战术的少校。盟军称纳粹的空降兵为“绿色恶魔”。——译者注

去劝降占领英吉利海峡中一个岛屿的德军。他乘坐英国海军的一艘船抵达这个名为泽西（Jersey）岛的海岸边，并尝试利用扩音器与占据该岛的德军对话。不幸的是，这个岛上的德国司令用重型武器的猛烈射击来回答巴辛格的友好提议。这次尝试至少显示了巴辛格合作的意愿，但显然也表明了敌人并不准备投降。当然，在这次事件中，双方的动作都过于公开。这个事件证明了我们的预料——任何投降活动必须伴以最高级别的保密机制。使用扩音器劝降，或挥舞白旗表达投降意图预期都不能成功，这两种做法都常常因把敏感而易受损的事情过早曝光而失败。

当盖弗尼茨见到巴辛格时，后者给前者的印象是，后者似乎是这个计划的领导者。巴辛格已有自己的推翻希特勒和促使德军放下武器的计划。他的计划比我们的设想更浪漫：用广播电台发布声明、空投联络人和大量撒传单的方式，建议投降和解释如何实施投降。但是在我们看来，更重要的是巴辛格愿意合作，他坚信继续战争将毫无意义，而且他在被俘的将军中显得智慧超群。

下一步，也是最难以完成的一步，是确保同盟国最高层的军事和政治领导者们支持实施这个计划。于是，1944 年 12 月初，在艾森豪威尔司令部的一次会议中，盖弗尼茨呈交了他的计划。该计划建议，在被俘的德国将军中成立一个由巴辛格将军牵头的持不同政见者委员会，向盟军司令提供途径和方法，关于如何与还在战斗但据信是彻底反纳粹和赞同投降的德军司令建立接触。该计划还建议，利用被俘的下级军官扮成逃脱的战俘作为中介人员。

几个星期过去了，最后华盛顿传来了答复：高层考虑了这个计划，但否决了。西方的盟国不建议利用德国的军国主义者来打败德国的军国主义。我们对此表示理解，虽然这对德国投降问题来说不失为一个很实用的做法。做出否决答复的另一个原因是，从我们开始同赛伯特将军讨论到得到高层最终答复期间，插进来了一个“突出部之役”（Battle of the Bulge）[①]。华盛顿深信，德国将战斗到悲惨的最后一刻，自愿投降的可能性不大，而且那时被战争精神控制的盟军，从思想上并不希望给纳粹德国的军人们这样一条轻松的出路。

然而，这些尝试并没有白费。我们与谢弗、费尔伯特及巴辛格的接触至少表明，尽管 7 月 20 日暗杀行动之后发生了针对德国将军的大清洗，但仍然有一些德国军人认为投降是唯一出路。剩下的问题是：他们是谁以及在哪里能找到他们。我们很快就会找到答案，但并不是以我们预期的方式。

① 突出部之役是指 1944 年 12 月 16 日至 1945 年 1 月 25 日发生在法国、比利时、卢森堡交界处的阿登地区的战斗，历史上通常称为“阿登战役”。因当时战线像一个突出的弧形而被称为“突出部之役”。那次战斗是德军突然反击，此前进展顺利的盟军猝不及防，美军首当其冲，遭遇了参战以来最大的伤亡。这次历时 40 天的战斗最后以缺乏后备补给的德军失败而告终。——译者注

第四章
和平的探索者

1944 年秋天，我们正在西线想尽办法劝降时，获悉南线也有某些骚动，即意大利北部的政治气候发生了某些改变。那时，没有迹象表明意大利战线的德军比东线和西线的，受弥漫于柏林的决死战情结的影响更少。相反，我们以为他们将在保卫纳粹进行最后抵抗的阿尔卑斯山据点时起重要作用，这是他们在亚平宁半岛北部如此坚守的原因之一。但是来自意大利的流言和探子开始接触我们，“和平”一词开始出现。起初，我们相当怀疑，因为在这些探子背后，最经常作为有意愿的一方而被提到的是 SS 而不是军队。这使我们提不起兴趣，但是我们愿意听听，尤其是当宗教人士经常作为中间人或信使时。你可以不必怀疑他们的诚意，但是想知道他们活动背后的主动权是什么。

第一个探子是一位瑞士天主教高层名人，我是在伯尔尼通过外交圈认识他的。1944 年 11 月初，我和多诺万从华盛顿的一次会议后回来不久，这位名人带着在意大利的德军曾试图认真讨论和平而毫无结果的故事来见我，他认为这是不幸的。他建议，也许美国能从中挽救一下。

然后，他叙述：一位著名的意大利企业家佛朗哥·马里诺提

（Franco Marinotti）最近一个月待在瑞士，代表德国向英国提出了某些建议。据我所知，马里诺提是意大利斯尼亚人造丝公司（Snia Viscosa）的总裁，该公司拥有几家大的人造丝工厂。我听说的最新情况是，他曾反对德国支持的墨索里尼政府把意大利北部的大工业国有化，倒霉的是他为此被关进监狱。

墨索里尼背后的德国人把马里诺提放出来，派他到瑞士去告诉英国人一个计划[①]，计划包括我们以前曾遇到过并一再遇到的同样的德国梦，即德国人将在西线停战，如果盟军能与他们在一个反苏联的共同战线内联合起来。马里诺提出示了自己享有德国高层保护的证据，他向我出示的是，据称是来自意大利北部的德国SS警察总长——威廉·哈斯特（Wilhelm Harster）[②]的一个文件，它能保证马里诺提安全地进出意大利。

英国人听了马里诺提的故事后选择了拒绝，这显然是来自伦敦的建议。据我的教会联系人说，这样一来就无法在意大利的德国人与英国人之间建立期望的渠道。他到我这里来，看看我是否有兴趣把这些线索串起来，并让华盛顿也参与进来。我把此事报告给总部后，收到的回复是华盛顿不相信这类探子说的德国人的诚意。对此我毫不惊讶，因为我也不相信。

几个因素使我们对马里诺提与德国人之间的奇怪合谋计划感

① 这个计划的代号为“羊毛行动”，羊毛暗指人造丝。——译者注

② 哈斯特是意大利维罗纳地区的SS头目，舒伦堡通过哈斯特利用马里诺提试探在西线停火谈和。在墨索里尼政府崩溃后，哈斯特负责从意大利的博尔扎诺把SS关押的囚犯（主要是犹太人和游击队员）转送到奥斯威辛集中营；然后，关闭意大利的集中营，销毁一切证据。——译者注

到困惑。哈斯特向马里诺提保证，在这个和平提议的背后还有一位地位不逊于海因里希·希姆莱的神秘人。无法确定这个信息是否属实，但我们从战后缴获的一些德国文件中得知，哈斯特向在柏林的舒伦堡报告了马里诺提所付出的努力。舒伦堡在SS的领导层级中比希姆莱低两级。哈斯特不是SS在意大利的最高级军官，在他上面还有卡尔·沃尔夫（Karl Wolff）将军[①]，沃尔夫是希姆莱的私人代表，以及在意大利的SS力量的指挥官。尽管如此，哈斯特声称希姆莱通过他而不是通过沃尔夫处理此事。的确，沃尔夫的名字完全没有出现在这件事中。当然我们那时还未能了解SS内部的等级结构，在这项秘密行动中的具体细节。

被缴获的德国文件也显示，哈斯特最后报告了我和教会牧师的接触。可能是这位教会牧师向马里诺提报告了他访问过我，后者则告诉了哈斯特。有趣的是，这个SS的将军在他给柏林的报告中歪曲事实以引起他上司的兴趣。他声称，“杜勒斯希望（在和平问题方面）进行磋商，因为他是从罗斯福那里带着与恰当的德国发言人建立联系的使命回来的。应当在SS的圈子内找这样一个发言人，因为只有接触SS对美国才有价值。这个接触应当安排在罗斯福再次当选总统之后。商谈的目的是使美国军队离开欧洲，转向亚洲。美国人对反布尔什维克的兴趣不大”。

---

① 沃尔夫（1900—1984）在SS中排第三位，仅次于希姆莱和海因里希，是希姆莱的参谋长，驻意大利党卫军司令。希特勒在1943年9月13日召见他，令他尽快占领梵蒂冈，把教皇带到北方，免得落入盟军之手。希姆莱同意他与韦贝尔见面。他于1945年3月8日在瑞士会见杜勒斯，5月2日投降，只比德国总投降早8天。——译者注

随后，通过意大利著名打字机公司的奥利维提先生（Signor Olivetti），他有时为商务目的而到瑞士来，我会见了另一位教会人士——刚抵达瑞士进行秘密访问的牧师唐·朱塞佩·比奇埃莱博士（Reverend Dr. Don Giuseppe Bicchierai），他是米兰的枢机主教伊尔德丰索·舒斯特（Cardinal Ildefonso Schuster of Milan）的秘书。他此行有双重目的：一是来见我，二是通过伯尔尼的教皇驻外使节以枢机主教的名义与梵蒂冈取得联系。这是枢机主教在米兰做不到的，因为那时的战线把米兰和罗马分隔开了。据报告，为避免在意大利发生更多的流血和破坏事件，枢机主教希望成为德国人与意大利游击队力量之间的中介。由于游击队当前（自从 CLNAI 的领导人访问盟军总部以来）是被正式授权的盟军作战力量，其活动可以被认为是受盟军总部控制的，所以比奇埃莱先生急于要我把枢机主教的计划转告给在罗马的盟军总部。考虑到压力越大效果越好，他还请梵蒂冈做同样的事。这个建议的实质是，如果游击队力量不使用武力或恐怖袭击阻挡德国人撤退，德国人将同意不摧毁意大利的工业、公共服务设施和能源设施，或没有直接军事重要性的任何设施，教会当局将作为双方之间履行承诺的中介。

比奇埃莱先生给了我一份该“计划”的复印件，也就是所谓的相当不一般的文件。我通过我的通信设施，把它发送到罗马，很快就得到回复——CLNAI 不接受这个计划。他们不能放弃，正在为一个反德国人的总起义做准备，因为他们经受过损失、战斗、被追捕，曾处于数量劣势和无处可居的境地。现在，德国人有点担忧：如果他们陷入盟军向北进攻的战事中，而游击队从背后和侧面对他们实施打击，可能会发生什么样的情况。

CLNAI 想做一切可能之事，使全世界知道意大利人为自己的解放事业做出了巨大贡献，而不是坐在一旁让盟军干活。罗马的盟军总部在这件事情上没有不支持 CLNAI 的理由，也不担心德国“焦土政策”带来的威胁，所以并没有劝说 CLNAI 改变其思想。

我们不知道这个试探的激励源自何方。然而，清楚的是米兰的枢机主教，这位在教会中握有大权的人，如果他认为这是胡来，肯定不会以自己的名义卷入这件冒险的事。如果他没有从对方那里得到他们可能感兴趣的信号，他也不会按照文件所提出的方式去建议沃尔夫将军和凯塞林元帅[①]代表德方签署协议。无论这个建议的全部意义是什么，它至少给我们提供了明确的信号，表明在意大利的纳粹高层圈子里酝酿着某些我们在其他战区从未碰到过的事情。

1944 年 11 月末，我与比奇埃莱先生会面后不久，盖弗尼茨就从去比利时、法国和英国执行秘密使命中返回了，他充分了解了在试图提出争取德国在西线投降的计划时遇到的一些障碍。最大的障碍是，在与反纳粹的德军司令建立联系时，存在技术上的困难。但是，盖弗尼茨不是那种轻言放弃的人。他认为如果不能在西线建立跨越战线的联系，为什么不试试从我们在瑞士的住处

① 凯塞林（1885—1960）是空军元帅，力主轰炸伦敦。1941 年底任南线总司令，1943 年夏在意大利组织防御，阻挡盟军达一年之久，1944 年 10 月负伤离职，1945 年 3 月重任南线总司令，不久即被调到西线，1945 年 5 月 7 日才在西线投降。——译者注

那里接触反纳粹的德国将军呢?

12 月末，盖弗尼茨通过在瑞士的关系得知，德国驻卢加诺的领事冯·牛赖特（von Neurath）正在谨慎地打探时，探索这条路线的机会出现了。虽然德国驻卢加诺的领事职务无法让人印象深刻，但牛赖特本人却对我们的计划具有潜在能量，因为他是希特勒内阁中前外交部长康斯坦丁·冯·牛赖特男爵（Baron Konstantin von Neurath）[①] 的儿子。不仅如此，这个年轻的牛赖特给我们留下了属于德国知识界的形象。由于卢加诺的地理位置，即使没有其他理由，他也似乎试图在意大利境内的德国最高指挥官与瑞士境内的同盟国人员之间担负起某种联络作用。例如，我们知道他曾介入马里诺提事件，而且当马里诺提在意大利会见哈斯特将军，并讨论后者对英国人的善意时，他确实在场。

盖弗尼茨在 1944 年底前会见了牛赖特。牛赖特宣称，他在意大利直接接触了凯塞林元帅、沃尔夫将军和 SS 的哈斯特。牛赖特还认识第二次担任西线德军总司令的冯·伦德施泰特元帅 [②]、参谋长齐格弗里德·韦斯特法尔（Siegfried Westphal）将军 [③] 和西

---

① 牛赖特男爵（1873—1956）1932 年任魏玛共和国外交部长，在希特勒上台后继续任外交部长，1939 年被任命为德国驻波希米亚和摩拉维亚的长官。——译者注

② 伦德施泰特（1875—1953）率德军在 1938 年占领了捷克斯洛伐克的苏台德地区，1939 年入侵波兰，1940 年进攻法国，把英法联军逼到敦刻尔克。1941 年打到莫斯科城下，严冬来临，他建议后撤避寒，被希特勒撤职后调到西线任总司令。盟军在诺曼底登陆后，他建议停战和谈，又被撤职，之后希特勒又任命他为西线德军总司令。德国投降后，他被俘。——译者注

③ 韦斯特法尔（1902—1982）由于在隆美尔的“沙漠风暴”之战中表现出色而被提拔为最年轻的将军，1943 年被调到意大利任凯塞林的参谋长，次年被调到西线任伦德施泰特的参谋长。——译者注

线德国G集团军司令布拉斯科维茨（Blaskowtiz）将军[①]，这个背景对仍在思考西线投降条款的盖弗尼茨来说似乎更大有可为。这是一个诱人的德国军队高级将领序列。牛赖特说，他相信德国已经输了战争，纳粹方面继续推行战争将是一种罪行。他向盖弗尼茨宣布，他准备冒着任何个人风险以促使这场战争早日结束。

1945年1月，牛赖特到意大利见凯塞林。凯塞林说，在意大利的德军不会为了增援东线而被削弱，他和西线的伦德施泰特都不准备现在就接受盟军的条件。然而，凯塞林愿意让牛赖特继续通过职位较低的人跟踪和平谈判。2月初，凯塞林发了一封信给牛赖特，那时牛赖特正在斯图加特（Stuttgart）附近他父亲的庄园参观。凯塞林告诉牛赖特，已安排他与韦斯特法尔及布拉斯科维茨进行秘密会见和讨论。这次会见于2月10日晚上在斯图加特附近的乡村酒店举行。这两位将军来时都隐瞒了身份。牛赖特后来交给盖弗尼茨的关于此次会见的报告，汇总了德国军队领导在那时的态度和两难局面。每个人都同意继续作战是无意义的。但是东线的许多德国战士的家乡已被苏联占领，没有什么可指望的，只有坚持战斗。或许西线的某些德国师会倾向于缴械投降，而不是继续抵抗或退到德国中部。但是，如何在南线安排这件事呢？任何同意这样做的德国将军能否得到不会因此而倒霉的保证？如果投降而背叛了希特勒，仍会被盟军作为战犯进行审判

---

① 布拉斯科维茨（1883—1948）曾在魏玛共和国军队中服役，曾率德军第8军入侵捷克斯洛伐克和波兰。他反对SS杀害犹太人，要求军人守纪律，因此被撤职，还上了SS的黑名单。1945年在荷兰投降。——译者注

吗？针对德国的条款是什么？德国的哪一部分将被苏联占领，哪一部分被西方的盟军占领？盟军要求的无条件投降方案的具体意思是什么？能否允许德国将军把自己的国防军解散或复员？为了讨论所有这些存在的问题，盖弗尼茨唯一的希望是，指望能通过牛赖特把韦斯特法尔弄到意大利的凯塞林司令部，从那里再把他偷偷送到瑞士来面对面地谈判。

同时，在1945年的头两个月里，意大利涌现出来的多种特别交易的进一步证据正在逐渐积累。天主教会似乎又在起带头作用。我们在1月份被告知，当我们的军队占领罗马之后，有一伙德国外交人员被允许留在他们在梵蒂冈的职位上，他们建议通过瑞士与古德里安元帅及伦德施泰特元帅联系和谈。与此同时，一位从米兰来的本笃会[①]（Benedictine）神父安全地跨过德军和盟军的防线出现在罗马。他声称，带来了一个通过本笃会男修道院院长转交给教皇的信息。从他的信息中摘录的一个段落可以嗅到此事件的一些味道：

> 在战争的第六年，德国发现它自己孤单地进行着反对布尔什维克苏联的战斗。为了拯救人类，德国指望基督教会的最高权威同英美人交涉，并保证在与梵蒂冈的所有谈判中绝对保密。

2月，从其他方面也听到一些信息。瑞士情报局的一位高级

---

① 本笃会是公元529年由意大利贵族圣本笃创建的天主教的一个隐修会。——译者注

官员告诉我，德国 SS 的外事情报局（RSHA 的第六局）局长舒伦堡的一名使者来到瑞士要见我。他带来的信息很有趣，但是我们听到的是不大可能改变大势的消息。在西线德国还在顽强抵抗，在意大利德国只是维持战线，而在东线的德国军队却在急速撤退，这个转变是因一份德国向苏联开放的计划而产生的。然而，如果英国人和美国人准备修改无条件投降的政策，德国人就有兴趣全盘讨论这些问题。毋庸赘言，我没有见这个使者的兴趣，这看起来似乎是舒伦堡在测试一个新的诱饵。

2 月中旬，迁到意大利北部的德国驻意大利大使馆（希特勒派到墨索里尼处的外交使团）的一名官员出现在瑞士。这个官员给我们放了一个消息：如果盟军能提供可接受的条件，凯塞林就准备辞职。几天后，伦敦的《每日电讯》报刊载了一个故事，凯塞林对盟军表示了隐秘的善意。据说他愿意把军队从意大利北部撤走，把城市完好地留下，条件是允许他的士兵回到德国领土去维持那里的秩序。

2 月末，我们听到另一个消息：一名奥地利特务受 RSHA 的首脑和在 SS 中权力仅次于希姆莱的卡尔滕布伦纳的派遣，从维也纳来到伯尔尼。这个奥地利人认识卡尔滕布伦纳在奥地利的情报官之一的威廉·霍特尔（Wilhelm Hoettl），并通过霍特尔会见过卡尔滕布伦纳。这个消息如果属实的话，将出现一个新变化，即纳粹领导层内部存在冲突。卡尔滕布伦纳要这个奥地利人告诉我们：他和希姆莱渴望尽快结束战争，想要联系英国人和美国人，并图谋消灭纳粹党内的战争贩子，特别是马丁·鲍曼。卡尔滕布伦纳的名字从没有在自意大利交给我们的调查报告中出现过，希姆莱的名字则出现过。[1]但是这个消息显然来自卡尔滕布伦纳，尽管这不一定成为我们为和平问题努力的突破口。但这个握有大权的人不打算在坚守阿尔卑斯山最后阵地的计划中，跟着希特勒、鲍曼和死硬派走，他的这个想法是很有意义的。

卡尔滕布伦纳这样做，无疑是试图使自己和其罪恶的SS同伙成为缔造和平者，从而获得有利地位，甚至可能幻想盟军会允许他的团伙取得领导地位。

这些是2月末的情况。我们主要同教会和企业界的人进行商谈，与德军的联系是我们自己主动的结果。我们仍然不能确定，在SS的探子中那些允许出现名字的人究竟是他们自发的行动，还是有更高层的授权。卡尔滕布伦纳的打探是唯一的例外。此外，他们中的任何人是否有任何需要递交的东西。在我们看来，SS显然企图从盟军那里获得一些好评，以抵消其不可抹杀的黑色罪行记录。2月末，我们又收到一个与此前那些抱着相同目的的试探的消息，我们对此不抱希望。但是，在叙述那个确实最终导致德国投降的试探事件之前，我们先看看在1945年2月末，被凯塞林元帅的军队控制着的意大利北部地区的情况。

---

① 那时，我们不知道本来大权在握的希姆莱在最后的几个月里正逐渐地被鲍曼及其派系从希特勒的权力中心排挤出去。鲍曼曾向希特勒建议，让希姆莱从未能成功顶住苏联的国防军的将军们那里接管德国的维斯杜拉（Vistula）军团。希特勒接受了这个建议。这不是有诚意的建议，只是鲍曼使希姆莱边缘化和毁誉的一个花招。希姆莱别无选择，只得接受这个岗位，他的部队在那里立即遭受重创。他没有改变军事潮流的特殊魔术，他的到来未能唤起战士们的士气，也不足以弥补他所缺乏的军事经验。

第五章

投降的背景

盟军以西西里岛作为跳板攻入意大利，然后以意大利作为向欧洲的希特勒军队发起主要攻击的基地之一。这个决策是在1943年1月的卡萨布兰卡会议上做出的。在那次会议的宣言中，同盟国宣布了德国无条件投降的政策。

在盟军于1943年7月攻入西西里岛时，德国约有4个师正在那里加强法西斯的防御，还有3个师在意大利本土。10月中旬，盟军占领那不勒斯（Naples）后不久，德国有19个师在意大利，比盟军多8个师。如果有可能的话，德国显然打算保住对意大利的占领。希特勒派两名最能干的将军负责那个战区：凯塞林元帅担任司令，打击罗马以南的盟军；隆美尔元帅担任意大利北部的德国G集团军司令。隆美尔与凯塞林之间争执不断，结果隆美尔被召回德国，凯塞林接过了德军在意大利的全部指挥权。作为一名战士，凯塞林在苏联战线上有过杰出的作战记录，还在北非战役期间指挥过地中海地区的德国空军。希特勒认为他是信得过的人，在这个问题上希特勒并没有犯错。

1943年10月，在意大利的盟军第15军团有11个师，由理查德·麦克里里（Richard McCreery）将军率领的英国第8军和马克·克拉克将军率领的美国第5军组成。第15军团的司令部位于那不勒斯郊外的卡塞塔，在一座曾作为那不勒斯国王夏宫（有时也被称为“波旁皇宫”）的皇家建筑内。盟军的几个司令部一直驻扎在那里，直到战争在意大利结束。一个OSS的使团附属于这些司令部，我们从瑞士与其保持直接的无线电通信。

墨索里尼于1943年7月在盟军成功攻入西西里岛后被赶下台，从此以后，德国人扩大了他们在意大利的政治和军事力量。他们偏爱扶植傀儡政府，盲目乐观地希望它能提供类似于公众支持的表象，并能减轻由于全面占领而产生的令人头疼的行政管理问题，墨索里尼被安排成为意大利北部德国武力控制地区形式上的政府首脑。① 德国人很明白意大利人民的真实情感，意大利人能够从在法西斯主义废墟上建立起来的没有根基的墨索里尼北意大利共和国得到的，要比从贝当的维希法国所能得到的还要少。

但是，希特勒认为，如果让墨索里尼完全逃到境外，会滋生独裁者可以被抛弃的思想。这是一个令希特勒害怕其可能有传染性的思想。1943年10月中旬，墨索里尼及其体制内的核心成员，在意大利北部景色如画的加尔达湖（Lake of Garda）西南岸著名休闲地的一些旅馆安顿下来。那里远离战区，仿佛远离了那个时期的政治和军事现实。这个新政府通常以其主要办公

① 盟军登陆西西里后，意大利国王伊曼纽尔三世和大法西斯委员会决定逮捕墨索里尼，停火并与盟军和谈。墨索里尼被关在大萨索峰顶的别墅内。希特勒派滑翔机部队把墨索里尼救到德军控制的意大利北部，并成立傀儡政府。——译者注

室所在地的小镇萨洛（Salo）命名，被称为“萨洛的法西斯共和国政府”。

墨索里尼和他的国防部长格拉齐亚尼（Graziani）对希特勒的战争事业做出的贡献，主要在于他们力图加强在德国人这边作战的法西斯兵力，同时招募和培训意大利的法西斯警察，在墨索里尼名义上控制的地区维持法律和秩序。

希特勒派了他信任的外交官鲁道夫·拉恩（Rudolf Rahn）作为驻墨索里尼政府的大使，拉恩还被授予帝国特命全权大使的附加头衔。作为希特勒的私人使节，他不仅把墨索里尼没完没了的问题和牢骚转达给希特勒，还紧盯着这出颇不吉利的政治木偶剧的全部试验活动。在战争的最后一年，拉恩成为和平行动计划的主要支持者之一，在谈判投降的舞台背后起了帮助作用。

意大利北部的实权当然掌握在德国人的手中，但不是在那些负责把盟军挡在南方的德国国防军手中，而是在德军占领区内受过高度训练的作为残酷镇压工具的 SS 手中。

在墨索里尼倒台前的很长一段时间内，当意大利还是一个羽翼丰满的轴心国伙伴的那些日子里，德国和意大利的秘密警察组织之间早已展开紧密的合作。为此，德国于 1938 年在德国驻罗马大使馆内，安插了几个经过挑选和训练的 SS 纳粹警察和情报人员，他们每天的任务是保持与意大利法西斯秘密警察的联系。在德国人和意大利人之间，固定开展关于渗透和粉碎不同政见者的经验交流活动。这些德国秘密警察经常按照希姆莱的命令监视政治情绪活动和寻找不满迹象。这些 SS 人员的典型代表之一，是德国驻罗马大使馆的赫伯特·卡普勒（Herbert Kappler）[①]。他按照柏林传来的命令，为在南蒂罗尔州遭到炸弹袭击身亡的德国人复仇，而于1944年3月在阿尔帖亭岩洞（Ardeatine Caves）中屠杀了335名意大利人。这个恶棍的名字将遗臭万年。

尤金·多尔曼（Eugen Dollmann）[②]在驻意大利的德国SS中是一个与众不同的人，在德国的投降活动中发挥了重要作用。多尔曼于1927年完成在德国大学的学习，随后到意大利研究文艺复兴时期的历史。他留在意大利，以翻译和写作谋生。由于风度好又有教养，他得以进入罗马的贵族家庭圈，以及那里的德国贵族和宗教圈。他是一个知识分子，时髦高雅，有点自以为是和愤世嫉俗。

多尔曼设法不在德国服兵役，一个不期而来的机会却使他突然登上历史舞台。1937年，因为要为一批到德国旅游的意大利法西斯青年做导游和翻译，他去了德国。那时意大利和德国正处于热情合作的时期。那次旅游的高潮是希特勒本人接待这个旅游团并致辞。恰巧的是，元首的翻译那会儿突然病倒了，多尔曼被邀请填补这个空缺。他翻译得如此之好，以至于得到希特勒的表扬。

---

① 卡普勒（1907—1978）是驻罗马的SS头目，1931年加入纳粹党和冲锋队，会说流利的意大利语，担任驻墨索里尼政府的联络官。1943年墨索里尼政府被推翻后，卡普勒成为SS在罗马的新首脑和帝国保安总局驻意大利的最高代表。——译者注

② 多尔曼（1900—1985）在1939年任德国驻梵蒂冈大使。1944年7月20日暗杀事件的当天，负了轻伤的希特勒会见墨索里尼，多尔曼担任翻译。他被希姆莱推荐给沃尔夫将军，后者与教皇安排了在墨索里尼被赶下台后，占领罗马的德军最终和平撤离罗马。他曾与米兰的枢机主教舒斯特讨论过“日出”计划（本书的主题）。——译者注

当时在场的希姆莱也邀请多尔曼在秋天访问意大利时做自己的翻译。在秋天访问意大利时，希姆莱发现多尔曼对意大利的情况了如指掌，这对他极其有价值。此后，多尔曼经常为访问意大利的纳粹重要人物，以及到德国拜访希特勒和希姆莱的意大利官员担任助手和翻译。

多尔曼很难被列入有着金黄色头发的德国英雄的名单中。他留着意大利式的黑色长发，手势也很女性化。但是，希姆莱认为，多尔曼的姿态和善于接触高层的能力，对其承担的工作是很重要的。这位研究文艺复兴历史的专家很快就成为希姆莱个人在罗马的外交观察员，尽管多尔曼没有进过 SS 培训学校，甚至很少在德国露面，除非陪同意大利的名人去德国。据说，他很少穿 SS 的制服，因为他知道 SS 的制服将冒犯他的意大利贵族和教会朋友。他很快被提拔，在 1944 年底已成为 SS 的上校。

墨索里尼垮台之后，大量德军占领了意大利很多地区，由此改变了意大利的情况，多尔曼的地位变得更加重要了。在德军和伴随德军的普通 SS 人员来到这个舞台之前，他就已经在那里了。他几乎认识每一个人。他曾经主要担任希姆莱在罗马的耳目，现在成了德国官员与意大利官员及教会之间的顶级联络官。由于德国已占领此处，这里不再需要搞间谍活动，但是在德国最高领导与墨索里尼的新法西斯政府之间，以及 SS 与意大利警察之间仍有许多棘手的关系需要摆平。利用熟练掌握的意大利语、在外交方面的老练，以及对当地情况的透彻了解，多尔曼似乎扮演着中间人的角色。他逐渐对凯塞林元帅本人了如指掌。此外，除了其他职务，多尔曼还在德国占领意大利时并不那么合作的两个主要组织——军队和SS之间做中间人。简而言之，每一方都需要他，但只是在高级场合；在某种程度上似乎是他自己创造了自己的职务，或者因为无人承担而接过了这些职务；实际上，他并不是被指定去做这些工作的。所以，他后来在瑞士作为第一批德国使者之一出现在盟军面前时，也并不令人惊奇。

1943年7月25日，墨索里尼被他自己的大法西斯委员会赶下台，此后意大利外交和情报机构被改组，德国占领军对此没有得到或只得到一点预警。德国驻意大利的大使麦肯森（Mackensen）被撤职，并毫无脸面地被送回德国，据说这是因为他在墨索里尼下台前两天曾给外交部发电称："墨索里尼及法西斯主义的地位在意大利比从前任何时候都牢固。"（对情况了如指掌的多尔曼曾试图警告麦肯森，一切都不那么好，但是麦肯森自己在意大利的信息来源告诉他，没有任何力量能把墨索里尼拉下台。）

德国自然不愿再遇到意外情况，监控意大利当然是SS的职责所在，为此要尽可能征召意大利人以提供帮助。多尔曼是很适合的人选。

巴多格里奥（Badoglio）元帅和意大利国王在1943年9月9日逃离罗马，在盟军的赞助下到意大利北部建立新政府。同一天，还有两个人从德国来到意大利。派他们到意大利执行任务，无疑是在巴多格里奥和国王逃亡得到确认之前就已经决定好了的。

这次逃亡只是增加了他们所执行的使命的重要性。这两个人是：SS全国副总指挥卡尔·沃尔夫和SS地区总队长威廉·哈斯特。希姆莱负责委派沃尔夫，卡尔滕布伦纳则可能在希姆莱的同意下负责委派哈斯特。沃尔夫作为 SS 全国副总指挥的头衔在 SS 序列中几乎是最高级别，甚至卡尔滕布伦纳也没有比沃尔夫更高的头衔，只有希姆莱的 SS 帝国总指挥头衔在他俩之上。哈斯特作为 SS 的地区总队长和保安警察司令要比他们低一级。在纳粹的系统中，党卫军 SS 的头衔与国防军的头衔是平行的，沃尔夫相当于陆军上将，哈斯特相当于陆军中将。

为了监管 SS 的一切活动，包括警察活动和党卫军活动，在大多数的德国控制区内有一个被称为“较高级 SS 和警察领袖”职务。在正常情况下，沃尔夫应该拥有这个头衔，但是他还有很特殊的任务。他在希姆莱的等级序列中太高，而不能只是又一个较高级别的警察领袖。希姆莱希望沃尔夫在墨索里尼和凯塞林眼中更有地位，于是就相应地创立了一个新的头衔，这个头衔在整个纳粹系统中是唯一的。如果 SS 和秘密警察的其他头头们是较高级 SS 和警察领袖，那么沃尔夫必须是“最高级 SS 和警察领袖”，并成为希姆莱个人在意大利北部的代表。

沃尔夫直接对希姆莱本人负责，当然也对元首负责。他负责保证一个地区的安全和秩序，在他 1943 年到达意大利时，这个地区从那不勒斯向北延伸到布伦纳山口（Brenner Pass）。他是墨索里尼在警察事务方面的顾问，拉恩是墨索里尼在政治和外交事务方面的顾问。无疑，沃尔夫为希姆莱的利益而密切关注墨索里尼及其萨洛政府。但是，他也为凯塞林工作，协调 SS 与帝国国防军的安排部署，并在维持德国仍占据的那部分意大利地区的秩序和平稳方面向凯塞林提建议和进行磋商。

为了做这些工作，在“最高级SS和警察领袖”之外，沃尔夫又被授予另一个头衔——“意大利后方战区武装力量的特命全权将军”。纳粹的力量衰弱了，他们的头衔却增加了。当然，这个新头衔意味着，如果意大利北部地区的SS与帝国国防军之间发生任何权力问题，沃尔夫都可以作为协调者采取行动。后来，在我们为防止希特勒的“焦土政策”和保护意大利北部而不懈努力时，沃尔夫的这个职责变得很重要。在德军撤退时，帝国国防军和SS各有不同的特殊任务，沃尔夫在此时能起约束作用。

谁是卡尔·沃尔夫？他在意大利的官方地位和其与众不同的个人魅力，使他能在将来推动德国投降中起主要作用，他的权力和在这个场合出现的理由对我们的计划来说是关键环节。在1943年去意大利之前，沃尔夫不仅是希姆莱私人办公室的主任，还是希姆莱与希特勒之间的联络官之一，这个在SS最高司令部与希特勒总部之间负责联络的职务意义重大。有时候他还是希姆莱与里宾特洛甫之间，即SS与外交部之间的联络官。他并不关心SS本身的组织和管理，这也不在他的指挥链内。他所负责的链条的一端从希姆莱直接连接到作为RSHA及其SS警察机构首脑的卡尔滕布伦纳，另一端从希姆莱通到武装的SS和SS的其他附属组织。基本上沃尔夫既不是军队的指挥官，也不是警察官。应该说，他属于外交官一类，或者说是SS领袖的政治顾问。凭借个人魅力及其与人们相处和驾驭他人的能力，他能悄无声息地溜进很高级的社交场合。他显然能安抚他人的暴躁情绪，从而能在情绪波动大和有暴力倾向的纳粹群体中，为自己找到一个类似“不管部”部长的位置。而他也自然而然地对那些典型的纳粹和 SS 方式感到愤恨。卡尔滕布伦纳尤其是舒伦堡，都不喜欢他，甚至还嫉妒他。

在去意大利之前，沃尔夫违反了希姆莱不会轻易原谅的一条 SS 的规定。他结过婚，有 4 个孩子，但是他在 1943 年初决定娶另一位女人，一位通过婚姻取得爵位的女伯爵，为此他需要离婚。沃尔夫带着请求去见希姆莱（因为在 SS 体系内，甚至在低级别的 SS 内，每一个成员结婚或离婚都需要希姆莱批准）。希姆莱拒绝了他。希姆莱不允许自己的办公室主任和私人副官给其他的 SS 人员树立这样不好的榜样，更不能让沃尔夫成为例外。但是沃尔夫始终坚持，后来还做了比申请离婚更惹恼希姆莱的事。沃尔夫未给希姆莱打招呼就直接到希特勒那里请求批准。希特勒批准了他的离婚申请，事情到此为止。沃尔夫最终离了婚，娶了女伯爵。据许多人说，这件事是希姆莱把他派到意大利去的原因。显然，二人之间的这个裂痕没多久就弥合了。德军需要一个顶级的 SS 派驻意大利，沃尔夫的级别和个人资质都使他能胜任这个工作。虽然有其他更有经验的 SS 官员可以承担这个工作，但是希特勒显然更喜欢沃尔夫。墨索里尼政府的垮台对希特勒来说是一次痛苦的经历。为了安抚元首，需要有一个他信得过的人在现场掌控。这可以使许多问题在这项任命中立即得到解决。

在抵达意大利后不久，沃尔夫把多尔曼安排在他的参谋人员中。多尔曼及德国驻梵蒂冈的外交官，把沃尔夫介绍给他急于想见的意大利宗教界权威人士。在了解到这个SS将军并不是吃人恶魔之后，教会的人就开始通过多尔曼向沃尔夫灌输他们的要求：宽大仁慈地对待他们落入盖世太保手中的同事或联系人。

在柏林的SS圈内流传着混乱的想法，其中之一是，如果盟军试图用武力把德国人赶出罗马，则教皇和梵蒂冈教廷的主要成员就会作为德国人的人质从罗马被带走。据说，沃尔夫在联系上梵蒂冈之后的最初行动之一，就是确保不会发生这样的事。他从监狱释放了某些被盖世太保逮捕而梵蒂冈希望营救的意大利名人，以此作为他确有诚意的证据。1944年5月10日，沃尔夫要求亲自谒见教皇。据说这次谒见是多尔曼和德国驻梵蒂冈大使恩斯特·冯·魏兹扎克（Ernst von Weizsaecker）安排的。战后，沃尔夫曾在一份意大利杂志上简单叙述了这次面谈。还有一些未参加谒见，但声称从与教皇有密切关系的教会人士处得知这次面谈过程的知情人所撰写的其他各种报道，也出现在出版物上。

关于沃尔夫与教皇的面谈，他做了平淡乏味的如下描述：

> 神圣的庇护十二世阁下已从枢机主教和主教们那里得知我的职责，以及我为避免无意义的残酷和为缩短战争而付出的努力。于是他邀请我去谒见他，前提是这不会给我的地位带来太多困扰。就这样，1944年5月，庇护十二世与我私下会晤。亲切友好的谈话以完全开诚布公的方式持续了一个小

时。让人惊讶的是，教皇熟悉最秘密的情况和最细节的问题。在这次令我难忘的会晤中，我宣布如果出现了一个体面的机会，我准备为早日结束战争而努力做一切在我的权力范围内的事。[①]

沃尔夫本来要再会见教皇一次，探讨意大利战线的停火问题。然而，他在5月谒见教皇后就到柏林去了，接着到东普鲁士的希特勒总部。在他回意大利之前，盟军已拿下罗马，所以他没有再与教皇会晤。

回顾军事态势，在罗马于1944年6月4日被盟军攻破后，德国逐步退回佛罗伦萨以北的预设防线——歌德防线（Gothic Line）[②]。德军一路上打后卫战，对最终在1944年8月4日进入佛罗伦萨的盟军来说，罗马以北的每一英寸土地都是以昂贵的代价取得的。盟军在秋季的另一系列进攻中突破了歌德防线，在这一年的年底，盟军进抵博洛尼亚（Bologna）南郊，在那里掘壕过冬。德国则据守意大利北部的长方形工业区，包括热那亚、米兰和都灵等大城市。

仍驻扎在那不勒斯郊外卡塞塔的盟军地中海司令部，看到了年末发生的某些变化。盟军最高司令亨利·梅特兰·威尔逊男爵（Sir Henry Maitland Wilson）被调往华盛顿，担任联合参谋部的英

① *Tempo*（Milan），XIII，No. 8，February 24, 1951.

② 歌德防线从意大利北部西海岸港口大城比萨横穿意大利中部，止于东海岸的港口小镇里米尼（Rimini），它在世界最小的国家之一的圣马力诺的北郊。后来，按照希特勒的命令，凯塞林元帅将其改名为“绿线”。——译者注

国军事代表团团长。哈罗德·亚历山大伯爵作为驻意大利盟军总司令，接替了他的位置。哈罗德的下属包括：率领美国第5军的卢西恩·特拉斯科特（Lucien Truscott）将军，率领英国第8军的理查德·麦克里里将军。盟军缺了7个师（3个美国的和4个法国的），它们在这一年的早些时候都被派去增强法国南部的登陆战力量，接着攻入诺曼底。现在盟军的军力由17个师，以及代表美英之外许多民族参战的几个附属战斗单位或旅构成，包括重新武装和培训后与我们自己的部队一起战斗的意大利作战单位（10万人）。盟军还拥有完全的制空权。亚历山大元帅用下列讲话描述了为1945年春季制定的战役目标：

> 第一，我必须确保牢固守住现有的战线；第二，要竭尽全力利用有限的进攻和欺骗性措施来控制在意大利的德军，阻止他们撤到其他防线；第三，要利用敌军的撤退削弱其力量。这些是最低目标，它们将使我的部署看上去只限于进攻和防御。但是，尽管我的兵力减少了，我也许仍然能够做一些更重大和更果断的事。[1]

敌军方面，凯塞林现在指挥着直通到阿尔卑斯山脉的全部意大利战线。凯塞林麾下的德军C（西南）军团有赫尔（Herr）将

---

① 意大利战役，1944年12月12日至1945年5月2日。地中海盟军最高司令、被授予突尼斯勋爵的亚历山大元帅给联合参谋部的一份报告（伦敦：英王阁下的文书处，1951），第32页。

军和莱梅尔森（Lemelsen）将军[①]统领的德国第10军和第14军，总共23个德国师，加上一个由4个意大利师组成的所谓利古里亚军（Army Liguria）。这支军队是由墨索里尼的国防部长格拉齐亚尼召集的，作为墨索里尼对德国贡献的力量。该军在德国受训后于1944年10月回到意大利。据一份德国报告说，这些军人回到意大利后大量逃跑，占每个师的10%—25%。他们的军官向德国人抱怨，这些人装备不足，没有做好战斗准备。原因可能是德国人不愿有训练和装备得太好的意大利作战力量掺杂进他们的队伍之中。然而，1944年10月，墨索里尼写了一封诉苦信给凯塞林，询问在德国受训的意大利军队发生了什么问题。“他们在干什么？为什么不用他们？为什么敌人的军队利用5个国家的人进攻意大利，而意大利人、最佳的意大利人，却不被允许为自己国家的防御做贡献？”[②]

这些就是与盟军作战的凯塞林麾下的德军力量。除了部署在战斗前线的兵力之外，还有沃尔夫将军麾下的大量武装力量，它的任务是打击游击队和维持战线后方的秩序。

沃尔夫领导的警察部队成分混杂，值得罗列一下，它显示出纳粹是如何收罗那些被其侵略的所有国家中亲纳粹的为非作歹者的（那些在“种族上”可以被纳粹接受的人），并力图把他们组织成SS那样歃血为盟的战斗组织。首先，沃尔夫拥有由大约15

① 莱梅尔森（1888—1954）参加过入侵波兰、捷克斯洛伐克和苏联的战役。他反对杀害苏联战俘。凯塞林元帅在1944年6月将他调到意大利任第14军军长，10月中旬转为第10军军长，1945年2月又回到第14军。——译者注

② F. W. Deakin, *The Brutal Friendship*（New York: Harper, 1963）, p. 732.

万意大利人组成的共和国卫队，有几个所谓的机动黑旅（Mobile Black Brigades）和一个SS掷弹师——第29师，还有少量的意大利籍兵团、舰队和旅团。除此之外，他还有一个由意大利阿尔卑斯山地区的德裔居民组成的SS师，其中包括曾和德军一起在苏联作战的西班牙“蓝色师团”（佛朗哥对那次战役的贡献）。此外，还有一个捷克人的SS师、一个斯洛伐克人的师，以及曾因苏联与德国合作而到西方来的乌克兰人和反苏的俄罗斯人组成的几个营。

1944年6月，罗马被盟军攻破后，有两个人被任命为凯塞林的参谋，他们在推动德军最后投降中起了显著作用。他们在战争的最后几天里勇敢而独立地活动，值得从前面提到过的那些恭顺和模棱两可的司令名单中单独提出来，特别地介绍一下。

一位是汉斯·罗廷格（Hans Roettiger）将军，他在罗马被攻破的那一天成为凯塞林的参谋长。1944年春被停职，主要是因为他不认同希特勒对苏联作战中的指导。他既无任务，也无任命，闲住在符腾堡的家中。

在罗廷格来到凯塞林参谋部的同时，另一名指挥官被任命为驻意大利的德国空军司令，他是马克斯·里特·冯·波尔（Max Ritter von Pohl）将军，一位巴伐利亚州的贵族后裔和职业飞行员。像德国空军的许多高层军官一样，他早就看到了德军覆灭的清晰征兆。随着1943年末德国空军的主要打击力量的溃败，以及盟军在主要战线上空的绝对优势，德国空军的军官在他们同胞面前对未来战争的结局表示很悲观，这毫不奇怪。此外，冯·波尔的立场显示出他具有独立思想和道德勇气。他完全可以什么也不做，但是他仍公开表示，要努力开展秘密行动，促使战争在意大利尽快结束，从而鼓励那些处于比他更有利地位的人去安排全面投降的事宜。

为了对投降谈判的叙述有个铺垫，我们现在只需要指出1945年初这些主要参与者都在哪儿就可以了。沃尔夫将军和他的参谋们在加尔达湖边的住宅，墨索里尼1943年也选择在那里成立新的萨洛法西斯共和国，自那时起德国大使拉恩也在那里的大使馆工作。沿着湖岸有一连串被征用的旅馆和别墅，日益减少的意大利法西斯余孽，以及被指派与其开展合作的纳粹德国代表，都被笼罩在阿尔卑斯山下的阴影里：纳粹德国的首席代表拉恩和沃尔夫住在法萨诺，他们的办公室在附近的加尔多内（Gardone）；墨索里尼与他的几位部长在加尔尼亚诺（Gargnano）和萨洛居住及工作。SS的工作总部位于维罗纳，沃尔夫在那里有一个办公室，SS警察首脑哈斯特也在那里。SS在热那亚、米兰和都灵建立了大型分部，以执行该地区的警察和情报任务。米兰地区的SS检察官沃尔特·劳夫（Walter Rauff）上校，由于某些原因在最后关头也发挥了作用。米兰，这个意大利北部的大城市和意大利最重要的工业中心，距瑞士只有一小时车程。德国要毁灭意大利北部的威胁，主要是针对米兰市内及其周围的工业和经济综合体。1944年12月，墨索里尼最后一次出现的公众场合正是那里，他用德国人的怒火来威胁米兰人。由于市政当局解体了，米兰的枢机主教舒斯特就有义务成为试图制止意大利的一场大屠杀所需要的人物。沃尔夫自己也试图避免该地区的大流血和毁坏活动，他给劳夫的任务是保持与枢机主教的联系。墨索里尼和格拉齐亚尼在最后关头试图自救时也曾找过枢机主教。

熟悉了盟军和敌人双方的领袖人物及他们的任务后，读者现在比我们在伯尔尼时知道的还要多得多。1945 年初，沃尔夫、哈斯特、多尔曼及他们的下属，对我们来说只不过是领导链条中几个主角的姓名而已。在我们的思想里，他们都享有SS的“黑声誉”。在很大程度上，我们是通过在意大利抵抗运动中的朋友们的眼睛来观察他们的。这些朋友害怕他们，憎恨他们，常常落到他们手中受难。我们在那时甚至还没有听说过罗廷格和波尔将军的名字。

第六章

不确定的开始

第六章

[illegible]

1944年末，盟军通过诺曼底登陆和对地中海的占领解放了法国，只有零星的孤立的德军在顽抗。盟军已扫清了从日内瓦到巴塞尔的瑞士国境线北边的法国，这使我能在靠近莱茵河离瑞士边境不远的阿尔萨斯（Alsatian）地区的海根罕姆（Hegenheim）小镇，建立一个战略服务局的据点。我习惯于时不时地到这个据点，去会见参与解放法国行动的美国陆军集团的情报首长，特别是奥马尔·布拉德利（Omar Bradley）将军[①] 率领的美国第12军，以及雅各布·德弗斯（Jacob Devers）将军率领的第12军。他们经历过突出部之役，对我们收集的关于德国军队调动的信息极有兴趣。

除了科尔马（Colmar）[②] 袋形阵地附近，在阿尔萨斯地区的德军已撤退到莱茵河对岸，在不远处的黑森林地区坚守。他们偶尔会向河对面盟军的车队打一炮，也许只是为了让我们知道他们还

---

① 布拉德利（1893—1981）在北非战场的突尼斯战役中一战成名，扭转了整个北非的战局。——译者注

② 科尔马在阿尔萨斯的中部，德国第19军顽强地坚守此处，对抗解放了阿尔萨斯南部和北部的美国第6军团。1945年2月，法国的第1军在美国第21军的支援下解放了该地。——译者注

在那儿。为了安全，我们晚间行驶在阿尔萨斯的道路上时通常会关掉车灯。

1945 年 2 月 25 日，星期日，一个特别冷的阴天，我和盖弗尼茨到海根罕姆会见美国第 6 军的情报主任吉恩 · 哈里森（Gene Harrison）将军。他告诉我们，他有一个特殊问题要同我们讨论。德国人正在被赶出阿尔萨斯地区，在科尔马袋形阵地周围的战斗处于胶着状态。一辆载有保险箱的美国军车失踪了，保险箱内有极重要的军事文件。这位将军请求我们帮助找回它。在那些日子里，我们强调不许中断我们与伯尔尼总部电台和电话的联系。当我们正在处理这件事时，我收到我的办事处发来的紧急信息：瑞士军事情报局的韦贝尔少校，那天晚上要在卢塞恩（Lucerne）见我和盖弗尼茨。

我知道除非有什么重要的事，否则韦贝尔不会越过国境线把这个信息传递给我。我向哈里森将军保证我们正在追踪他遗失的保险箱后，开车到巴塞尔赶上了去卢塞恩的第一班火车。①

我们与韦贝尔在许多共同关心的事情上已经密切合作了好几个月，建立了立足于友谊和职业诚信的牢固关系及相互理解。当然，我们都有一个愿望——想知道德国人计划干些什么。

韦贝尔、盖弗尼茨和我在卢塞恩湖边一个安静的饭店共进晚餐，那一天吃到了美味的鳟鱼。韦贝尔立即进入主题。他在此之前已同一位意大利人和一位瑞士人谈过，他相信我们一定会对他

---

① 那个保险箱很快就被找到了，它半沉在阿尔萨斯的山洞里，里面的东西未受损，从未被人打开过。其实，抢夺者要的是那辆车。

们的谈话内容感兴趣。这是意大利战线的另一名和平探子。我必须承认，我的即时反应并不热切。有很多迹象表明，意大利企业家已有先见之明，他们担心德国“焦土政策”。那个意大利人的名字是路易吉·帕里利男爵（Baron Luigi Parilli），那时这个名字对我们来说毫无意义，只是一个商人的名字而已。那个瑞士人是马克斯·胡斯曼（Max Husmann）教授。他的性格很不一般，他在离卢塞恩不远的楚格山（Zugerberg）担任校长，管理一家私立学校。帕里利男爵的一个亲戚上过胡斯曼的学校，就是这么一点微不足道的线索引起了帕里利对胡斯曼的注意，帕里利将他引入当前的这项冒险事业中。

帕里利 1945 年 1 月初写信给胡斯曼，如果有可能的话，请他帮助取得瑞士签证。这是有可能的，条件是交一万瑞士法郎作为押金，保证此人在瑞士只待限定的时间。胡斯曼为他提供了押金。但是，那时不仅要有进瑞士的签证，还必须有德国的许可才能离开意大利。据我们所知，通常只有与德国人有极好的关系，或者这次旅行能为德国人做点有用的事，才能得到许可。

胡斯曼听了帕里利的当面诉求之后，就到他以前认识的韦贝尔那里去，韦贝尔又转而找到我们。韦贝尔解释，这不是瑞士人能处理的事，只有盟军能处理。同时，他向我们保证，这个瑞士人对能早日实现和平并使意大利北部免于被毁灭的任何计划都有很浓厚的兴趣。瑞士的经济兴旺紧紧依赖于意大利北部的经济发展。摧毁意大利的工业和能源供应设施，以及任何使该地区陷入贫困的行动，都将对瑞士产生严重的经济打击，尤其是瑞士进口食物以及运送许多供应品，都必须经过意大利的热那亚港。

尽管瑞士人不再有害怕德国人入侵的理由，但是战败了的纳粹和法西斯军人将成千上万地涌进瑞士，在那里寻求避难或者路过，而不是投降。瑞士人已经容纳了他们能照顾得过来的避难者，并希望能以任何代价避免新难民涌入境内。韦贝尔觉得，他有理由尽其所能帮助任何能带来和平投降的严谨计划，因为这是他国家利益所在，但是他的活动严格来说属于非官方的。

帕里利想要什么？他能提供什么？对于这些细节，韦贝尔建议我们当晚来此直接同这两个人面谈。我考虑了一阵子，觉得此事尚不成熟：把我自己与一个未知的使者纠缠在一起，他可能没有什么能提供的，而且是单干，更糟的是，他可能是一个德国方面的探子，试图打入我们的内部。盖弗尼茨是这个任务的理想人选。他在相当长的时间内与我合作，知道我的观点和方法，并且擅长根据这类和平探子的真实性程度而提出准确的见解。后来他花费好几个月来处理这一类问题。我向韦贝尔致谢后赶上了回伯尔尼的最后一班火车。

韦贝尔把盖弗尼茨领到瑞士卢塞恩的农家旅店的一个房间里，帕里利和韦贝尔二人就住在那里。次日，盖弗尼茨回到伯尔尼，向我报告他们三人的见面谈话以及他的看法。乍看之下，那两人给他的印象是，都不大可能与在意大利的凯塞林元帅的军队和穿黑靴子的 SS 有什么联系。这位意大利男爵是一个矮小、瘦弱、秃顶的绅士，有点儿像一个意大利小旅馆的老板，善于阿谀奉承，总是试图劝客人在他那里用餐。那位教授是一个话比较多的绅士，泛泛而谈，言谈中表现出自负。在帕里利讲话停顿时，这位教授便讲起和平的主题和对国际关系的理解，这在我们和他的心中都是宝贵的话题，但是在卢塞恩的旅馆上这堂课，似乎并不能使我们之间更亲近一些。在追问帕里利说出他所代表的那些人的名字时，他却闪烁其词。他继续谈论的主题是德国在意大利北部搞报复的恐怖活动，当他听到墨索里尼 12 月份在米兰的演讲时大为震惊。墨索里尼这个老独裁者威胁：无信义的意大利人将为他们不忠于法西斯，而遭受德国人给予的各种末日厄运。帕里利宣称，正是听到这样的威胁才使他狂热地寻找避免灾难来临的途径。他有一个很自我的想法：他是被选出来为意大利北部找解决办法的人，因而肩负着重要使命。

最后，帕里利开始详述他的想法，似乎一切都与在意大利的 SS 有关。能独立思考和行动的是 SS，而不是德国军队。无论如何，可以好好利用 SS 中某些不赞成“焦土政策”的人。最后，这位男爵提到了他与年轻的 SS 大尉吉多 · 齐默（Guido Zimmer）的密切关系（这个关系迄今已延续了很长时间），后者是热那亚 SS 情报处的反间谍主任。帕里利第一次遇见他是在热那亚。齐默最近被调到米兰，而帕里利在米兰也有一个办事处，因而他们可以在米兰继续见面。帕里利在与齐默的谈话中得知，齐默为 SS 有可能被柏林命令去意大利执行“焦土政策”而苦恼。齐默，作为一个美学家和知识分子，为能有机会挽救意大利的艺术和宗教宝藏而受到鼓舞。帕里利相信齐默的真诚，因为齐默有时候会保护被盖世太保下令逮捕的意大利人。帕里利与齐默之间的谈话，最终使齐默在某种程度上被帕里利渴望挽救意大利北部的热忱激励，并把全部问题向他认识的SS高级官员尤金·多尔曼上校坦白。让齐默极其放心的是，多尔曼带着明显的同理心听齐默讲述，而且还把齐默的观点转达给他的上司——SS在意大利所有单位的司令，卡尔·沃尔夫将军。帕里利并不知道后来发生了什么。他说，他和齐默制订了计划，试图到瑞士通过胡斯曼寻找与盟军的联系。帕里利自己向意大利当局申请了“为经济原因”去瑞士的签证。这个申请得到德国人的批准：德国SS的某级领导层发话，给帕里利放行。

但盖弗尼茨并未过于看重这一切。一名低级别的SS大尉似乎不可能成为开启德国驻意大利军队和平投降的钥匙，盖弗尼茨曾于1944年秋在西线高得多的层次上竭力追踪，以达到让德军投降的目的。齐默在SS内似乎是一个格格不入的人，他后来发现自己把命运交给了错误的纳粹党。至于多尔曼，盖弗尼茨在几年前遇到他时，对他的兴趣甚至超过了对卡尔·沃尔夫的兴趣。但是，帕里利和齐默是否都有足够的重要性，如果能影响两人中的一位来进行合作，能否使德国军队投降呢？盖弗尼茨对此有所怀疑。他感谢帕里利把其联络的关系和善良的愿望都告诉他，帕里利还建议他与多尔曼、沃尔夫，或者最好是与凯塞林元帅谈一谈。但在那时，这种事情还不可能走得更远。

盖弗尼茨或多或少地认为，我们最后能指望得上帕里利男爵。与帕里利和胡斯曼在第二天谈过话的韦贝尔则比较乐观，他给了帕里利一个密码口令，帕里利要回来的话，可以用于回答瑞士的边防警卫。作为瑞士情报局的高级官员和总参谋部的成员，韦贝尔有权根据事先安排好的密码口令，指示边防警卫让瑞士情报机关感兴趣的人跨过国境线进入瑞士。韦贝尔通常颇有远见，想到谈判者也许希望能够回到瑞士。如果发生任何边境事件，很可能危及此事的安全，而针对此事的任何媒体报道也可能带来致命的失败。

在向我报告了与帕里利和胡斯曼的会见之后，盖弗尼茨去滑雪旅游了，因为我们都觉得可以松口气了，而且还得过些时候才会再收到这些人的消息。我们写了一份关于这些会见活动的报告，把它放入名为《和平探索者》的卷宗里。这个卷宗在最近几个月里越来越厚，但仍然似乎是无用的。

但是，我们错了。自那次会见之后仅过了 5 天，我们接到了韦贝尔的紧急电话。帕里利已经回到瑞士。不仅如此，与他一起来的还有来自米兰的两名德国 SS 的官员：尤金・多尔曼上校和吉多・齐默大尉。韦贝尔悄悄安排了他们进入瑞士，并在卢加诺为他们找了安全的住处。他们在瑞士逗留的行程完全保密，并将在几天之内返回意大利。其余的事就要看我们的了。

我对这件事情不抱太大的希望，觉得没有把盖弗尼茨从达沃斯（Davos）召回来的必要。此外，我还想尝试把另一个中间人拉到这些使者中。这个人是保罗・布卢姆（Paul Blum），他在我的伯尔尼办事处工作，是可信赖的成员，过去在判断人方面曾显示出杰出的能力。他将不带任何成见地来到这个场合，对如何判断帕里利、胡斯曼和多尔曼，他能够给出新颖的看法。保罗在卢加诺地区还有其他任务：一个意大利特务刚在坎皮恩被抓到，需要审讯。所以，无论如何他都不会白跑一趟。

为这次会见，韦贝尔在卢加诺的比阿基饭店（Ristorante Biaggi）顶层预订了一个包间。当地扶轮社（Rotary Club）[①]常在这里举办成员们的公开聚会，而这次在这个场合要进行的是一项秘密任务，真有点儿讽刺意味。这个房间有木制的天花板和一个壁炉，通过一个歌德式的拱门走进去。雕花的木制家具和墙上的金属浮雕板，是由提契诺州当地的手工艺匠人制作的，沉重而阴暗，对于我们这种目的的会见再合适不过。

1945 年 3 月 3 日，星期六下午，韦贝尔把参会者召集到会议室。除了帕里利、多尔曼和齐默，胡斯曼教授也在场。韦贝尔则因为有紧急的事务，不得不去苏黎世，留下一个瑞士军官弗雷德·罗斯普莱茨（Fred Rothpletz）负责接待来访者。保罗在坎皮恩审讯意大利特务的时间比预计的更长，所以大家被晾在那里，等了好几个小时。韦贝尔告诉德国人，从我在伯尔尼的办事处来的一位使者将会见他们。归根结底，他们就是为此而来的。但是，在我的使者到达之前，大家都没有什么事务可谈的。在好奇的外人看来，他们就像是一个旅游团，偶尔选择了这家著名的卢加诺饭店。他们吃吃喝喝，聊聊天气和风景及其他无关紧要的事，如同他们在战前的快乐日子里曾有过的旅游。后来，当这些聊天显

① “扶轮社”是“扶轮国际”在世界各地的分支。扶轮国际的宗旨是：聚集各地的工商业界提供人道主义服务，鼓励各行业产生高标准的伦理，推行全球的善意及和平。——译者注

得有些无趣时，胡斯曼教授出现在摆满冷盘和葡萄酒杯的桌子前，从不放过任何说话机会的他开始填补聊天的空白。他从战争与和平谈起，自顾自地从教授的角色转变为国际政治专家和谈判者。那时，我办公室的人没有一个在场，我只是从后来的报告中得知了他的言论和所作所为。但是，我了解这个人，也常常听他的说教，我能想象出他当时所做的充满激情的演讲。他会说，在西方民主国家与苏联之间不可动摇的结盟作战下，德国将全盘失败。如果德国人有希特勒那种认为可以分裂同盟国的想法，他们就错了。德国只有一条出路：投降——无条件投降。受到这个长篇演讲谴责的多尔曼，似乎对胡斯曼不客气的言论感到震惊。在回过神后，他告诉胡斯曼：一切都说得很好，但是德国的将军如果没有希特勒的命令就擅自投降，那就是叛国。凯塞林，如果胡斯曼讲的是凯塞林，就是这样认为的。这个叛国的提法对于胡斯曼来说，就像是挥舞的红旗对于公牛，他火冒三丈。胡斯曼的犀利攻击让帕里利很担心，他一直寄希望于胡斯曼是调解者，而不是鼓吹己见者。

多尔曼后来写道，这位教授的讲话像被遗忘的西塞罗[①]演说那样可以一字不差地被公布出来。胡斯曼的主要意思是：欧洲任由一个狂人——希特勒摆布；整个欧洲社会已到了生死关头；对于正在卢加诺围桌而坐的几个人来说，涉及“背叛”的想法不值一提。

---

① 西塞罗是古罗马政治舞台的显要人物，以能言善辩著称。——译者注

此后，谈话气氛有点冷静下来。但是胡斯曼此番言论消除了德国人的疑虑，尽管他的这个举动没有事先从我们这里得到任何建议。多尔曼可能认为，胡斯曼是代表我说话，并被授权这样说，胡斯曼提出的要求就是我们的要求。虽然我们实际上并不想在这次会见时，就把投降问题像金属护手那样抛到桌面上[①]，但这样做的效果却是好的。

保罗·布卢姆在四点钟时才到达饭店包间。走进房间后，保罗必须面临的问题是：他应该同德国人握手吗？在后来的谈判期间，盟军的代表每次会见德国人时都会遇到这个问题。保罗的决定是：如果愿意同一个人谈话并听听他坦率的观点，没有理由拒绝他伸出来的手。因此保罗与德国人握了手。

多尔曼有着忧郁的表情，长长的黑发在耳朵上方稍有卷曲，一直梳到脑后。这使他看起来有点油滑，仿佛他知道的要比说出来的多得多。齐默大尉显然处在从属于多尔曼的地位，他很少开口说话，外表很好，整洁体面，不像人们所描述的典型的 SS 军官的样子。谈话主要在保罗和多尔曼之间进行，大家都使用流利的法语。

保罗很清楚这个场合的微妙之处，他知道德国人把他看作盟军的发言人。归根结底，在苏联与西方之间插进一个楔子很可能是个圈套：用和谈使盟军在意大利处于防守状态，而他们却在计划用他们的春季大攻势结束战争。保罗谨慎地避免提及任何军事

---

① 中世纪骑士把斗剑用的金属护手抛到桌上，就是表示要以武力决斗解决争端。——译者注

话题。他在来会谈的路上写下了在会议开始时的发言草稿。以下是他的开场白：

> 这次战争在欧洲造成的物质和精神破坏是如此之大，以至于盟军在重建工作中需要每一个善意人的帮助。每一个帮助缩短战争的人，提供给我们的是其善良愿望的证据……

这是为此后的谈判定调。保罗后来告诉我，和谈中他只在一个地方用了英语表达。多尔曼问他，如果希姆莱支持在意大利北部单独和谈的行动，同盟国是否愿意与其谈判。对此，保罗突然用美国腔的英语脱口而出，“Not a Chinaman’s chance”（希望渺茫）。

我给保罗的指示是：找出这些人究竟是谁的人。他们是否给保罗留下一个认真严肃的印象？我并没有打算卷入这场关于和平条件的争论，我们坚持的是无条件投降政策，那就是我们想要的。现在还不是讨价还价的时候。德国人能提供什么？

保罗知道，多尔曼与 SS 在意大利的首脑沃尔夫将军有联系。多尔曼并没有说他代表沃尔夫做此事，但是他说他是沃尔夫的参谋部成员。如果有与盟军建立接触的任何希望，他将尝试劝说沃尔夫亲自来瑞士继续这个谈判。多尔曼没有声称代表凯塞林，也没有答应回去鼓动他。

在会议之前，我已告诉保罗，我觉得这是一个好时机。如果我们能继续与这些德国使者谈话，我们就能获得他们严肃认真对待此事和获得授权的具体证据。我给了保罗一个小纸条，上面写了两个名字，让他在会议结束前交给多尔曼。这是两位意大利爱国者、地下工作组织的成员，我同他们在战线两边合作了一些时候。一位是费卢西奥·帕里，我在前面已提到过他，另一位是安东尼奥·乌斯米亚尼（Antonio Usmiani）。帕里是意大利抵抗运动的领袖之一。英勇的乌斯米亚尼为我们在意大利北部做军事情报工作提供了不少帮助。二人都被SS警察逮捕，当时被关在监狱里。我知道帕里被关在维罗纳，乌斯米亚尼被关在都灵。所以我建议沃尔夫将军，如果他想与我会见，就把这两位囚犯释放，以此证明他的诚意和严肃认真的态度。在努力营救帕里时，我知道我可能是在为SS关押的意大利最重要的囚犯说话。意大利抵抗运动组织中的朋友给我施加了很大的压力，让我去尝试解救帕里，因为意大利地下组织的各种尝试都没有成功。我知道，请求释放帕里会让沃尔夫十分为难。事实上，我冒了很大的风险——后来甚至成为最大的风险。然而，如果这两人能被释放，沃尔夫将军的诚意就能充分地展示出来。而且，为了测试沃尔夫的权力范围，我故意选择这两个关在不同地方的囚犯。

保罗没有承诺在释放这两个人后我就答应接见沃尔夫或其他德国使者，但是以我的名义提出这个要求可明显地看出，除非我确认了沃尔夫的严肃态度和他有权做成一些事情的过硬证据，否则我肯定不见他们。保罗后来告诉我，在向多尔曼解释这一切时，多尔曼显然对要他们释放像帕里这样有价值的囚犯而感到惶恐。但是从惊讶中恢复平静之后，多尔曼同意尽他权力范围内的一切努力去满足这个要求。他向保罗保证，几天之后就给回音。

当我后来告诉盖弗尼茨我干了什么时，他认为沃尔夫难以守信，因为帕里太有名了。况且，几乎可以肯定的是，墨索里尼可能还有希特勒，知道了帕里被俘的事。“别担忧，”我对他说，“我们总是能讨价还价的。”我们二人意见相同，这可能是我们最后一次见多尔曼。保罗不那么肯定。他不是特别喜欢多尔曼，但尽管如此，后者也给他留下了诚恳的印象。不管怎样，如果我们能迫使德国人摊牌，并终止一场并不认真严肃的谈判，我就不需要后悔，至少我为解救在意大利勇敢打击希特勒的帕里尽了力。

假如那时我们已经知道在意大利的德国领袖们是怎么想的，那么我们对后来发生的事也就不会那么惊讶了。他们中的许多人愿意为取得与盟军互通信息的可靠途径而付出代价，但是知道这样做是在拿生命冒险，他们之间也存在深深的裂痕。

有三个部门代表了德国在意大利北部的力量——军队、SS和外交人员，它们没有互相喜欢或信任的理由。这三个组织内部的各个层级都不得不提心吊胆（当然是在7月份试图暗杀希特勒之后），哪怕是最密切的同事也有可能由于恐惧，或对希特勒表忠心，而把不执行希特勒战斗到底命令的最细微迹象向盖世太保告密。

即使利用我们现在掌握的历史资料，恐怕也难以重新构建一个对当时微妙局势的准确叙述：各战线分别投降的想法是如何产生和变化的？不同的伙伴是如何逐渐互相接近的？在意大利的氛围中，无疑有某些东西滋养了投降的思想。涉及此事的人们远离欧洲的主要战场和德国的心脏地区。那时还有教会安抚人心的影响。所有这些，加上碰巧登上这个舞台的那些特殊角色（我已提到过的人，如罗廷格、波尔、拉恩、沃尔夫和其他一些人）才能解释此事。掌握着军事行动关键的凯塞林本人，对于我们和他自己的下属来说，依然是一个大问号。但是根据他的信念，他也不会是导致悲惨结局的人。

归根结底，沃尔夫是主要的推动者。然而他却把他的意见保密了一段时间，等待各种线索汇聚到他的手中。有报道说，他曾在 1944 年 5 月告诉教皇，他准备把自己的生命交给和平事业。极少数人知道他见过教皇，更没有其他人知道他们之间谈了什么。这极少数人之中便有多尔曼，这个无处不在的多尔曼知道沃尔夫的思想框架，他似乎是沃尔夫的眼睛和耳朵，用于测试那些潜在的支持谋求和平及有同样想法的人。

根据多尔曼在战后写的一份报告，1944 年 7 月他在佛罗伦萨接到驻意大利的德国空军司令冯·波尔将军的邀请，到佛罗伦萨郊外蒙苏马诺（Monsummano）的司令部去。多尔曼以为这个邀请纯粹是社交性质的，因为波尔和多尔曼都来自慕尼黑，波尔还在那里认识了多尔曼的母亲。但令多尔曼惊讶的是，见面后波尔立即开口强硬地宣称，继续战争是荒谬的，而让希特勒相信必须在德国被撕成碎片和苏维埃化之前停止战争也是毫无希望的。多尔曼立刻明白，波尔不只是在做危险的试探，而是有目的地选择他来谈话。在投降事件发生前的几乎一年，波尔在这个场合清晰地表达了他的思想，这个思想是意大利整体投降的关键所在。

他告诉多尔曼，必须在希特勒不知情的情况下与西方力量签订协议。德国陆军拘泥于效忠元首誓言的铸铁一般的意志，也不能参与这个行动。作为一个组织，只剩下 SS 还有足够的权威实施停战谈判，但是希姆莱是一个不合适和不会被接受的发言人。那么波尔在此向多尔曼提出一个问题——在 SS 内部有没有一个强有力的不妥协的领袖能接触盟军？波尔很快补充说，尽管他很不赞成与 SS 开展政治合作，但这似乎是唯一的出路。多尔曼说，沃尔夫就是这样的理想人选，于是波尔表示愿意尽快会见沃尔夫。1944 年 9 月，多尔曼把沃尔夫和波尔聚到一起。会见是秘密的。从那时起，沃尔夫就知道，无论他试图做什么，波尔总会在背后支持他。在将要促成投降的关键时期，这是一个相当重要的因素。

多尔曼还是沃尔夫与意大利北部教会人士——米兰、都灵和威尼斯各地的枢机主教及较小城市的主教们，保持联络的联系人。多尔曼知道枢机主教舒斯特的秘书比奇埃莱先生曾安排过我的访问。沃尔夫也知道此事。他们保持关注，发现没出什么事。齐默向多尔曼讲述了帕里利渴望去瑞士的事儿，但是后来我们得知，多尔曼此前曾在社交场合见过帕里利两次，已经知道帕里利想单枪匹马挽救波河流域（Po Valley）免于被毁。沃尔夫无疑也知道这些情况。但是他还没有准备行动，不打算在找到对方阵营内位高权重并能保证冒任何风险的联系人之前，就使自己卷进去。

很久以后，沃尔夫告诉我们，直到 1945 年初，他还相信存在妥协性和平而不是无条件投降的可能性。他相信存在这个可能性，是因为他以为希特勒确实在尝试生产其吹嘘的新武器。在阿登地区反攻（1944年12月至1945年1月的突出部之役）失败后，沃尔夫听说德国人在那儿几乎没有空中支援。他第一次明白了希特勒的许诺是谎言。1945年2月6日，他到希特勒的总部去，这是他按惯例的出差行程之一。这次他的主要任务是，确认是否有任何秘密武器即将出笼。然而没有一个人能给他直接的回答，他发现这只是一个幻想。沃尔夫说服希姆莱带他去见希特勒，他告诉希姆莱，他准备向希特勒建议在为时过晚之前停止战争。希姆莱警告他不要提起这个话题，但是沃尔夫说希特勒没有其他的路可走。

根据沃尔夫后来的叙述，他曾希望单独见希特勒，他通常能做到这点。但是这一次里宾特洛甫在场，沃尔夫无法摆脱。在里宾特洛甫面前，沃尔夫对希特勒说，德国需要找到一条摆脱现状的出路。希特勒不为此建议所动，也没有说不，但是也确实没有给沃尔夫下达做任何事的许可。当然，沃尔夫在那时还未与盟军取得联系。里宾特洛甫在希特勒面前显然赞同沃尔夫的看法，说自己将寻找一条出路。

两天后，沃尔夫从柏林回到意大利，当时是1945年2月中旬。他把他的司令官们（SS的和国防军的）召集在一起，告诉他们，他本人要对联系英国人和美国人的任何可能性保持知情状态。他说，如果出现任何足够重要的机会，他将亲自处理。他打算充分利用希特勒未说“不”的这个事实。

在这次会议上，恰巧从柏林收到一个关于在意大利实施“焦土政策”的简报，沃尔夫有责任向他的下属解释政策的实施方法，否则就会把沃尔夫置于疑似反对希特勒命令的境地。然而沃尔夫指示他下属的司令员，没有他本人的同意，不得实施任何破坏或毁灭行动，这样就巧妙地回避了这件事情。①

与此同时，另一个在意大利的德国机构中身居要职的人也在考虑投降，而且可能已准备像沃尔夫那样展开行动。这个人就是德国大使拉恩，希特勒派驻墨索里尼身边的个人使节。虽然拉恩自己不领导军队，也没有沃尔夫那样的警察权力和头衔，但他比沃尔夫更早认识也更接近凯塞林。凯塞林是最有实权停止战争的人。拉恩曾在非洲工作，直到非洲军团最后投降的前夕。那时凯塞林是那里的空军司令，而且二人曾一起在柏林待过。拉恩认为自己是个外交官，既不是军人，也不是秘密警察，盟军应该不反对同他打交道。

沃尔夫于 1944 年夏季搬到加尔达湖的住处后，就成了拉恩的邻居。这两人经常互相试探。拉恩在影响沃尔夫的思想方面颇有功劳。不管怎样，毫无疑问的是，沃尔夫 1945 年初就已确认在和平解放意大利的任何努力中，拉恩都站在他这边。拉恩自己可能还不了解沃尔夫为采取行动已进行的准备工作，还认为自己在可能来临的事件中将是主角。拉恩在瑞士也有自己的特工。其中之一在 1945 年 2 月来到瑞士，散布了关于凯塞林急

---

① 这个基本政策是，在国防军放弃每一个主要地区之前的短时间内，由沃尔夫指挥国防军的工程师实施毁坏重工业、能源工厂和港口设施的行动。桥梁和隧道的破坏则由凯塞林指挥的战斗部队在撤退时实施。

于得到盟军的任何和平探子消息的流言。还有其他的特工[①]也在工作。在把和平的主动权交到沃尔夫手里时，我们知道拉恩会很失望。不过，拉恩仍然愿意继续合作，并愿意在我们的故事中扮演重要角色。沃尔夫也明智地让拉恩随时了解事情的进展，并听取他的建议。

我们当时在伯尔尼完全不知道所有这些情况，这就是多尔曼和齐默在 3 月 3 日，即帕里利与盖弗尼茨在卢加诺谈话的仅仅 6 天之后，就出现在卢加诺会见帕里利的原因。显然，多尔曼和他的那些正在注视和等待着的朋友认为，他们已找到了想要联系盟军的渠道，尽管当时我们对待帕里利还有所保留。

帕里利 2 月 27 日从卢塞恩回到意大利，立刻到他在 SS 内可信赖的人——齐默那里去，齐默当时的工作岗位在米兰。在帕里利报告卢塞恩发生的情况后，齐默通知了次日到米兰的多尔曼。多尔曼认为这个联系十分重要，试图在现场就打电话告诉沃尔夫。

沃尔夫那时正在雷科阿罗（Recoaro）的凯塞林司令部开会，那次会议的目的是讨论在意大利终止战争的方法。除了凯塞林和沃尔夫，参加会议的还有凯塞林的参谋长罗廷格将军和拉恩

① 拉恩在意大利办公室的成员之一，某个名叫冈伯特博士（Dr. Gumpert）的人，在 1944 年以“健康方面的原因”被拉恩两次派到瑞士。真实的目的是联系德国公使馆的成员费德勒（Federer），拉恩怀疑其与盟军有联系。拉恩是正确的。盖弗尼茨认识费德勒。沃尔夫在帕里利来访后采取的做法，不足以导致拉恩取消自己对我们的试探，例如“日出”计划或其他类似的活动，否则我们很可能改变成以拉恩为德方的主要联系人。费德勒把给拉恩的一封信交给冈伯特，声称他能建立与我的联系。拉恩把这封信给沃尔夫看了。我是后来才知道这些事实。

大使。多尔曼打电话给在维罗纳的哈斯特将军，把帕里利与美国人联系的消息告诉他，并告诉他重要的是立即向沃尔夫报告此事。得知沃尔夫已离开雷科阿罗，正在回法萨诺的路上，哈斯特亲自开着一辆警车，在沃尔夫从雷科阿罗到维罗纳的路口等待。沃尔夫的汽车出现时被摇旗拦住，哈斯特在公路中央把消息告诉了他。

看过齐默转给他的帕里利的报告，沃尔夫认为很有希望，请哈斯特联系齐默及后者在米兰的上司劳夫，告诉他们尽快到代森扎诺（Desenzano），那是一个在维罗纳至米兰中间位于加尔达湖西南角的小镇。他还请哈斯特一起来开会。

1945 年 2 月 28 日晚上 6 点，这四个 SS 官员——沃尔夫、哈斯特、劳夫和齐默，齐聚在代森扎诺，讨论帕里利为他们找到的联系美国情报处的机会。讨论持续了约一个半小时。参会者几乎立即就决定继续跟踪这条线，但是有一个问题——谁应该担任使者。尽管多尔曼没有参加这次会议，但他被选中担此重任。他是 SS 队伍中的天然外交家，老练、自信、高雅，了解战争形势及国防军和 SS 双方的想法。这次会议还决定由齐默陪同和辅助多尔曼。

帕里利对盖弗尼茨在卢塞恩说的告别话信以为真。他必须在 3 月 2 日到瑞士，同瑞士人一起安排这两位 SS 的人越过国界。当帕里利被告知此事时几乎难以相信，他没有想到与胡斯曼和韦贝尔的谈话，以及自己向盖弗尼茨解释缘由，能够导致如此重大的行动。他一心向往的梦想似乎突然要实现了。帕里利自己恰恰就成为那个挽救意大利北部的人。然而，如果伯尔尼的美国人拒绝同 SS 谈判，那时帕里利将面临什么局面？德国人将怀疑他是个骗子，或者是另一方的间谍。他还把沃尔夫作为寻求和平的使者留在瑞士，如果盟军方面只是玩游戏，沃尔夫可能因此而遭殃。如果沃尔夫出了什么事……

与此同时，另一个车轮开始转动起来。1945 年 2 月 28 日，参加沃尔夫和平会议的哈斯特将军，在当天晚上通过自己的渠道给柏林发了一个电报，把正在发生的事告诉了他的上司卡尔滕布伦纳。这是我们在战后多年才从哈斯特的做证中得知的。① 回顾当年，哈斯特在意大利当地的上司是沃尔夫，而他在柏林的上司是与沃尔夫不和的卡尔滕布伦纳。我迄今也不清楚哈斯特这样做是否征得了沃尔夫的同意，或者他是背着沃尔夫这样做的。不管是获准还是背地操作，对沃尔夫来说都开始朝着极其危险的事态发展，几乎葬送了在意大利投降的可能性。②

在做出行动的决策时，沃尔夫信任拉恩，并让拉恩在多尔曼去瑞士前通知多尔曼。拉恩在回忆录中说，他建议多尔曼在与美国人谈判时，反对任何试图破坏西方盟国与苏联之间关系的愚蠢举动。拉恩知道德国人坚持认为这是可能实现的，但是他自认为

---

① Renato Carli Ballola, *"1953" Processo Parri*（Milan, 1955）, p. 185.

② 在 SS 的情报组织内（哈斯特和齐默在其中工作，沃尔夫和劳夫不在），联系美国情报机构一事本身不算是罪行，因为联络的目的可能是为了打入它、了解它，甚至做某些交易。只有当这个联系有可能变成希特勒和希姆莱未批准或不知情的和谈渠道时，参与者才会陷入极其危险的情况。然而，哈斯特的电报不可能不引起卡尔滕布伦纳的怀疑。

这是无意义的胡闹。同盟国的结盟不可能随便破裂。如果这个判断是正确的，那么胡斯曼教授在卢加诺对多尔曼说的话，就不可能是很大的意外。

在多尔曼去瑞士后，拉恩和沃尔夫进行了深入的探讨：只有凯塞林能决定停火，必须把他拉过来。拉恩建议同凯塞林谈谈，因为他最了解凯塞林。几天后，凯塞林在访问墨索里尼后顺便来看拉恩，那时拉恩正卧病在床。尽管身体不适，他也没有错失良机。他先把凯塞林引入关于德国军事和政治前景无望的讨论，然后直截了当地告诉凯塞林，挽救德意志民族免于完全被毁灭的最后时机已经来临。在他看来，凯塞林这个唯一未打过败仗的德国元帅，现在应被请出来发挥类似兴登堡在第一次世界大战末期那样的作用。①

受到所有德国军队尊敬和爱戴的凯塞林，能不受制于希特勒而独立行动，能独自要求和平并最终达成和平吗？拉恩期待着凯塞林的反应，但是凯塞林似乎不为所动。他看起来表情冷漠，无激情，不易发怒。他冷静地提到所谓的战士誓言，并补充道，他认为元首仍将要带领他们全体渡过难关。对此，拉恩说："元帅，现在不是我们中的任何一个人为了自己的利益而诉诸宣

① 第一次世界大战初期，德军在东线不敌俄军，兴登堡临危受命，把俄军逐出普鲁士，并进而占领波兰大部分领土。他晋升为元帅，并被称为"护国之神"。后来，整个战局急转直下，西线的凡尔登之战使德国处于绝境，德皇威廉二世逃亡。由于德皇和帝国国会放弃了责任和权力，兴登堡成为实际上的德国军事领导者，代表德国在 1918 年签订停战协定。拉恩以这段历史为例，希望在希特勒因战败而逃亡或死亡时，凯塞林元帅能站出来代表德国签订停战协定。——译者注

传口号的时候。如果您现在不采取决定性的行动，我希望在听到元首的死讯时您将做好准备。”凯塞林对此无言以对。他从拉恩的床边站起来离去。在刚要走出门时，他用友好的方式说：“我希望你的政治计划能成功。”拉恩感觉到第一道坎跨过去了。即使未能赢得一个同伴，但是一个障碍可能已经被清除了。

第七章

将军来访

一名在一线工作的情报人员，应当让他所属的单位知悉其所有工作情况。这是十分正常的，但是仍要有所保留，不要过度。他如果说得过多，或者请求指示太频繁，就有可能尝到苦头；或者更糟的是，他可能发现总部试图接管整个工作。在一线的人员只能如实地参照决策对细节做出判断后上报，而决策权当然属于总部的领导。

由于我对会见沃尔夫将军可能产生的结果不确定，所以我不想在华盛顿引起过高的期望，认为我们在“制造”德国的投降，或者产生我们正在进行高层次的谈判而需要华盛顿决策的印象。

我可能迟早会面临一个决策：我是否应该亲自会见沃尔夫将军。但是我知道，如果向华盛顿总部提出这个问题，他们将被迫在那里做出一个高层决策，而这个决策可能妨碍我下一步行动和决策的自由。过多的人将在过早的阶段被卷入这个行动。最后我推论，一个情报人员应该有同魔鬼谈话的自由，如果他能为进行或终止战争获得有用的信息与帮助。所以，我们向上层的报告暂时只限于摆事实：声称是沃尔夫将军的参谋多尔曼自己主动来接触我们，其结果是我们得到了关于意大利内部事态发展的有用信息。我还向总部索要了关于沃尔夫、多尔曼和帕里利的信息，作为回应，他们把档案里有的一切背景资料都给了我，但大部分是我们已经知道的信息。

关于帕里利，他们提供了某些我们不知道的信息。战前他曾是纳什·凯文纳特公司在意大利的代理人。华盛顿核查了该公司，摘录了该公司让人心安的评语：“如果他承诺了，你可以指望他。”知道这一点多少有些安慰作用，但是这个评论并未考虑到现实情况：帕里利不再是一个自由人，他的活动代表着SS的一位将军，而且他经常表达的可能是这位将军的观点，而不是他自己的。

我感觉无论如何最好事先有所准备，于是我将使命归结为一个很普通的问题，去询问在卡塞塔的盟军总部：如果德国人表示他们想严肃认真地谈投降问题，我们应遵循什么路线。他们的回答是纯军事性的建议：如果凯塞林要接触盟军，他必须要派一个使者举着普通的白旗越过战线。我回电解释说，这是不可能的。凯塞林被部下之中盖世太保的告密者严密监视着。在派遣使者越过盟军防线的同时，他自己很可能就在被押送去德国集中营的路上了。另一方面，如果能把凯塞林或他的代表秘密地弄到瑞士来，我们现在具备安排其进出瑞士，以及在瑞士为其保密的能力，希特勒和希姆莱就永远不会发现，或者至少是发现此事后已为时已晚。卡塞塔立即明白了我的意图，他们放弃了要求凯塞林在当地越过战线的想法，同意把瑞士作为初步会见的地点，前提是德国人要说话算话，重视此事并要求会见。

卡塞塔发来的回复解决了一个我当时认为是假设的问题。刚收到这个回复，我就接到还在达沃斯的盖弗尼茨打来的电话，与他通话使问题更加清晰：德国人是认真的。为了避免通过电话把敏感的信息传到我的办事处，韦贝尔打电话给达沃斯的盖弗尼茨，让盖弗尼茨回个信息给我。盖弗尼茨刚离开著名的帕森雪道（Parsenn run），穿着滑雪服待在旅馆房间里。韦贝尔打电话给他时幸亏他刚回到房间里。韦贝尔以独特的方式开始说："格罗，你站着还是坐着？因为如果你正站着，听到这个消息你会仰天摔倒。"

当时是 1945 年 3 月 8 日。帕里利、多尔曼和齐默带着他们关于卢加诺会见的报告在 4 日才启程回意大利，在那次会见时我要求释放两个囚犯。韦贝尔告诉盖弗尼茨的消息是："帕里和乌斯米亚尼在这儿。几小时前他们在瑞士和意大利边境的基亚索（Chiasso）被安全地交给我的人。SS 大尉齐默从米兰开车送他们过来的。"韦贝尔说，他们过了国境线就被移交给一个会说意大利语的中尉，此人现在正开车送他们去苏黎世。帕里和乌斯米亚尼都不太会说德语。韦贝尔想得如此周到，这是他的习惯。另一件事是，沃尔夫一行人在帕里利男爵的陪同下，在释放了那两个囚犯后不久，便坐火车穿过国境线去了苏黎世。帕里利是在前一天晚上到达国境线并打电话给胡斯曼的。为了不错过这场戏，胡斯曼跳上了去基亚索的第一趟火车，他现在正陪伴沃尔夫一行人去苏黎世。这位驻意大利的 SS 和警察最高领袖，显然不能像一个小偷那样在夜间孤身旅行，他有三个军官相伴：多尔曼上校、齐默大尉和他的副官温纳（Wenner）少校，他们当然都穿着便衣。韦贝尔派罗斯普莱茨中尉随同，后者在上个星期曾经负责卢加诺的治安。

有什么安全风险？我心想，7个人——沃尔夫和他的三个军官、帕里利、饶舌的胡斯曼和那个瑞士中尉，在战时一起在瑞士的火车上坐5个小时从基亚索到苏黎世。作为SS驻意大利的司令，沃尔夫偶尔会出现在瑞士的报刊上。公众知道他，任何跟在他身后的媒体记者当然认识他。他在瑞士干什么？

后来我才知道，这个团体在火车上坐在预订的两个包间里，关着门，拉着窗帘。假如有好奇的陌生人打听他们在瑞士干什么，韦贝尔还安排了一个说辞为他们做掩饰：他们是一个来瑞士讨论利用热那亚港口设施的德国－意大利委员会。

盖弗尼茨正在赶一趟从达沃斯到苏黎世的火车。我告诉他，我将于6点左右在那里等候他，虽然我还没有决定是否要同沃尔夫谈话。

沃尔夫以惊人的速度展开行动。在多尔曼把我们的信息告诉他之后的4天内，他命令释放和送还那两个囚犯，安排自己和随员们的旅行文件，编造掩盖他不在家的证据。多少人知道这件事？主管这两个不在一处的囚犯的人们、司机、通信员、SS的边境警卫。他如何完成这些事？他认为自己是无懈可击的吗？他的权力大到什么也不用怕吗？或许他就是胆大妄为的？他怎么能在SS内生存如此长并晋升到如此高的地位，或许地位高就是上述那些问题的答案？再或者是希姆莱已经知道并批准了此事，所以没有什么可隐瞒的？这些就是后来我开车去苏黎世时一直思索的问题。

在苏黎世一间我们租来用于解决最棘手会见的公寓内，我会见了盖弗尼茨。这个公寓位于日内瓦街（Genferstrasse）尽头一幢光秃秃的建筑底层，面朝苏黎世湖的一角。从街上通过一扇用一把古老的约 4 英寸长的大钥匙开启的沉重大门，就可以进入一个过道，过道尽头的另一扇门通往门厅，必须再用一把钥匙开启门厅那一端的房间门。当时也同在苏黎世的韦贝尔打电话告诉我们：胡斯曼和他的妻子正在安排这一伙德国人和帕里利男爵的娱乐活动。胡斯曼在苏黎世有一套住宅，很乐意过来告诉我们事情进行得怎样了。韦贝尔还通知我们，他目前已安排了帕里和乌斯米亚尼伪装成苏黎世豪华区一家高档意大利医院的病人。那里是他们最安全的栖身之地。

此后不久，教授来了。这是我第一次见到他本人。他很体面，几乎有点生硬拘谨，身材矮壮，有一头浓密的花白头发，像韦贝尔一样是个爱抽雪茄烟的人。这次他没有做他那著名的即兴演讲。他建议，为了安全，我应该去他的公寓会见沃尔夫。我拒绝了这个邀请。我说如果沃尔夫要见我，他应该到我在日内瓦街的公寓来，而且单独来，也就是说胡斯曼教授一个人陪他过来，引见后就离开。

充分估计会面将面临很大风险的现实情况，我决定赌一把，见见沃尔夫。如果沃尔夫试图耍我，其后果将是很不愉快的。他从我这里根本打听不到什么，但是也许能利用我委曲求全地同他谈话的事实，为自己捞取政治资本。我未来有可能看到这样的大标题——“罗斯福总统的使节接待 SS 的高官”。但我至少已有了为此辩护的借口：通过沃尔夫我保释了两位对盟军具有重要意义的意大利囚犯。

我告诉胡斯曼，沃尔夫不得不等待进一步通知。经过进一步的考虑，我决定先会见帕里和乌斯米亚尼。我要确认是这两个人，他们未受到任何伤害，而且不涉及别的交易。胡斯曼听罢，起初比较反对，但我把理由告诉他后，他默许了。在准备好后，我们将访问他的公寓。

我告诉胡斯曼，在沃尔夫来此之前，我想让他明白，我期待从他那里听到的是德国在意大利的军队实施无条件投降的途径和方法，没有其他可谈的。胡斯曼说，沃尔夫已经充分明确了这一点。胡斯曼在漫长的火车途中花了几个小时同沃尔夫谈这一切。胡斯曼认为，沃尔夫现在已认识到德国军事力量毫无和英－美－苏坚定团结的希望的事实，而且他承认这次完全是他自己采取的行动。

然后，胡斯曼告诉我们在乘坐火车途中发生的一个几乎要毁掉一切的突发灾害事故。那天圣哥达山口（Gotthard Pass）附近的一次雪崩堵塞了铁路线，导致了一场意外。这伙人不得不离开关着门、拉着窗帘的火车包间，下车与其他旅客一起沿着铁轨步行，等待瑞士联邦铁路局为应对紧急情况而调来的另一列火车。在人群里有一些沃尔夫认识的意大利人，沃尔夫一直低头回避和拖延。那些人也沿着铁轨往前走，并没有注意到他。假如被认出来了，沃尔夫在瑞士的消息肯定会传开，假如此事出现在新闻媒体上，势必引起一场轰动。SS 的高官不会去环游瑞士，而且在这个特殊时刻，谁都知道沃尔夫有一切理由坚守在他意大利的岗位上。如果这样，我们又得重新策划行动，而沃尔夫作为一个谈判者的身份将“暴露”。

就在胡斯曼离开我们之际，他交给我几张纸，说是沃尔夫要我提前看看。它们是德文文件，附有沃尔夫的官方名片。看得出来，这些资料是胡斯曼为沃尔夫写的要点介绍，显然是为这次会见准备的。有点像一个人申请工作时，为他属意的公司预先准备的材料。文件实际上是沃尔夫的证明文件和他的职业生涯概述。翻译后的封面页如下所述：

卡尔·沃尔夫

SS 全国副总指挥兼党卫军将军

德国武装力量驻意大利最高级 SS 和警察领袖及特命全权将军

后方军事区和军事行政管理司令

关于上述人士的信息可由以下诸位提供：

1. 前副元首鲁道夫·赫斯（Rudolf Hess），现住在加拿大。

2. 现在的教皇：1944 年 5 月的访问；在教皇的请求下释放魏思乐（Vasella）教授。如有需要，可在任何时候询问教皇。

3. 普菲弗·潘克拉斯神父（Father Pankratius Pfeiffer），罗马救世军[①]最高领袖……

① 救世军是基督教的国际性慈善公益组织，以街头布道和慈善活动、社会服务著称。——译者注

接着是七八个教会和意大利贵族的人名，以及沃尔夫帮助过他们的细节，主要是如何从狱中释放他们的。下一页则是其他方面的陈述。其中有沃尔夫在佛罗伦萨遭轰炸时，下令把数百件最珍贵的画和雕塑，以及据说价值数百万美元的意大利国王收藏的著名钱币，从佛罗伦萨的乌菲兹画廊（Uffizi Gallery）转移到意大利北部的安全地点。沃尔夫还声称与凯塞林一起行动，使罗马免遭德军轰炸；1944 年解决了涉及约 30 万工人在都灵、米兰和热那亚的大罢工，而未发生流血冲突；1944 年 11 月与游击队谈判达成协议，宣布大赦，意大利北部居民因此不再需要害怕被征召进墨索里尼的军队或德国的劳工队。有附件可以支持以上陈述。一个附件是威尼斯枢机主教致沃尔夫的私人信件，感谢他释放了一位犹太裔修女。简而言之，沃尔夫要向我们展示他是怎样的一个人，以及当我们对他产生误解时谁能为他做证。

然后，盖弗尼茨和我驱车赶往帕里和乌斯米亚尼所在的医院。一位护士带我们沿着一条走廊来到安置这两位“病人”的房间。我永远不会忘记那个场面。再过几个月就将成为意大利解放区总理的帕里是如此激动，以至于失声痛哭，并用双臂搂着我。他直至被解救的最后一刻还不明白，SS 的狱警和审讯官为何且如何把他从维罗纳弄到了瑞士边境。在被带出监狱时，他很自然地认为自己将被枪毙，或者被送到德国，在那里遭受更漫长的监禁。

他问我的第一个问题完全体现了他的思维与性格：“为了把

我弄出来，您跟德国人做了什么交易？我要您知道，我不接受对我自由活动的任何限制。我要立即回到意大利，继续打击德国人和法西斯分子。”

我向他保证，我没有做任何交易，并补充说：“帕里，我的朋友，您可以在任何时候自由地回意大利。但是请听我讲，您若立即回去将毁损您为之奋斗的事业，甚至将阻碍促使战争结束及挽救您的国家免遭毁灭的活动。”然后，我请他至少忍耐一两个星期，并向他保证他将在解放日之前回到意大利。

当然，我的忧虑是，如果帕里回到意大利再被德国人或法西斯分子抓住，那就很难解释他如何逃出监狱。他从维罗纳监狱消失，本来可以被沃尔夫以交换俘虏，或者从一个监狱转到另一个监狱的理由搪塞过去。我还告诉帕里，重要的是必须做到在瑞士没有一个人知道他已经出狱。

在确信我不会以约束他为条件来换取他的释放后，他同意了我的建议。然后他告诉我，如前所述，游击队的一个冒失鬼埃德加多·索格诺为了救他，如何穿着SS的制服进入米兰的女王酒店——帕里一开始被关在那里，试图用武力营救他，但是最终被抓住和打伤，现在已经被关进监狱。我能把索格诺也救出来吗？在确保索格诺安全之前，帕里的心情不会那么容易平静下来。在意大利，假扮德国兵是一项死罪。我告诉帕里，我将尽我的一切努力来营救索格诺。乌斯米亚尼像帕里一样被那天的事弄得困惑不已，也同样感谢我们。在同他谈了几句后，我们就离开了，我们依然想详细知道他们是如何被解救出来的。

回到日内瓦街的公寓后，我和盖弗尼茨做的第一件事是，在即将与沃尔夫将军谈话的图书室里给壁炉生火。我总是尝试在壁炉旁开重要的会议。燃烧的木头会产生一些微妙的氛围，使人们放松，且不那么沉迷于他们的谈话。如果被问到一个不想急于回答的问题，我还可以去拨拨火，看看火焰的模样，琢磨琢磨，直到想好了再回答。如果遇到需要更多时间才能回答的问题，我会就近给我的烟斗点个火以拖延时间。

快 10 点时，胡斯曼和沃尔夫将军来了。后来我发觉，随着时间一小时一小时地过去，胡斯曼公寓里的气氛变得紧张起来。政治话题已没有什么可再讨论的了。吃着奶酪饼干、喝着葡萄酒的客人们，转而与曾经担任慕尼黑歌剧院歌唱家的胡斯曼夫人讨论音乐——布鲁诺·沃尔特（Bruno Walter），理查德·施特劳斯（Richard Strauss）及其《玫瑰骑士》（*Rosenkavalier*）。客人们互相提醒各种咏叹调和主旋律，主要是由曾经是音乐家的多尔曼、美学家的 SS 大尉齐默和胡斯曼夫人哼唱。沃尔夫力图使自己令人感到亲切和放松。最后，他开始用手指头敲桌子，也许是在随着音乐节奏打拍子，也许是不耐烦地等待着电话铃响，这表示我已从看望帕里的行程中返回了。后来有人对我说，SS 将军们不习惯等待。

在去公寓的路上，胡斯曼问了沃尔夫一个他此前曾问过几次的问题："是希姆莱派你来的，还是你自己主动来的？"沃尔夫回答："希姆莱一点儿也不知道我的这次行程。"

盖弗尼茨为这两位访问者开了一道又一道的门，而我则留在图书室内。为了消除紧张气氛，盖弗尼茨在同沃尔夫握手时告诉他，他们有一个共同的朋友——美丽的梅蒂尔达·波德维尔斯伯爵夫人（Countess Mechtilde Podewils）。盖弗尼茨暗示沃尔夫，他知道伯爵夫人几年前曾到柏林找沃尔夫，请沃尔夫帮助保护著名的天主教哲学家罗马诺·瓜尔迪尼（Romano Guardini），当时盖世太保威胁要把他关进监狱。盖弗尼茨也因此知道了沃尔夫成功地营救了瓜尔迪尼。这时，沃尔夫似乎放轻松了，脸上的紧张表情消失了。

盖弗尼茨领他走进图书室，胡斯曼教授在后面跟着。我们彼此点了点头，在炉火旁坐下，到处都有威士忌。沃尔夫是一个帅气的男人，具有北欧人的特征[①]，花白的金发在前额已稍显稀疏，看上去比他40余岁的实际年龄更年轻。他坐得相当直，起初很少说话。我们用德语谈话。沃尔夫不会说英语。我自己的德语还说得过去。胡斯曼请我允许他先总结一下，他同沃尔夫将军在从瑞士－意大利边境到苏黎世5个小时的火车路程上讨论的内容。我同意了。胡斯曼就用他的教授风格按照讨论过的主题清单往下讲，有时转向沃尔夫，后者点头表示同意。事情的关键是，沃尔夫承认德国将无可挽回地输掉战争，西方盟国是不可能被分裂的。他还向胡斯曼保证，希特勒和希姆莱不知道他的活动。胡斯曼在结束讲话后离开了房间，他的任务暂时已完成。

① 北欧人的特征是高个儿、金发碧眼。——译者注

随后，我请沃尔夫全面和诚恳地阐明他的立场。一开始他承认，从纳粹早期一直到 1944 年，他都相信并完全效忠于希特勒。现在他意识到，战争是输掉了，继续打下去只会变成敌对德国人民的罪行。所以作为一个好的德国人，他觉得必须在他权力范围内做一切努力促使战争结束。

“我控制着 SS 在意大利的力量，”他说，“我愿意把自己和我的整个组织置于盟军支配之下，以结束双方的敌意。”然而，他也强调，为了结束在意大利的战争，只有 SS 这一个组织朝这个目标努力是不够的，还必须把德国军队的指挥官们争取过来。

他说他与凯塞林一直关系很好。他还同凯塞林讨论过接触盟军的可能性，发现凯塞林没有全盘否定这个想法，但是那时还没有把凯塞林完全争取过来。

沃尔夫有时就像是凯塞林的政治顾问。沃尔夫觉得自己对凯塞林有足够的影响力，并相信一定能将其争取过来。他还觉得拉恩大使能发挥作用。如果我们能向沃尔夫保证，通过他和我们的联系，能够找到一条接触盟军高层领导的安全渠道，他将尽其所能安排凯塞林或其副手同他一起到瑞士讨论投降问题。我让沃尔夫确信，我们与盟军总部有直接的联系。沃尔夫接受了这个信息，认为现在联系渠道已经打通，因而显得格外安心。

他总结道，稍后他将起草一个为避免不必要的流血和免于毁灭意大利北部的生命财产，而所能采取的步骤纲要。

无论是在这次会见，还是在后来的会见中，沃尔夫都没有提出他行动的前提条件是，我们应许他未来免于被起诉。他不认为自己是一个战犯，并愿意以他的实际记录为凭。我们用了一个小时，谈话进展到我们双方当时所能达到的极限。在了解凯塞林的态度之前，我们无法安全地规划我们的未来。沃尔夫离开了我们，与多尔曼及其他助手重新会合。

那天深夜我回到伯尔尼，向华盛顿及卡塞塔的盟军总部汇报了这次会见。盖弗尼茨留在那里，第二天早上，他同沃尔夫和多尔曼做了详谈。在那次谈话中，盖弗尼茨确认凯塞林和沃尔夫二人控制着意大利北部的德国和法西斯的局面。沃尔夫还说明，他的SS控制区包括布伦纳隘口，因此他的行动可以打破纳粹最后坚守阿尔卑斯山防御阵地的希望。沃尔夫说，如果他和凯塞林采取联合行动，拉恩也和他们联手，希特勒和希姆莱将无力采取有效的反措施。此外，这样的行动将对其他地区的德军产生关键的影响，因为许多德国将军只是在等待某个人能带头干起来。

沃尔夫随后进一步详细概述了他计划的后续程序：

1. 他将在周末去见凯塞林，争取获得后者参加行动的肯定性承诺。

2. 他将同凯塞林一同起草一个由他们和拉恩及其他人签署的声明，指出继续打下去是无用的，他们有责任结束战争，并呼吁德军的司令摆脱希特勒和希姆莱的控制。这个声明还将宣布德军将终止在意大利北部的敌对行动。

3. 将通过无线广播和散发传单的形式，向意大利北部的人民、德国人民、德军及其指挥官传达这一信息。

4. 如果能把凯塞林争取过来，沃尔夫相信，凯塞林将在一个星期内秘密赴瑞士会见盟军的军队代表，并协调德军投降行动的细节。

为了证明他有能力采取这样的行动，除了已执行的释放帕里和乌斯米亚尼的措施之外，沃尔夫将立即采取下列措施：

1. 终止针对游击队的实际战斗行动，在等待执行投降计划时只保持必要的假象。

2. 把关押在博尔扎诺的数百名犹太人释放到瑞士。

3. 全面确保在曼托瓦（Mantua）的 350 名美国和英国战俘的安全与待遇。战俘中的 150 人在医院，200 人在该城南郊的战俘营里。沃尔夫声称，这是在意大利北部关押的美国和英国的全部战俘，其他的战俘已被转送到德国。

4. 释放在试图解救帕里时被抓获的埃德加多，如果能找到他的话，立即把他送到瑞士。

5. 促使被关在德国的意大利官员能够回到意大利北部，在结束敌对状态后，这些官员可能会发挥作用。

沃尔夫一再向盖弗尼茨保证，他的行动与希姆莱无关，希姆莱和元首绝对不知晓他到瑞士的任何信息。然后，他就离开了。

与此同时，我正在伯尔尼怀着某种不仅是好奇的心情，等待着卡塞塔的亚历山大元帅和华盛顿的反应。在发给卡塞塔的电报中，我曾建议，如果收到凯塞林或其副手准备同沃尔夫一起来瑞士安排德军投降事宜的话，卡塞塔的 AFHQ（Allied Forces Headquarters，盟军总部）应该准备好派几位官员来瑞士会见他们。我清楚地表明，现在还不能判断沃尔夫的保证和允诺有多么可靠。这是一个需要考验的问题。

这句表示应谨慎行事的话，还是未能影响亚历山大元帅，他是一个说干就干的人。就在我们同沃尔夫会见后的次日，亚历山大那里发来了一封电报：AFHQ的两位高级军官将立即到瑞士来。卡塞塔的OSS办事处正在为这个必须绝对保密和确保安全的复杂行动，做一切必要的准备：提供护卫、辅助人员、专用通信设施以及个人随身物品等。就在此时，我们为这个行动起了一个代号——“日出”[①]。这个代号反映了当时的乐观情绪。如果事情能像沃尔夫所希望的那样开展，和平的太阳没有理由不在几个星期内从意大利升起，可能还会更快。

沃尔夫一行人在3月9日（星期五）下午回到意大利。沃尔夫打算周末就去会见凯塞林。盖弗尼茨和我安静地待在伯尔尼的办公室，满怀希望又有些忧虑地等待着。如果一切顺利，自1943年7月以来，在意大利一直处于对抗状态的两支庞大军队，将各自派来使者，几天之内就会在瑞士汇合。单是安排他们秘密进入瑞士和秘密会见，就需要韦贝尔和我安排所有人员进行配合。我们已经在琢磨如何为会见找一个合适的地点。

韦贝尔从未告诉我，他是否会随着谈判的进展把情况汇报给

---

① 某些军事文件将这次行动称为“字谜行动”，这是丘吉尔起的代号，如本书开头提到过的。他可能认为这个行动确实是个谜，认为能为第二次世界大战中的大行动起一个恰当和响亮的代号是一种享受。但是，在得知丘吉尔把意大利投降行动称为“字谜行动”之前，我们已经把它起名为“日出”，这就是在我们的故事里这样称呼它的原因。

在伯尔尼的上司。他参加了交战双方之间的谈判，即使是非正式的会谈，也可能被咬文嚼字的瑞士人认为是违反中立原则。[①] 我从未问过韦贝尔，他是否会向上司汇报，哪怕只是向吉桑将军这一个上司，我对吉桑将军一直怀有最高的敬意。可以肯定的是，我从未对韦贝尔发出过任何反对告知吉桑将军的禁令，否则韦贝尔真的会生气。

此时，我最担心的是怎样防止消息泄露给新闻界，因为那可能产生破坏性的后果。我试图推动的事情符合瑞士人的最佳利益，他们和我都很清楚这一点，并且都希望行动能保密和成功，对此我并没有任何疑问。

3 月 11 日，也就是一个星期日的下午，韦贝尔打电话告诉我，帕里利刚在基亚索越过国境，并从那里打电话给他。帕里利独自在那里。韦贝尔告诉帕里利坐火车去卢塞恩，并请我们及时亲自去卢塞恩的瑞士农家旅馆会见他。胡斯曼教授像往常一样也在场。韦贝尔显然觉得胡斯曼是一个虽不重要，但在心理攻势上不可或缺的人，我认为韦贝尔是正确的。盖弗尼茨和我晚上开车

① 自那时起至今的这些年间，有些作家争辩，瑞士政府的更高层曾被随时告知“日出”谈判的进展情况。乔恩·金奇（Jon Kimche）在他的书《为和平而做间谍》（*Spying for Peace*, London, 1961, p.127）中说吉桑将军知道此事，“尽管他保持着完全不知情的官方态度”。韦贝尔本人在他写的一篇关于此事的短文中做了如下陈述：“瑞士的中立政策禁止它倾向于交战双方中的一方或另一方，因此也禁止未经双方政府授权的人员，进行关于停火的讨论及谈判……瑞士联邦政府及其武装部队总司令（吉桑）都不能批准谈判……所以，我面对着良心上的冲突：不承认参与促成停火的冒险事件，或者承认但由我个人承担全部责任……在世界大战期间尽可能地保持人类的尊严，不正是我们国家中立的最深刻的核心吗？……对我而言，答案是绝对清楚的：我必须遵从我的良心，并从事违反命令的行动。”（译自《第二次世界大战中的瑞士》，1959 年，第 123 页。）

过去。帕里利的火车到站时几乎已经半夜了。

这是我第一次见到帕里利。我似乎觉得从盖弗尼茨、保罗·布卢姆和韦贝尔给我的描述中就已很了解他了。他裹着一件体面的带毛皮领的大衣（外面寒风刺骨），在他脱掉大衣后，我发现大衣使他看起来胖了两圈儿。他能用同样的语速说各种语言：意大利语、法语和德语，在我们被相互引见时，还用英语跟我说了几句话。他在用一种语言说话时常常随意夹杂着另一种语言。他在跟我说话时喜欢夹杂的一句话是“你是老板”。他很招人喜欢，幽默感十足。他有一种把事情稍微戏剧化的特点，当然只是在他发现自己作为其中一个角色的事情极具戏剧性时，即使这件事稍微有点偏离他的行业。

不出我们所料，帕里利已经很饿了。他坐在小桌旁，桌上有为他准备的一大块冷肉、面包和沙拉。他一边吃，一边同我们谈话。

毫无掩盖地叙述令人失望的事实，其实用不着花很长时间。3 月 9 日，帕里利陪着沃尔夫及其三个军官越过国境进入意大利，刚刚走到意大利海关检查站时，从米兰来此等候他们的 SS 检察官劳夫上校就递给沃尔夫一封电报。这是卡尔滕布伦纳发来的。沃尔夫读完电报后，皱着眉头请帕里利过来坐他的车，一起回到他在法萨诺的总部。据帕里利说，在这份给沃尔夫的电报里，卡尔滕布伦纳要求沃尔夫到因斯布鲁克（Innsbruck）[①] 去见他。当沃

① 因斯布鲁克在奥地利西南部，坐落在阿尔卑斯山脉的山谷内，是该国第五大城市。——译者注

尔夫一行人到达法萨诺时，他得知在他离开期间，卡尔滕布伦纳曾试图联系他。哈斯特发电报告诉卡尔滕布伦纳，沃尔夫去瑞士了。而沃尔夫自己并未把他的行程及其理由告诉柏林当局，这个事使得卡尔滕布伦纳那样人的脑海中掀起了最具敌意的怀疑。那天深夜，沃尔夫发电报给在因斯布鲁克的卡尔滕布伦纳，告诉对方自己因为工作很忙无法到达现场。他知道，如果离开自己的辖区，卡尔滕布伦纳有可能逮捕他。

沃尔夫尚未听到希姆莱的消息，但是他现在知道，他将不得不设法很快消除希姆莱对全部事情的疑虑。沃尔夫建议盟军把一个级别与帕里相当的高级德国战俘交给他，这样他就可以说，此次行程只不过是在交换战俘。这是他通过帕里利发给我们的信息之一。如果可能的话，沃尔夫还请我们尽快找到在法国被俘的希特勒的私人朋友、其喜爱的副官温舍（Wuensche）上校，并把此人交给他。希特勒的生日马上到了，沃尔夫可以借机说，为了给元首一个生日惊喜，他本人悄悄地介入了帕里事件。如果我们不能释放温舍，那么我们能否在法国或英国的战俘中找到另一个高级别的纳粹军官。

令我惊奇的是，如果这是一个准确的叙述，此事也暴露出沃尔夫易于冲动的性格。他通过哈斯特释放了帕里，无疑是预期事情不会被泄露到柏林，而他那时并没有采取一些掩护自己的措施。现在事情即将泄露，他已遇上麻烦或将有麻烦了，于是不得不在事后为自己做的事找一个借口。或许他认为自己比过去更强势，或者认为自己在希姆莱或希特勒那里拥有足够的资本，能确保自己不出任何问题。或者最糟糕的是，他干脆就没有预先做好思想准备。

这是一个麻烦。还有一个较为简单但更棘手的麻烦。沃尔夫一回到他在法萨诺的总部，就打电话给当时设在雷科阿罗的凯塞林总部。沃尔夫从凯塞林的参谋长罗廷格将军那儿得知一个惊人的消息：就在沃尔夫去瑞士见我的那天（3月8日），凯塞林被召到希特勒的总部去了。每个人都以为希特勒有新的命令给凯塞林。传说凯塞林将被告知接管西线的指挥，做克卢格、隆美尔、伦德施泰特和莫德尔都未做成的事——阻止正在跨过莱茵河的美国和英国的“蒸汽压路机”[①]。罗廷格不知道谁将接管凯塞林在意大利的指挥权。

帕里利从沃尔夫那里给我们带来一点儿新消息：墨索里尼正在考虑逃往西班牙。

此时，帕里利吃完了他的冷餐，同时也结束了他的报告。我在他叙述时写下了三四个给沃尔夫的问题。我问帕里利是否愿意坐凌晨最早一班从卢塞恩开出的火车到沃尔夫那里。那天晚上已没有可以选择的车次。他说很愿意。我要问的问题有以下几个：如果凯塞林不回来，沃尔夫是否能尝试劝说凯塞林的接替者向我们投降？如果这位接替者拒绝或不易接近，沃尔夫准备单独行动吗？哪些他所控制的部队和地区可以转交给盟军？如果沃尔夫自己接到去柏林的命令，他将怎么办？帕里利记住了这些问题，于

---

① 这是夸张地形容英美联军像推土机那样压碎一切地向前推进。——译者注

是我们就分开了。

3 月 12 日凌晨，盖弗尼茨和我开车回到伯尔尼。车外是朦胧的夜色和寒冷的天气，道路被积雪覆盖，我们心情压抑，加上面临的这些麻烦，我们迷路了。在战争初期，为了应对德国入侵的威胁，瑞士道路两旁的路标都被拆除了。白天还能应付，因为我们知道沿路的地标，但是现在我们不得不依靠天上的星星指示方向。在一个小村庄，我们挨家挨户地敲门，希望能叫醒某个当地人给我们指点方向。可是瑞士的农民睡得很香，我们完全得不到回应。最后，我甚至不知道究竟是如何应付过来的，我们在破晓时终于到了伯尔尼。

可是没有时间睡觉。我们要尽快发出一些电报，在发电报之前还要解决一些问题。我们的编码员和秘书在好好地睡了一觉、吃了丰盛的早餐后来到办公室。他们惊讶地发现，盖弗尼茨和我已经在上班了，而且还没有刮胡子，正在有点慢热的应急电炉上煮咖啡。自我们上次走出这个办公室以来，事情翻了个底朝天。我勉强想出一个自认为最好的办法，在给卡塞塔的电报中，建议他们留住亚历山大元帅要派的军事使节。如今他们过来同我讨论是没有多少用处的。然后，我们发电报给伦敦和巴黎，请他们找到据说是希特勒密友的温舍。如果帕里被释放引发太多的关注，我们可以考虑搞一个交换战俘。

第二天，也就是 3 月 13 日早上，传来两封给我的电报。卡塞塔的电报说，仍然决定派遣亚历山大元帅的两名使节，即使德国人没有表示他们准备开展谈话。事实上，他们已经在路上了，将在当天坐飞机到达里昂（Lyon）。看到被派来人员的名单和军阶时，我感到很吃惊。我琢磨，我是不是没有足够清楚地说明，目前凯塞林被替换的可能性使局势变得黯淡了。这二位使节是：亚历山大元帅的参谋长、美军少将莱曼·莱姆尼策（Lyman Lcmnitzcr）[①]和亚历山大的情报主任、英国少将特伦斯·艾雷（Terence Airey）[②]。

另一封电报是来自伦敦的迅速回复。遗憾的是，温舍已经被转送到加拿大的战俘营了，无法将他作为交换战俘。接着我必须联系并安排卡塞塔的那伙人，他们正在里昂等候关于通过瑞士国境的指示。

此刻显然不需要把 OSS 的整个小分队、警卫、无线电报务员、信使等人员全都调到瑞士，因为肯定不会立即召开大型的停火会议。由于不可能把数量足以装满一辆公共汽车的美国人一下子运进瑞士，即便他们穿着便衣，我随后发了一封电报给里昂，请他们只把两位将军和 OSS 的高级成员送到安纳马斯（Annemasse）的瑞士边境。其他人在里昂待命，直到我们需要的时候再行动。

如果他们要来，我就打算在次日早上到安纳马斯欢迎我们的客人，并陪同他们进入瑞士。他们必须在安纳马斯的据点过一夜。我曾在那里休息过一夜，那时德国人刚撤走，我们甚至不知道有

---

① 莱姆尼策（1899 —1988）参与制订登陆北非的“火炬计划”，在北非战场任第 7 步兵师师长，1944 年 4 月在意大利战区升任亚历山大元帅的参谋长。——译者注

② 艾雷 1942 年是伦敦战争部（国防部）军事情报研究局成员。战后，在 1952—1954 年曾任英国驻香港军队的司令。——译者注

一枚定时炸弹还安装在地下室，它的计时器一直在嘀嗒嘀嗒地减时，幸而被及时发现了。

深夜，我接到韦贝尔的电话。帕里利又回来了，带着沃尔夫对我所提问题的答复。帕里利比我们睡得更少。他在 3 月 12 日早晨回到意大利，13 日晚上又在瑞士。我决定暂不去安纳马斯，等待帕里利次日凌晨抵达伯尔尼，我希望能把最新的消息带给卡塞塔的将军们。

第二天，帕里利来到我在伯尔尼海伦街的公寓。我想，他至少已 48 个小时未合眼，看起来睡眠严重不足。他告诉我们，他回到沃尔夫在法萨诺的司令部时，沃尔夫不在那里，但在拂晓时就回来了。沃尔夫到凯塞林的司令部了解形势。凯塞林肯定不会回意大利，将被调到西线去，还未确定谁将接替他在意大利的职务。帕里利把我问沃尔夫的问题转交给他，那时他们一起坐在花园里，太阳正在升起。沃尔夫给出的答复如下：如果他被命令去柏林报到，他将拒绝前往，理由是在凯塞林缺席期间，他不可能离开，此地必须留一个高层官员。他可以尝试为我们的计划而把凯塞林的继任者争取过来，或者沃尔夫自己单干。这取决于继任者的个人品性。如有必要，沃尔夫准备单干，并将为我们绘制一个在他指挥下的各单位和各地区详图。尽管沃尔夫的管辖是分散的，但下属将执行他的命令，可是这类行动也许不能像他所希望的那样完全消除敌意。他能安排的一件有用的事，是为盟军的空降兵和陆战队扫清机场和港口的障碍。我们至少可以占领主要的机场，在德军防线北面的后方取得立足点。这将加快战争结束的进程。最后，沃尔夫要我知道，他在等待我的指示，并准备随时去瑞士见我。

听完这个汇报后，我准备去安纳马斯。但是帕里利要我再等上5分钟，因为他有两个故事要告诉我，还有一些东西要交给我。与此同时，他从口袋里掏出一块折叠着的且坏了的织物交给我。这块被烧过的布料，帕里利说，是沃尔夫大衣上的。在沃尔夫从凯塞林总部回来的路上，一架美国轰炸机扫射了他乘的汽车，炮弹离得很近。司机受伤，汽车也被扫射坏了。沃尔夫想知道，我们能否请盟军空军在米兰以东的地区松懈些，至少不要轰炸单独行驶的汽车。

早晨，沃尔夫从军队司令部回来，要召开一个SS所有领导人参加的会议。他在前一天通知过他们。由于帕里利在那里，他请帕里利也参加会议，帕里利同意了，尽管有些惶恐。SS的所有顶级“硬汉”都在那里：哈斯特、劳夫，以及来自热那亚、都灵、威尼斯和较小岗位上的头头。帕里利作为这次秘密谈判的客人，坐在沃尔夫的右手边。从沃尔夫的讲话可以清楚地知道这样安排的理由。据帕里利说，沃尔夫发出指示：从那一刻起，在SS所控制的一切意大利领土上，未经沃尔夫本人的进一步命令，不得再有任何针对人和财物的暴力行动。这是很简明扼要的指令。然后，沃尔夫遣散了SS的将军和上校，单独与帕里利一起吃早餐。

“告诉将军，”我对帕里利说，“我们愿意在几天之内见他。只等他了解到谁将接替凯塞林，并决定好他的行动计划。”

然后，我动身去安纳马斯，在晚上会见我的两位客人——莱姆尼策和艾雷，并同他们一起过夜。他们被派来是因为找不到两名级别更低的合适的官员。莱姆尼策是从西点军校毕业的职业军人，刚过 40 岁就被提为少将。他曾陪同马克·克拉克将军在盟军于 1942 年 11 月登陆之前秘密考察北非，经历过非洲战役，协助实施了 1943 年 9 月的秘密停火谈判，使得脱离法西斯控制的意大利成为反希特勒同盟的一部分。他在战时参加过意大利和北非的这些重要的秘密活动，这使他能完全胜任“日出行动”中的工作，而保密是这个行动能最后成功的重要因素。他在地中海战役的开始和结束时都发挥了极重要的作用。作为参谋长，他获得了亚历山大元帅的完全信任。

艾雷将军在阿拉曼战役（El Alamein）[①] 之前就在亚历山大麾下。他是一位有经验的情报官，对欧洲有广泛的了解，并十分了解德国人的性格。除了这些杰出的资历，这两位都是令人愉快的伙伴，而且幸运的是，他们都很幽默，这在他们履行使命时的半是幽默半是危险的处境中帮了他们大忙。他们是出色的搭档：莱姆尼策有丰富的常识，艾雷有欧洲情报业务的经验。

根据帕里利的报告，我把从沃尔夫将军处得来的最新消息告诉他们，我描述的情况有些令人沮丧。凯塞林离开了意大利，尚未知晓他的接班人是谁，我们无法判断是否有可能派来一个能与

① 阿拉曼在埃及北部的地中海岸。阿拉曼战役包括两次：第一次（1942 年 7 月）阻挡了德（装甲兵）意（步兵）联军向东夺取苏伊士运河的企图；第二次（1942 年 10 —11 月）是整个北非战役的转折点，把德意联军赶出埃及，最后在突尼斯彻底打垮了它们。不仅如此，阿拉曼战役在某种意义上也是欧洲西线战争的转折点。——译者注

沃尔夫对形势有着同样判断的人接管德国军队。此外，要让德国国防军司令以所要求的速度行动并不容易。因此，我问将军们，他们是和我一起去瑞士等沃尔夫，还是回卡塞塔。

使我欣慰的是，他们并没有被我的陈述搅得不安。卡塞塔从不沉湎于幻想。亚历山大认为，对他们来说更重要的是听我的联络人谈第一手情况，评估我们通过沃尔夫取得的情报，最重要的当然是探索投降的可能性。我报告的关于德国司令部内意见分歧和混乱的景象，对他们来说是新情报，这对他们的计划也有重大意义，即使投降局面还不会很快出现。盟军在意大利的春季攻势[①]将很快开始。在瑞士获悉的信息，无论是德国部队，还是其指挥官的意图和士气，在盟军准备这次进攻的最后阶段都具有至关重要的价值。他们决定同我一起去瑞士。

然后，这两位将军告诉我，亚历山大元帅关于投降可能性的报告，已通过联合参谋部送达莫斯科。听到这个消息，我在某种意义上感到一丝宽慰。从我与沃尔夫一开始的会见中，我感到唯一真实的危险就在于德国方面可能在耍花招，企图在苏联与我们之间打入一个楔子。这是一件极其简单的事，只要德国人把正在瑞士进行的某些秘密谈判的情况泄露给苏联，向苏联暗示西方盟国正在试图使苏军耗尽力量。如果德国人有这样的邪恶动机，而沃尔夫若被希特勒和希姆莱作为一个工具利用，这将成为他们打这手牌的方法。此时，既然苏联已经通过盟国的官方渠道获得了

① 这个春季攻势的代号是“葡萄弹行动”。——译者注

情报，那么任何通过德国人泄露给他们的情报造成的危害就会减小。与此同时，使我困惑的是苏联将用这些情报来干什么。

3 月 14 日，当我们待在安纳马斯时，传来一封亚历山大元帅给莱姆尼策的电报，他说苏联要派代表参加在瑞士进行的任何和谈。莱姆尼策发了一个回电说，不反对请一位苏联人加入我们，如果他能说英语的话。（幸亏我们那时还不知道苏联正考虑派三位将军到瑞士来。）这个问题暂时是技术性的。那时苏联与瑞士并没有外交关系，而且苏联人不易被化装为英国人或美国人过关。如何把一个苏联将军弄到瑞士来？苏联官员，即使只有一个，被秘密带入瑞士的任何线索都将在瑞士全国掀起巨大轰动，并将使我们特别是韦贝尔陷入尴尬境地。

我们对苏联方面的决定不置可否，决定先把这个问题放在一边，而去琢磨其他更紧急的问题，其中之一便是莱姆尼策和艾雷在瑞士时将用什么身份。如果用他们的真实姓名和军阶，并为他们的这次行程编造某些无伤大雅的理由，例如交换战俘、军队采购任务或诸如此类，是不可行的。任何精明的媒体人都知道，这些身份特殊的将军肯定不是为了一般使命而到瑞士的。他们不得不伪装成另一种人。是哪种人？以什么身份？如我所述，不了解瑞士国内棘手形势的卡塞塔，还没有为这个问题做好准备。最后，我们想出了一个解决办法，把 OSS 团队中两位上士的身份牌借给他们，尽管这两位上士有点不情愿，然而命令就是命令。他们暂时被安排离队，可以趁机带着大量的巧克力和瑞士奶酪在瑞士度一个假。于是，莱姆尼策变成了尼科尔森（Nicholson），而艾雷变成了麦克尼利（McNeely），他们脖子上挂着“狗牌”（dog tag）[①]以证明自己的身份。

但是为了让他们进入瑞士，还必须做更多手脚，而不仅是戴着借来的“狗牌”。在那些日子里，瑞士的边防当局常常严格地质询旅行者，休假的美国士兵也不能例外。瑞士人知道，每个美国士兵都有系列编号。在被要求背诵这个号码时出现任何犹豫将会立即引起怀疑，犹豫者显然就是假冒者。结果，两位将军——莱姆尼策和艾雷，开始努力记住这两个上士的系列编号，最终能够流利地说出它们。他们还要记住他们假扮的这两个上士的生平。莱姆尼策假扮的尼科尔森有几个孩子，在长岛市（Long Island City）拥有一所住处。有着明显英国腔的艾雷将军假扮起来有些困难，不得不热情地承认自己是从纽约来的麦克尼利。当他们最后排队通过瑞士边境岗哨时，莱姆尼策将军第一个过去接受相当严格的盘问，这使得排在他后面的艾雷将军有点神经紧张。莱姆尼策将军一点儿也没有卡壳地背出了他的新系列编号，顺利通过。轮到艾雷将军时，他们只问了他两个问题，这让他着实松了一口气。

陪同这两位将军的OSS高级助理是用真名通过的。这一行人在3月15日开车到伯尔尼。两位将军同我一起住在我的公寓内。伯尔尼是个小地方，白天比较安全的安排，是让他们看看窗外阿尔卑斯山的美丽景色，或听听收音机以消磨时光，在夜色降临时他们才能到外面呼吸新鲜空气。我们等待着从沃尔夫那里传来的消息。

---

① “狗牌”就是军人戴在脖子上证明身份的身份牌，这是美国军队中惯用的戏谑叫法，因为军牌类似于给宠物狗脖子上套的防走失的狗牌。——译者注

第八章

阿斯科纳的秘密会见

第八章

[illegible]

在战争期间，盖弗尼茨有两处特殊的房产可利用，它们属于他的大舅子埃德蒙·H. 斯廷尼斯（Edmund H. Stinnes）。斯廷尼斯因反对希特勒而带着全家移民美国。瑞士讲三种语言。这些房产坐落在瑞士说意大利语的提契诺州马焦雷湖边的阿斯科纳，包括一所临湖的别墅及一所建在稍远和稍高山坡上的别墅。盖弗尼茨在这个清静的度假区从事他的许多秘密工作。

卢加诺离此不远。它以在第一次世界大战后多次成为维护和平会议的举办地点而闻名。其中，1925 年它被选定为国际和平大会的举办地，这不是偶然的。崇山峻岭中的平静湖泊给人一种格外安宁的氛围。难以置信的是，我们 1945 年来到此地时，距离这些高山南北的几百英里处正在打仗，而此地周围却有和平气息和美丽景象。

如果按我们那时的计划——举行一次盟军与德国将军之间的会议，这里是最好的地方。

我们预期在和谈之初将有几场各方代表，盟军的和德国的，各自分别举行的预备会议。然后如果有所进展，交战双方将聚集在一起。这些都需要周密安排。必须确保双方能安全，并且保持若即若离的感觉，直到他们同意会见。这两所别墅，一所在湖边，一所在山坡，正好满足我们的需要。树林、高山和湖泊给房屋提供了防止外人闯入的屏障。公共酒店和旅馆不适合举行这类敏感性的聚会，所以我们计划事先把一切安排妥当。盖弗尼茨负责完成必要的安排和采购供应品——供给这样大规模的一群人不是一件容易的事，因为那时瑞士一切食品都是严格按照定量供应的，甚至还要把几个警卫以游客身份带进来。

准备过程中只出了一点意外。我总是疑惑，几千英里之外坐办公室的人，怎么会对当地条件有着比现场操办者更深刻的判断和了解。当初反对我们提出的在阿斯科纳举行会议的华盛顿方面，此时已开始对“日出行动”感兴趣。无疑那里有人看了地图，发现阿斯科纳距湖对面的意大利边境只有 5 公里。如果德国人坐快艇冲过湖，或甚至投放空降兵，从盖弗尼茨别墅的室外走廊把盟军的将军绑架走，那可怎么办？毕竟德军曾把墨索里尼从看守他的警卫眼皮底下弄走[①]，而且早些时候有流言说，曾有过绑架艾森豪威尔的计划。我们发了几封电报才把事情说清楚。这时战争已到后期，德国人已没有兴趣破坏瑞士的中立地位，他们还有很多麻烦要应付。此外，瑞士人不分昼夜地坐摩托艇巡逻属于他们那部分的马焦雷湖。除了这些，很难想象沃尔夫持续和辛勤的努力，以及释放帕里和乌斯米亚尼，只是为了搞一个绑架行动，这太离谱了。我们最终赢得了这场与总部之间的辩论，阿斯科纳的

① 此处是指希特勒派滑翔机，把关在山顶别墅内的墨索里尼救了出来。——译者注

安全问题澄清了。与我们今后还将碰到的事件相比，这只是一个小冲突。

帕里利男爵在3月17日又回到瑞士。他从边境打电话给韦贝尔和胡斯曼，带来了两个消息：一个消息是沃尔夫将军一行人将在3月19日凌晨到达瑞士边境；第二个消息是沃尔夫的私人朋友海因里希·冯·维廷霍夫上将，接替了凯塞林在意大利的司令职务。韦贝尔和胡斯曼要在3月18日去卢加诺见帕里利。他们打算在那里等候德国人。这一次，鉴于卡尔滕布伦纳已经开始对沃尔夫所做的一切怀着敌意的关注，韦贝尔和我制定了特别的预防措施。在预定会见的那天凌晨，德国的团队将乘车从边境到达卢加诺的一所私人住宅。他们进屋后，送他们来的汽车就会开走。然后，他们从后门离开此屋，我们的汽车将在那里等候，把他们送到阿斯科纳。

使情报人员感到绝望的是，即便采取了最严密的预防措施，仍然出现了未料到的，通常是愚蠢的，威胁程度足以导致前功尽弃的事故。在韦贝尔外出做这些安排时，胡斯曼和帕里利坐在卢加诺一家大型旅馆空荡荡的大堂里窃窃私语。这引起了一个旅店服务员的注意，他像许多干这类工作的人一样，是一个自命不凡的“侦探”。他断定这两人是走私犯，便报了警，引来了警察审问他们。幸好韦贝尔及时赶到，为他们做了担保，警察才离开。这仅仅是一个巧合，只不过是一个并非喜剧的幕间插曲。

3月18日，OSS的几位官员三三两两地坐着不同班次的火车来到阿斯科纳。莱姆尼策和艾雷将是盖弗尼茨在山上的别墅的客人，而我则住在湖边一家风景如画的酒店，这个酒店靠近盖弗尼茨的另一所别墅，我们计划在那里进行秘密会谈。盖弗尼茨已为这个团队的其他人员，在阿斯科纳和卢加诺的旅馆预订好了房间。

当将军们在盖弗尼茨提供的山上别墅安顿好之后，发生了一件有趣的事儿。在他们到达之前，盖弗尼茨特地检查了别墅内房间里的最小细节，并注意到艾雷将军将要入住的房间里有几个书架上收藏着一批德国书。他以为一位英国将军会把这当作在瑞士和平氛围中公然唤醒敌意而感到生气，于是就把它们搬走了。吃过晚餐后不久，艾雷问盖弗尼茨这所房屋周围是否有几本歌德或海涅诗篇的书。艾雷的德语很好，喜欢读德国诗集。盖弗尼茨立即高兴地按要求去做。书就在隔壁房间里，他只是暂时把它们“流放”了。

第二天早晨，雾散天晴。一个人如果相信预兆，那这就是绝好的预兆。这是阿尔卑斯山南麓的春天。早餐后，盖弗尼茨在房屋周围巡视，吃惊地发现一些穿着便衣、外表凶狠、武装齐全、做好了准备的人正躲在树后。我们不知道这就是保卫这所房屋的OSS警卫。但是我们知道，如果他们之中哪怕只有一个人发现灌木丛中有可疑的东西，就会打一枪，我们就得“打道回府”，因为瑞士的警察将立即检查此地。由于大部分“访问者”都是用假名前来此地，根本没有恰当的身份证明，警察审查之下，整个行动就可能在令人为难且沮丧的新闻报道中结束，大部分参与者还将被瑞士警察逮捕。

我们打算撤掉一些多余的警卫，因为在此之前，盖弗尼茨的远房表弟前来给我们添过一个麻烦。他就住在附近，在早些时候的某一天，从盖弗尼茨那里借了一把斧头，恰巧选择在那天归还。幸亏盖弗尼茨看到他肩上扛着斧头远远地走来，就急忙上山，在他迎头撞上躲在树后的警卫之前把他拦住了。

沃尔夫将军一行人及胡斯曼、韦贝尔和帕里利，在将近 11 点时从卢加诺抵达这里。沃尔夫带着他的副官温纳少校和齐默大尉，这两位随他到苏黎世。但是这次他把多尔曼留在总部，以密切关注他不在时的情况。他要多尔曼时刻注意，是否有信息从希姆莱或卡尔滕布伦纳那里传过来。上午，当我们同沃尔夫一起准备场地时，盟军的将军仍留在山坡上的别墅里。帕里利、韦贝尔、胡斯曼和沃尔夫的两位助手被邀请到花园里晒太阳，而盖弗尼茨和我则同沃尔夫一起待在湖边别墅的起居室内。

沃尔夫首先为我们回顾了自 11 天前在苏黎世会晤以来的事态发展。在听到凯塞林被调到西线接替伦德施泰特的司令职务的消息时，沃尔夫曾认为凯塞林会先回到意大利向墨索里尼告别。这将使沃尔夫有机会同他谈谈。但是西线的形势太严峻，希特勒命令凯塞林从纳粹总部开完会后直接去新司令部报到。凯塞林的接替者，是维廷霍夫，恰巧在我们预定开会的 3 月 19 日那天，到达意大利北部。

我催促沃尔夫告诉我们维廷霍夫是怎样的一个人，沃尔夫对他的了解有多深。他回答，维廷霍夫是意大利战场上的老手，曾任防守卡西诺山的德国第 10 军司令，1944 年底曾短暂接替过凯塞林的意大利最高司令职务，因为那时凯塞林在一次汽车事故中受伤住院。在凯塞林回到其岗位时，维廷霍夫被调到拉脱维亚，希特勒试图坚守那里。所以这次他又回来接替凯塞林不足为奇。沃尔夫说，他和维廷霍夫过去一直有着亲密友好的关系，他觉得维廷霍夫在出任意大利地区司令期间给过他许多帮助。维廷霍夫是一个相当拘谨和有着正统的波罗的海血统的贵族，一个难得遇到的并不过问政治的德国将军。他不是那种喜欢单独行动，或者能够理解当时德国战争阶段所处立场的政治和伦理影响的人。把他争取过来是不容易的，除非他觉得自己在德国国防军里有其他高级军官做后盾。此外，由于未能预见维廷霍夫会接任意大利地区司令，沃尔夫从未同他讨论过有关投降的想法。即使假设能引导维廷霍夫转到投降的想法上来，沃尔夫担心这也要花一些时间才能做到。

现在，凯塞林离开意大利北部已有 10 天了，沃尔夫还没有同他联系过，也未能在电话里同他商谈，因为盖世太保会窃听。沃尔夫知道，凯塞林对德国形势持悲观态度，作为战士会服从希特勒的命令，毫无怨言地接受西线的新职务，但是很可能怀着沉重的心情。

我问道，这是否意味着我们将不得不把凯塞林完全排除在投降计划之外？“不，”沃尔夫回答，“不完全排除他。”沃尔夫认为有三条可供选择的行动路线，究竟选择哪一条路线，取决于能给他多长的活动时间。如果实在没有时间，那么他干脆带着他指挥的部队实施投降行动。效果可能没那么好。另一种可能是直接找维廷霍夫，看他能否提供帮助。沃尔夫强烈推荐的第三种可能就是，他立即去西线的凯塞林司令部，尝试取得凯塞林的帮助。他认为凯塞林能推动维廷霍夫参加到投降行动中。

这表明，沃尔夫这些可供选择的想法中，最重要的制约因素是时间，这触及了一个敏感问题。他说："德军司令部有情报说，盟军将于 3 月底在意大利发起大进攻。"我必须说，在这一点上我要搞清楚，沃尔夫是否企图敲定盟军发起进攻的确切时间，而不是我们会面所讨论的内容。但是对我而言，不小心泄露盟军大举进攻的时间是不可能的，因为我自己也不知道准确时间，尽管在山上的那两位盟军将领肯定知道。沃尔夫的意见是，一旦发起进攻，至少在第一轮打击结束之前，任何投降谈判的成功概率就被降低了。"如果你能给我 5 天或 7 天的时间去活动，"沃尔夫说，"我就倾向于立即去拜访凯塞林，我会坐汽车去，坐飞机会显得太招摇，事实上我们也没有储备飞机燃料。但是由于我控制了从这里直到布伦纳隘口的警察力量，我能开车通过布伦纳隘口，除非你们的轰炸阻断我去德国的路线及我同凯塞林的谈话。我已做了针对凯塞林的基础工作，而且有完全合法的理由去拜访他。有许多影响意大利战区的事并未做完，我需要同他讨论。"

沃尔夫的理由是，如果凯塞林按着他的计划行动，维廷霍夫就比较容易处理。他能否说服凯塞林在西线投降，这个问题还未被谈及。我们后来知道，沃尔夫内心对这种可能性抱有很大希望，但是我们目前关心的是意大利战线。

这时，盖弗尼茨和我告诉沃尔夫，我们有两位能干的盟军军事顾问。我们并未说出他们的姓名。盖弗尼茨和我将在沃尔夫在场的午餐场合，同他们讨论整个情况。我们不假思索地认为，沃尔夫应该按自己的最佳判断去拜访凯塞林。我不知道，也说不出到底有多少时间可供他行动。我所知道的是，如果德国人想要投降，他们应当迅速行动。盟军的任何进攻都可能使纳粹军队陷入混乱，从而使有秩序的投降变为不可能。

沃尔夫失望了。他曾希望得到更肯定的忠告。

于是我们转向他的第一个选项：他自己行动。他直接控制哪些部队？它们有哪些用处？他叙述了 SS 在意大利北部召集的“杂牌混合部队”：有意大利人、俄罗斯人、塞尔维亚人、克罗地亚人、捷克人等等，我曾在前面的章节中罗列过。部队只装备了轻武器和一些老旧的坦克。他们被部署得很分散。斯拉夫人被安排在意大利东部的亚得里亚海岸。沃尔夫除了作为 SS 和警察的最高司令所指挥的那些部队，还有作为帝国国防军的将军——他的另一个头衔，所领导的 5 万多名德军，其中只有约 1 万人是作战部队，其余都是后勤补给和运输部队。这些部队为我们的事业提供任何重大帮助的前景似乎很渺茫，虽然他们在保证盟军占领机场和港口地区方面可能会发挥作用。

有一件事情现在是很清楚的。沃尔夫将军作为劝说者所做出的贡献是，他能在任何投降行动中都使德国将军们明白，继续打下去是无用的。所以问题在于，沃尔夫是否应该去看望凯塞林，还是应该集中于说服维廷霍夫。根据我们所掌握的事实，后者似乎不像是个容易被说服的人。

我们问沃尔夫关于墨索里尼的立场。沃尔夫说，墨索里尼基本上处于他周围的女人——妻子唐娜·雷切尔（Donna Rachele）、情妇克拉拉·贝塔西（Claretta Petacci）及其亲属的影响之下。无论如何，他现在对投降之事没有任何影响。卡尔滕布伦纳呢？沃尔夫显出一副厌恶的样子。卡尔滕布伦纳只是力图建立自己在瑞士的和谈路线，他不鼓励或不允许出现任何竞争。我们问，阿尔卑斯山的最后防御阵地怎样了？“疯了吧！”沃尔夫说，“这只会给德国人民带来更多的痛苦。必须尽一切可能阻止这种最后的抵抗。”

我告诉沃尔夫，在同我的军事顾问谈话之前，需要澄清另外两个问题。为实施任何投降计划，需要办妥一些复杂的和技术性的军事事务。必须在合格的军事发言人之间进行协商，这些协商最好在卡塞塔的本地区盟军司令部进行。沃尔夫同意这一点，并说一旦计划开始实施，他将派能干的人到盟军司令部去。我问这是否应越过战线或经过瑞士，他回答说，如果我们能安排在瑞士边境迎接这些谈判专家，再从那里经瑞士和法国把他们送到意大利北部的盟军司令部，那么就能最大限度地保密。

还有一个技术问题。我们很感谢帕里利男爵所做的工作，他像信使那样奔走于意大利与瑞士之间。但是，在伯尔尼的我们、卡塞塔的盟军司令部和意大利的沃尔夫之间，建立及时和绝对可靠的通信渠道不是更明智吗？尤其是在投降计划有望之时。我建议，我们安排一个德语说得像母语那样流利的电台操作员，他可以伪装成德国人，待在沃尔夫的司令部。沃尔夫同意了。这个人必须保密并遵守沃尔夫制定的规则，沃尔夫则要对他的安全负责。当然，要等沃尔夫去德国会见凯塞林回来后再做这些安排。但是，我们的建议原则上被接受了，这对我们的计划是决定性的一步。

我提醒沃尔夫，我的军人朋友一直不理解，德国在目前的军事形势下为何还继续在意大利北部保持大量兵力。沃尔夫说，为1944年9月从意大利北部大举撤离而拟定的命令早已准备好了，并且已经得到希特勒的批准。按照这个计划，9个师将派往别的战场。然而，沃尔夫及意大利北部的其他军事专家都发现，意大利战线还可以继续坚守一段时间，因此反对这个调遣计划。在意大利北部，食品供应相当充足；意大利的工业体系仍有某些价值；那时，大量食品和商品都出自意大利北部；如果盟军的空军基地推进意大利平原，将严重危及德国。这些实际上是他们当时用来使希特勒改变主意和反对撤退的理由，同样的理由曾迫使他坚守挪威和其他地区。希特勒很害怕德国人所谓的撤退情结，担心德军在法国境内完全战败之后再一次被打败，从而导致总崩溃。

现在时间到了12点30分。盖弗尼茨和我同沃尔夫已经谈了一个半小时。为沃尔夫和他的助理及其他在湖边晒太阳的人准备的午餐，已经在室外的走廊里摆好了。盖弗尼茨和我先到山坡上的别墅与那里的两位将军汇合。我们发现他们坐在花园里，那里可以看到瑞士最迷人的风景之一：在马焦雷湖之上，阿尔卑斯山在阳光下闪闪发光。他们有点不耐烦地听着我们报告的情况。在室外享用午餐时，我们把与沃尔夫的谈话又做了一次完整的叙述。在菜肴端上来时，下面大门的门铃忽然响起，盖弗尼茨跳起来想看看，是谁在试图闯入我们的藏身之处。这次没人带着斧头，只是两位友好的牧师要看看花园里的玫瑰花，并想知道能否摘几朵去装饰他们教堂里的祭坛。

莱姆尼策和艾雷听了沃尔夫的讲述及建议之后，同我们逐点进行讨论，觉得更倾向于让沃尔夫立即去德国见凯塞林。他们觉得有时间可以这样行动，但是还没有决定是否亲自会见沃尔夫并同他谈话。不过，现在他们也产生了好奇心，想要看看这种性格的沃尔夫是哪类人。如果沃尔夫确实愿意担负针对凯塞林和维廷霍夫的和平使命，为了判断他是否有能力胜任我们正在从事的具有重大历史意义的事业，亲自会面并估量他的能力是一个好主意。我们都明白，这将是一个重大决策。

现在还要决定一些关于协议和程序的问题。是否应该向沃尔夫公开这些将军的姓名和军事职务？我们决定先不说这些，只简单介绍他们是我的军事顾问。然后，艾雷将军开始说话了："我很愿意会见沃尔夫，并同他讨论使德国投降的方法。但是你必须明白，我不会同一个 SS 的将军握手。"我很理解艾雷的这种态度。

将要举行会见的湖边别墅的小房间，几乎被一张古老的八角形桌子占满了。桌子正对着这个小房间的两个入口，一个通向湖边宽阔的走廊，另一个通向厨房。

为了配合艾雷将军的要求，盖弗尼茨建议，自己和两位将军从通向厨房的门进来，而沃尔夫和我则从走廊进来。这样做，沃尔夫和盟军将领们将分坐在桌子的两边，就会离得比较远而不便于握手。但是，实际会见并没有产生这个效果。正式的引见刚结束，沃尔夫那肥胖的身子就挤过桌子与墙壁之间的窄缝，敏捷地绕到桌子的另一边，先抓住艾雷的手握了握，然后是莱姆尼策的手。不过，握手仅仅是一种条件反射：一个人伸出手来，你便无意识地要伸出手。不这样做将是一种不必要的轻蔑，并有可能打乱我们的会见。

首先，我介绍了作为我的军事顾问的两位将军，但没有点名道姓地介绍，并说明我已把沃尔夫将军那天上午报告的要点告诉了他们；随后，我请莱姆尼策将军为会见开个头。他说英语，盖弗尼茨做翻译。此时的情景显得独特而神圣。这是整个战争期间盟军的高级官员第一次在中立的土地上，与一位德国将军讨论投降问题，进行和平谈话，而双方的军队此刻却正在互相厮杀。

莱姆尼策在简单提及此次会见的目的后说，在上午听到的报告，让他了解了凯塞林离此去西线后使沃尔夫面临的问题。德国的战败是不可避免的，一切有关方面都要接受这个事实。他希望对方能很快采取行动，但是现在知道行动计划不得不稍有推迟，因为还必须做些准备工作。作为战士，沃尔夫明白，在任何此类行动中，速度都是极其重要的因素。对于评估意大利北部的德军形势，沃尔夫处于一个优势地位，现在关键取决于他和相关的军事指挥官们怎样合作制订具体的计划，以争取所希望的无条件投降的结局。从技术角度看，必须安排德方的 一定级别的合格代表与盟军的代表会晤。如果德方的代表能到瑞士来，则需要恰当安排，把他们从这里送到意大利南部的盟军总部。沃尔夫回答，必须有两个代表，一个来自德国军队，另一个来自SS。莱姆尼策将军强调，一旦这些代表到了瑞士，盟军方面将保证他们的安全，并对德军代表去盟军总部的往返行程予以保密。莱姆尼策继续说，盟军只对无条件投降感兴趣，除非德国人能同意这个条款，否则德军代表到卡塞塔来也是无用的。此外，他还告诉沃尔夫，在盟军总部的谈话只限于军队投降，不涉及政治问题。

我请沃尔夫用自己的话说说他希望在接触维廷霍夫之前，先同凯塞林见面会谈的理由。“我和凯塞林关系很好，”沃尔夫说，“我过去常常同他谈论关于结束战争的途径和方法。现在我要同他谈的话题既不是新的，也不会令他吃惊。另一方面，我从未同维廷霍夫谈过这个话题，我知道这个人性格保守以及他接受过的军事训练；我不确定能否一上来就取得成效，除非我能使他相信凯塞林、凯塞林的新参谋长及他的朋友韦斯特伐尔将军都支持凯塞林。”

莱姆尼策问沃尔夫，他认为凯塞林能做些什么。对此，沃尔夫回答，如果他的计划成功，凯塞林将对维廷霍夫说：“干吧。”那时，沃尔夫将直接去维廷霍夫那里，因为得到了西线德军最高司令的支持，他对维廷霍夫说的话就更有分量。

“我不知道这将要花多少时间，”沃尔夫回答，“我不是预言家。如果运气好以及盟军的轰炸机没有击中我，我可能在5天最多7天内完成这次任务。”

“凯塞林可能也感觉到在西线投降的迫切性，如果他有好机会的话。”盖弗尼茨说。对此，莱姆尼策将军回应说，这涉及另一个战区，需要艾森豪威尔将军的总部做决策，但如果出现这种情况，无疑要尽快想出一个处理此事的方法。

我的“军事顾问”退场之后，盖弗尼茨和我在沃尔夫动身去意大利边境之前，又同他进行了一次简短的谈话。前面的商谈已决定，如果德国方面对沃尔夫的瑞士之行的目的有任何疑问，沃尔夫就会说他是去谈判交换战俘的问题。那时我已向沃尔夫解释过，不可能如他早些时候建议的那样，找到温舍去交换帕里。沃尔夫接受了这个结果，但是他说，如果我们能找到某个人，用于解释他难以说清楚的释放帕里的行动，他的处境将会轻松得多。此人不一定是将军级的军官，级别低一些的也行，只要得过一两枚奖章。我保证自己将尽力而为。然后，盖弗尼茨把沃尔夫拉到一边，问了他几个问题。“意大利的集中营里有多少政治犯？”沃尔夫不知道确切数量，他估计可能有几千名各民族的人。盖弗尼茨问：“他们最终的遭遇是什么？”沃尔夫回答：“他们有被处死的危险。”我们听过这类流言。希特勒或希姆莱发出过秘密命令，要杀死所有政治犯，不让他们活着落入盟军手中。

盖弗尼茨问：“你会服从这些命令吗？”沃尔夫站起来，在走廊里徘徊。然后，他返回来，停在盖弗尼茨面前，握着盖弗尼茨的手说“不”，并以他的名誉担保。后来，当那个时刻真的来临时，沃尔夫信守了承诺。不过那个时刻像投降一样，来得比我们想象的晚得多。然后，沃尔夫便离开了，打算会见凯塞林后再立即向我们报告。

沃尔夫可能很快会返回，带来他劝降凯塞林及维廷霍夫的消息，也许就在一星期之内。莱姆尼策和艾雷建议在瑞士等待沃尔夫的消息，这得到了卡塞塔盟军总部的许可。在其后的某一天，盖弗尼茨对客人们说，要给大家一件礼物，作为这次访问瑞士的纪念。什么礼物？一块手表？一个打火机？在瑞士很容易找到这类纪念品。不，艾雷将军说，是一条腊肠犬。

我们代表情报组织，大概还没有我们做不到或找不到的事物。但是，这个项目却出了问题。盖弗尼茨的秘书南希·莱斯莉（Nancy Leslie）来做这个工作，因为她是个养狗爱好者，很快就在卢塞恩湖边找到一位饲养着腊肠犬的女士。南希必须亲自去看看这些狗，因为艾雷将军不能暴露自己的行踪。当南希诚实地承认并不是为她自己来看狗时，这位“腊肠犬女士”开始疑心起来。她一直坚持要亲自见小狗未来的主人。她特别不愿意自己的狗被带出瑞士，尤其不希望她的狗去德国。南希拐弯抹角地推诿着，向这位女士保证狗是被带去阿斯科纳的，尽管那并不是它的最后一站。这位女士最后卖给南希一条漂亮的小狗，它立即被新主人起名为“弗里茨”（Fritzel）。

当德军投降的消息在5月份曝光时，英国新闻界知道了弗里茨的故事，并将一个与事实稍有歪曲的故事进行大肆炒作。5月7日的伦敦《每日快报》（*Daily Express*），在头版刊登了弗里茨的照片，附有以下说明：“这条腊肠犬弗里茨（Fritz）[①] 导致德军投

---

① Fritz是Fritzel的昵称。弗里茨是常见的德国男子名字，在第二次世界大战时，反对纳粹的人说话时常用“弗里茨”暗指“德国人”。——译者注

降。一个英国人和一位美国将军到瑞士去，穿得像旅游者，表面上是买一条腊肠犬，但是他们访问的实际目的是……”在战争结束后，我允许南希把那条狗的真正去向告诉那位“腊肠犬女士”。我们猜想，她可能正在忧闷地思念她失踪的宠物。当南希告诉她，弗里茨现在是盟军司令部的吉祥物，它的照片登在英国几家报纸上时，她几乎要晕过去。她恢复过来后，对着电话喊道：“什么？它是和亚历山大元帅在一起吗？”

在紧张的等待日子里，我面临的问题之一是帕里。他不愿在卢塞恩的藏身之处安静地待着，而是想回意大利重新干地下工作。我一天又一天地同他通电话，要他忍耐，不过我知道要他听从我的忠告是多么困难。对一个几乎毕生都在打击法西斯主义的人来说，在法西斯主义垂死挣扎的关键日子里，闲坐家中是多么不容易。他告诉我，他觉得自己像是一只笼中鸟。他想要斗争在最激烈的前线，同他花了很大力气组织起来的意大利游击队队员们一起战斗。我感觉我的说服能力已用尽了。帕里很可能会在某个夜晚偷偷溜回米兰。我同莱姆尼策和艾雷讨论过这个问题，偶然间想出一个办法，把帕里送到意大利的盟军总部工作，制订游击队与我们的前线部队协调行动的计划，并推进对意大利北部的有序占领。

恰巧，游击队的军事领导人卡多纳将军[①]，正要从意大利北部到瑞士来进行几天的磋商。我们决定让帕里同卡多纳将军一起到

① 卡多纳（1889—1973），即拉斐尔·小卡多纳（Raffaele Cadorna Jr.），是游击队的总司令。——译者注

意大利战线的南边去。盟军总部在 3 月 25 日批准了我们的建议，并派了一架飞机到我们正在使用的日内瓦附近的安纳西（Annecy）机场。但是帕里不情愿，我又向他保证，在解放日之前一定把他送回意大利北部之后，他才离开。

到这时为止，帕里的下落成为一个谜，这是我们的功劳。事实上，大部分人，包括他的亲密朋友，都认为他还在维罗纳的监狱里。意大利游击队的领袖仍在继续敦促我想办法救出帕里。有一天，他们派阿图罗·托斯卡尼尼大师（Maestro Arturo Toscanini）的女儿——沃莉·托斯卡尼尼·卡斯特尔巴科（Wally Toscanini Castelbarco），一位迷人的女士，作为他们的使者来找我。1943 年底，她从意大利北部逃到瑞士，因为法西斯分子威胁要把她作为人质，以此向她的父亲——一位一贯反对法西斯主义的积极分子施压。在瑞士期间，她作为意大利反法西斯运动的代表不停地工作。就在她来看我，求我想办法救出帕里的那一天，其实帕里正坐在我隔壁房间。我绷着脸向这位能说会道和善于说服人的来访者保证，我正在做我所能做的一切以救出她的朋友，这件事并不容易。在战争结束后，我花了不少时间向她解释，我那天为什么要欺骗她。

3 月 26 日，距我们会见沃尔夫后整整一周，齐默大尉从意大利来到瑞士，带来了沃尔夫的一个消息。沃尔夫从西线的凯塞林司令部给米兰的齐默打了一个电话，他的这次旅途比预想的要困难不少。凯塞林自然是一个大忙人，力图堵住前线的漏洞，一直不停地在外面到处活动，这使沃尔夫很难找到他。沃尔夫用暗语告诉齐默，他有望在两三天内完成他的计划后回来。他请齐默从我这里了解一下，这个延误是否会带来严重后果，那几位“绅士”[①]是否会愤怒离去。沃尔夫这样敦促齐默：“尽量让门开着。”

两天后，3 月 28 日，帕里利带着一个信息从沃尔夫司令部来到国境线：沃尔夫将在明天回到意大利。又过了两天，即 3 月 30 日，星期五，耶稣受难日，齐默在基亚索过境，打电话给周末守候在卢加诺岗位上的韦贝尔和胡斯曼。现在，信息已经确认。沃尔夫回来了。他在法萨诺。凯塞林同意给沃尔夫的计划提供帮助，并让沃尔夫把他的意思转告维廷霍夫。沃尔夫正要去见维廷霍夫。如果一切如预期的那样顺利，他将在星期一也就是 4 月 2 日到达阿斯科纳，并努力让维廷霍夫或其参谋之一及拉恩大使跟他一起来。这样，在意大利的德国控制区的三个机构[②]都有代表来参加会谈。

莱姆尼策和艾雷终于放松了。在 4 月 2 日之前的整整两个星期里，他们一直在等沃尔夫回来。现在看来，这个等待似乎是值得的。他们发电报把这个消息告诉卡塞塔的盟军总部。沃尔夫的随机应变、他的责任感和当时的紧急情况，以及他明显的“免疫力”[③]，还有他部下最重要成员在希特勒背后共谋投降事宜，这些都给盟军总部和我们留下了深刻印象。显而易见，沃尔夫是诚实的。如果维廷霍夫按这个方案行动，并能保持通信联系，那么投

① “绅士”指莱姆尼策和艾雷。——译者注

② 三个机构分别指帝国国防军、SS 和外交机构。——译者注

③ “免疫力”指沃尔夫受希特勒信任，而使纳粹内部的敌对者难以伤害他。——译者注

降就指日可待了。在星期日复活节前的那个晚上，我们都聚集在阿斯科纳等待沃尔夫。

星期一，4 月 2 日，即我们盼望见到沃尔夫的这一天，只有韦贝尔和胡斯曼陪同帕里利男爵来到阿斯科纳，没有别的人。帕里利自星期五以来一直待在沃尔夫的司令部，所以沃尔夫派他来告诉我们这些情况。

希姆莱曾在复活节的早上打电话给沃尔夫。他发现，沃尔夫把家属从布伦纳隘口转移到了自己所控制的地区。希姆莱随后把沃尔夫的家人送回奥地利，并且说："这是你肆意妄为，我擅自纠正了这个情况。你的妻子和孩子们目前在我的保护之下。"这意味着，如果沃尔夫选择背叛德军，希姆莱就能轻易地逮捕和杀死沃尔夫的妻子和孩子。任何人面临这种威胁都会犹豫是否要采取行动。

希姆莱还警告沃尔夫不要离开意大利，也就是说不要到瑞士去。那时沃尔夫沮丧得说不出话来。他觉得自己的最终下场顶多像隆美尔那样，由国家付钱办丧礼。这就是沃尔夫没有来瑞士见我们的原因。

我们带着疑问质问帕里利。希姆莱怎么会介入这个行动？谁告诉他沃尔夫正在策划这个秘密活动？他知道多少？希特勒呢？凯塞林和维廷霍夫呢？投降的事怎么样？

这时，这位男爵从头回溯了事情的整个发展过程。沃尔夫最后在 3 月 23 日乘车到了凯塞林在巴特瑙海姆（Bad Nauheim）的指挥中心。他在路上多次遭到低飞的轰炸机的攻击。那天，美国人在离他仅 15 公里的奥彭海姆（Oppenheim）渡过了莱茵河，如果继续向前推进，就将把德国分隔成两半。突然之间一切都天翻地覆。那时，凯塞林正在用几部野战电话不断向其受敌紧逼的部队发命令。沃尔夫试图把自己在做什么告诉凯塞林，叙述自己与盟军在瑞士接触的情况（但是不能提他在阿斯科纳会见盟军军事顾问的事儿）。他问凯塞林是否赞成通过维廷霍夫在意大利投降的计划，而且还问凯塞林能否在西线投降以做配合。

凯塞林说自己不能这样做。他是在保卫德国的领土，有责任继续战斗，即使战死沙场。凯塞林说，他本人的一切：他的地位、任命和勋章都归功于元首。他还补充说，几乎不认识他下属的指挥军团和师团的将军。况且，他背后还有武装精良的党卫军的几个师，如果他做任何违背元首命令的事，这些军队肯定会采取反抗行动。不过，他会建议维廷霍夫参与其中。他说：“我很遗憾，我现在不在意大利。”

几小时后，当凯塞林有机会同沃尔夫长谈时，他告诉沃尔夫，在希特勒的总部，元首最亲近的顾问还在讨论“奇迹武器”，即最后的救命武器 V-2 导弹。但这全是空想，他觉得这只是希特勒的幻觉之一。他希望沃尔夫走运。沃尔夫认为自己成功地实现了第一个目标——获得凯塞林对在意大利投降的首肯。

不幸的是，就在沃尔夫准备去意大利的时候，希姆莱得知他在德国，于是就召他回柏林。他只好服从命令去柏林。他在柏林见到了希姆莱和卡尔滕布伦纳。帕里利除了知道沃尔夫努力坚定自己的立场外，对当时的情况知之甚少。沃尔夫在 3 月 29 日回到法萨诺，虽然看上去累极了，但情绪很好。

沃尔夫决定立即去见维廷霍夫，告诉他凯塞林已经同意在意大利全面投降。不巧的是，维廷霍夫去前线视察了，直到 3 月 31 日才能回来。沃尔夫预约了在复活节下午见他。

希姆莱打给沃尔夫的威胁其家人的电话，使沃尔夫不得不面对自朝着我们的目标方向采取行动以来，就一直逃避的事实：他无法把希姆莱及整个 SS 都吸引到他这边来。卡尔滕布伦纳及 SS 的其他敌对沃尔夫的人，将全力把沃尔夫清除出去，因为他正在破坏他们的计划，何况他们有身处柏林的优势，可以在那里把沃尔大说成是背叛希特勒和希姆莱的人。沃尔夫知道，如果他在此刻走错一步，就可能会被消灭，那时整个投降计划就泡汤了。他的死对盟军和德国人民都没有好处。他不得不在这几天内谨慎小心。

帕里利讲完后。莱姆尼策、艾雷、盖弗尼茨、胡斯曼、韦贝尔和我，都坐在湖滨别墅的桌旁。一时间谁也没说话。最后，莱姆尼策轻声说："事情并不像看上去的那么糟糕。"

如果他说的是真心话，那么他就是比我们其余人都乐观。要知道，他和艾雷在瑞士白白地等待了两个星期。至于以后会发生什么事，沃尔夫没有通过帕里利告诉我们只言片语。现在我们能做的是发信息给沃尔夫，再次肯定我们对投降计划仍然有兴趣，尽管遇到这些挫折，并向他提供了在投降突然成为现实时与我们联系的最快方法。

我们共同草拟了一个信息，要求帕里利记住它，并向我们反复重述，直到他一字不差地牢牢记住。这样做的实质意义是，投降倡议者能随时到瑞士来，或者被直接送到盟军前线去。通过盟军前线的密码是“纽伦堡”。我们提醒沃尔夫他曾经做出的承诺：限制打击游击队的活动，避免任何野蛮地破坏意大利北部的行动，保护盟军或其他反法西斯力量的囚犯和人质。

帕里利男爵离开此地去卢加诺了，打算在那里过夜后第二天就回意大利。我们打电报告诉卡塞塔，似乎没有让莱姆尼策和艾雷推迟返程的必要。4 月 4 日来了一架飞机，正好可以把他们接回卡塞塔的亚历山大将军的司令部。

直到后来，我们才知道沃尔夫访问柏林期间发生了什么。我想，沃尔夫那时不希望我们知道那个场面，所以并没有详细告诉帕里利。我们后来回顾时才知道，当时正是希姆莱和卡尔滕布伦纳方面反阴谋的开始，他们几乎要搞垮“日出行动”。

沃尔夫 3 月 23 日访问凯塞林司令部时，接到了希姆莱让他回柏林的命令。他接受了命令。他可能认为仍有机会摊牌，把希姆莱争取到他这边来。离开凯塞林的司令部时，沃尔夫把他带着的一盒美国烟送给了凯塞林的参谋长韦斯特伐尔。香烟在那时是个稀罕物，这个小手段有着特殊意义。沃尔夫对韦斯特伐尔说：“如果这里的情况太糟糕，我可以为你们打开通向西方的门。”

然后，他开车去了柏林。为了躲避攻击任何移动目标的盟军飞机，他被迫频繁地离开高速公路，开到辅路上去。他开到柏林的帝国总理府时大约是上午 11 点半。他与希姆莱的会见预定在总理府低层的一个小房间里，那里住着希特勒的情妇爱娃·布劳恩（Eva Braun）的妹夫菲格莱因（Fegelein）。自 1943 年沃尔夫接受在意大利的职务以来，菲格莱因就承担了沃尔夫以前的工作，成为希姆莱与希特勒之间的联络官。

希姆莱很快就到了，卡尔滕布伦纳跟在后面。希姆莱告诉沃尔夫，他们已经知道他于 3 月 8 日在瑞士见过杜勒斯和盖弗尼茨。让他们恼怒的是，沃尔夫事先未经希姆莱批准，也未先听取 RSHA 第六局外事处职业情报官们的意见，例如听取其部下的瑞士和意大利科科长舒伦堡的简报。但使沃尔夫略感宽慰的是，希姆莱对他的指责，或者至少是希姆莱说话的方式，可能没有怀疑他已叛国或做两面派，而似乎更像是来自 RSHA 情报专家们的职业嫉妒，因为他行事时竟然绕过和藐视了他们的专长。

由于讨论并未超出一般官僚的程序，沃尔夫越来越肯定，希姆莱和卡尔滕布伦纳并不知道他在 3 月 19 日访问过瑞士，那时他在阿斯科纳会见了盖弗尼茨和我及盟军的军事顾问。那次会见显得可疑，而且难以找借口搪塞过去。卡尔滕布伦纳的探子溜进那里了吗？沃尔夫猜测着，除了哈斯特向卡尔滕布伦纳报告过他在瑞士接触盟军之外，卡尔滕布伦纳有可能确实知道另外一些情况。接着，希姆莱要沃尔夫同卡尔滕布伦纳一起，在次日到巴伐利亚州北部的疏散中心去，卡尔滕布伦纳的一些情报专家将在那里进一步讨论整个行动计划。

沃尔夫认为，把他召到柏林的整个计划，是卡尔滕布伦纳策划安排的。卡尔滕布伦纳可能要把所有投降的计划从沃尔夫手中夺过来，抓到自己的手里。总之，关键的问题是，要避免谈及纳粹的最高指挥官，需要采取积极措施与盟军面对面会谈以结束战争，甚至没有人有勇气提及此事，或者他们每个人——希姆莱和卡尔滕布伦纳都有自己的野心和秘密计划，通过隐蔽的渠道达到投降的目的，希望借此自救。在随后的几个星期里，一切都变得极其清晰。

沃尔夫随后提出了一个建议，尽管他那时尚未能预见到这个建议在后来能帮他大忙，实际上是救了他的命。那时，这只是一个出现在他脑海里的真诚而勇敢的想法，不会引起他那些短视、狡猾、犹豫不决的SS同事的怀疑。沃尔夫建议，在此房间内的所有人应该一起去见希特勒，把他已与杜勒斯建立联系并通过后者联系美国政府的事告诉希特勒。沃尔夫说，如果其他人在背后支持他，他准备努力使希特勒相信，为了使德国在意大利尽早投降，与美国人的这个联系应继续下去。

希姆莱和卡尔滕布伦纳两人的反应是迅速和一致的。他们不愿这样做。时机很不好。希特勒一直处于一种很暴躁的状态。尤其是任何关于和平谈判的谈论，在那时都可能引起他的狂怒，因为里宾特洛甫最近在斯德哥尔摩对同盟国表示善意却被尴尬地拒绝了。这使得希特勒对整个和平问题抱着厌恶的态度。

希姆莱还有其他事务，所以就离开了这伙人。随后，卡尔滕布伦纳把沃尔夫带到他在万湖（Wannsee）附近的别墅。两人在那里一起吃午饭，在谈话中完全避免提及意大利问题。沃尔夫那时感觉，卡尔滕布伦纳还未准备好对他采取行动，至少还没有用武力把他实质性地赶出舞台的任何意向，就像他第一次去瑞士后，卡尔滕布伦纳请他去因斯布鲁克时，他担心的那样。卡尔滕布伦纳似乎只是职业性地懊恼和生气，因为沃尔夫作为一个业余的情报人员，完成了他迄今未能完成的某些事情，尽管他控制着庞大的情报组织和大量资金。

3 月 25 日，卡尔滕布伦纳开车带沃尔夫去疏散中心，那是靠近巴伐利亚州霍夫县（Hof）的一个名叫布尔格鲁道尔夫斯坦堡（Burg Rudolphstein）的城堡。由于卡尔滕布伦纳太鲁莽而出了车祸，车子翻了。幸运的是，沃尔夫未受伤；不幸的是，卡尔滕布伦纳也还活着。令沃尔夫惊奇的是，哈斯特正在这个中心等候他。哈斯特告诉沃尔夫，他接到命令从维罗纳来此处，召他来此的原因是“报告不充分”。他在当天已被在该城堡工作的第六局的专家们盘问过。他知道得很少，显然说得更少。之前沃尔夫在维罗纳处境艰难时曾担心过，哈斯特是否会站在卡尔滕布伦纳及其力量那一边，现在沃尔夫能肯定事情不是这样的。

第二天上午，也就是 3 月 26 日，举行了穿着正装的会议，由舒伦堡的瑞士 – 意大利专家斯泰姆尔（Steimle）主持，他的一名助手也在场。斯泰姆尔既没有足够高的级别同沃尔夫对话，除非以礼貌和恭顺的方式，也没有权力使沃尔夫卷入典型而复杂的情报活动，因为这并不是沃尔夫的本行。沃尔夫把谈话的重点放在交换战俘和探索对和平探子有用的渠道问题上，但这两个问题并不在斯泰姆尔的业务管辖和兴趣范围内。斯泰姆尔想要谈的是，移居外国的政治流亡者、敌方的情报工作，以及其他类似的与他的事务更贴近的问题。

如果尝试用这种方法从沃尔夫口中套出其最近活动的细节，是希姆莱或卡尔滕布伦纳的意图的话，根据我们后来得到的会议记录，显然他们没有成功。卡尔滕布伦纳说得很少。这次谈话的最后结论是，告诫沃尔夫不要接触美国人。卡尔滕布伦纳的会议结束语是："我们也能在任何时候得到你认为自己独有的这些联系。"斯泰姆尔细心地把他的许多纸片和笔记，放入卷宗并合上它。这时，这群人才去吃午饭。

午饭后，卡尔滕布伦纳和沃尔夫开车回柏林，哈斯特开车回维罗纳。那天黄昏，沃尔夫打电话告诉希姆莱，他回来了，准备向其汇报。希姆莱生气了，因为沃尔夫回来得太晚了。希特勒刚命令希姆莱立即到匈牙利去镇压那里的抵抗德国的运动，希姆莱必须赶上去维也纳的夜班火车，没有时间见沃尔夫了。希姆莱给沃尔夫的命令是，保持与盟军的联系，但沃尔夫自己不要再去瑞士了。

希姆莱从匈牙利回来后，打电话给在法萨诺的沃尔夫，告诉他已把他的家属接到其保护之下，并禁止他去瑞士做任何访问。卡尔滕布伦纳显然已向希姆莱报告了沃尔夫在巴伐利亚会议上的闪烁其词。卡尔滕布伦纳和希姆莱似乎都在怀疑沃尔夫实际做的远多于其承认的。

第九章

成功变得更遥远了

复活节的那个周末，我们正在阿斯科纳等待的时候，一个英国突击队[①]从已宁静了三个月的盟军在意大利的战线出击。4月1日，这次突袭使驻扎在战线东端亚得里亚海岸科马基奥湖（Lake Comacchio）地区的德军第162师措手不及，英军抓获了900多个俘虏。4月5日，即莱姆尼策和艾雷回到卡塞塔后的次日，特拉斯科特将军的第5军，包括一个日裔美国人的战斗队，从战线西端的地中海海岸向北推进，在几天之内攻克了马萨城及卡拉拉镇（Carrara）。后者以生产米开朗琪罗雕塑用的优质大理石而著名。

这些只是试探性或牵制性的攻击吗？从1944年12月以来，平静的远方又传来隆隆炮声，撼动了我们使德军迅速投降的希望。当形势处于僵局时，谈判和讨论声响起而炮声停止，这是一回事；试图把正在积极对抗中的双方军队分开，这是另一回事。到1945年4月9日，我们对正在发生的事情已不再有任何疑问。盟军的春季攻势已开始了。

那天，帕里利男爵又出现在瑞士，他离开这里已有一个星期

① 这个突击队属于英国第8军。——译者注

了。齐默大尉比帕里利早一天到瑞士，把帕里利来此的消息告诉了韦贝尔和胡斯曼。沃尔夫要确定帕里利男爵在瑞士能找到我，因为有一个重要文件必须交给我。

盖弗尼茨和我在我的公寓同帕里利谈话。在向我展示带来的文件之前，他告诉我们自那时至今发生了哪些事。沃尔夫忙碌了一个星期。如果我们认为沃尔夫在希姆莱的威胁下退缩了，那就错了。沃尔夫显然已从那个打击下恢复过来。

首先，墨索里尼发现了帕里和乌斯米亚尼已被释放，他大发脾气。在释放后几乎一个月他才知道此事，这说明他与在他眼皮底下发生的现实事件之间的联系被切断了。由于这个戏剧性释放消息不知何故被泄露给意大利的传媒，他才得知此事。他打电话给拉恩大使，后者按照沃尔夫的建议，迫使这位沮丧的独裁者相信，沃尔夫用帕里交换了温舍上校的故事。拉恩成功地把这个已用烂了的借口卖给了元首。墨索里尼由于以前没有听过这个故事，就相信了，并逐渐冷静下来。但是，他有可能会向希特勒抱怨，那样将使柏林重新引起对沃尔夫的关注。因此，沃尔夫请求我再次安排释放盟军关押的某个高级战俘，以便在因帕里事件起疑的人们眼中恢复他的形象。

更重要的是，沃尔夫在星期日复活节及 4 月 5 日和 7 日，已三次会见维廷霍夫。帕里利出席了 4 月 7 日会见维廷霍夫的活动，在场的还有罗廷格将军，他曾是凯塞林的参谋长，在维廷霍夫来此后留任原职。这次聚会被伪装成社交性活动。沃尔夫请两位将军及帕里利在他的司令部喝茶。沃尔夫要帕里利亲耳听到维廷霍夫说些什么，以便向我们报告。这是沃尔夫做的一件很危险的事。归根结底，他把一位在瑞士与一些美国人合作，并将去访问这些美国人的意大利平民，介绍给了驻意大利的德军高级指挥官。反对沃尔夫的人，可以轻易地把这一次活动当作沃尔夫的叛变之举。这个指责还将被证实。正当帕里利喝茶时，维廷霍夫接到盟军在科马基奥湖地区发起猛攻的消息。维廷霍夫通过电话命令立即派 5000 人的部队到科马基奥增援。这是帕里利听到并向我们报告的一个情报，我们立即发电报转告亚历山大的总部。

但是，维廷霍夫自己将做些什么？他将停止战斗？他热情地接待了帕里利。我们难以想象，德国将军会同一位小男爵一起喝茶，而德军此时却正面临着盟军春季攻势的初期攻击。这两个人之间的对比令人惊讶。帕里利，前额稍秃，头发比较粗且有些卷曲，个子也不高，不断地抽着雪茄，在激动时猛烈挥舞手臂。维廷霍夫，有着挺直的宽大肩膀，鼻子长而直，头发是 19 世纪的中分头样式，胡子修剪过，穿着一双擦得很亮的马靴，不易激动，少言寡语。简而言之，他是一个传统模样的德国军人。只要戴上一个尖顶钢盔，他看起来就像是刚从战争委员会来的兴登堡或鲁登道夫。

维廷霍夫和罗廷格两人都知道沃尔夫在瑞士干了些什么，不需要讨论那个问题。而且维廷霍夫和罗廷格都完全同意，已经到了停止继续流血屠杀的时候了。但是，维廷霍夫并不愿意自己被人以背叛国家或他的家族和种姓的身份载入历史。他愿意投降，问题是要在保证军人荣誉的条件下投降。如果盟军接受他想要的一些荣誉条款，他就准备签署无条件投降协议。荣誉条款包括以下要点：在盟军来接受投降时，德军官兵将立正及行注目礼；德国人将不会被囚禁在英国或美国，将被临时关押在意大利，而且将被允许在意大利从事某些有用的道路和铁路重建工作，而不是被关押在监狱的铁丝网里；在形势稳定后，德国人将系着腰带和刺刀回国，作为他们曾有序投降的证据。

我向帕里利要了一些沃尔夫的书面资料，因为这些资料可能以明确的语言涵盖维廷霍夫的建议。帕里利给我资料时告诉我，沃尔夫把多尔曼上校召到他的办公室里，让多尔曼把它们打出来。他显然不愿把此事托付给秘书，于是多尔曼，曾是SS上校和希姆莱在意大利的心腹，在这件事情中充当了临时打字员。

这些信件中的第一封实际上是来自维廷霍夫本人。在维廷霍夫的阐述中，关于荣誉条款的措辞比帕里利的转述更加强硬。特别是帕里利的转述中完全没有提到的一个条款，即要求“保留C军团（由维廷霍夫指挥）的一支小分队，作为其未来在德国国内维持秩序的工具”。对此，帕里利解释，这实际上只是表达了一种希望而不是要求。但是我们研究后认为，这大大地超出了卡萨布兰卡会议的无条件投降的条款，亚历山大元帅很显然不会接受这些荣誉条款。维廷霍夫表面上是为了保住他的军人荣誉而提出要求，实际上是让他的部队在放下武器后，或多或少保留完整地回到德国的权利。最后，维廷霍夫、罗廷格和沃尔夫都想要的是，通过我们的渠道把投降的协议初稿发送给他们，供他们提前研究。

其他信件都来自沃尔夫。他极其详细地列举了，他为防止德军在意大利实施“焦土政策”而做的一些事。在这些事情中，他指出，他不能保证在港口地区，例如热那亚会发生什么事，因为海军部队不隶属于他和维廷霍夫，而是由柏林的海军司令部控制。他在信件的结尾写道，他希望德国在意大利的司令部，能很快从在德国的那些高级司令部中完全分离出来。他能肯定，一旦实现这一点，维廷霍夫就能按自己的想法自由行动。沃尔夫请求我们“努力促成能满足维廷霍夫提出的军人荣誉的某些事”。即使我们只能部分地满足维廷霍夫，意大利北部也将会在下个星期就被放在银托盘上交给我们，正如他先前所说的那样。意识到速度现在是关键所在，并且可能对维廷霍夫的建议取得成功持有相当乐观的看法，沃尔夫还提到了早些时候的一个建议，即我们派一名自己的无线电报务员到他在意大利的司令部控制的某个中心，使我们在军事形势急速变化期间每小时都能保持联系。

我立即发电报向卡塞塔的盟军司令部（还有华盛顿和伦敦）报告维廷霍夫提出的建议。次日，也就是 4 月 10 日，卡塞塔发来一个相当简短的回电，对此我并没有感到惊奇。回电说，根据战争惯例，将在德国的谈判代表来到盟军司令部时交给他们投降条款，不能事前向他们展示这些条款，德国的使节们只需要访问一次，并且他们应该是有权力以司令的名义行动的官员。回电对荣誉条款只字未提。亚历山大对此事的沉默，明显地表示出不让德国人挽回面子，但是又聪明地排除了对此事做出不成熟决策的可能性。帕里利和齐默带着这些信息回到意大利。

我们并没有因事情成了现在这样而气馁，因为在一个星期前，希姆莱威胁过沃尔夫，使沃尔夫本人及他所推动的一切都几乎瘫痪时，我们也有过类似的经历。沃尔夫说服凯塞林帮助他，然后他找到并尽最大努力说服维廷霍夫。现在最大的障碍似乎是维廷霍夫及其提出的荣誉条款。

为了克服这些与维廷霍夫有关的困难，盖弗尼茨愿意亲自到这位德国将军的司令部去，尝试跟他谈谈以消除他的顾虑。盖弗尼茨对同德国的将军们谈话很有经验。他异乎寻常地了解他们的情结，以及其背后的细节——他们的道德准则、偏见和成见。盖弗尼茨是一个美国人，但德语是他的母语。他清楚地知道和理解盟军的立场，并获得了沃尔夫的信任，而且从一开始就参加了“日出行动”的几乎所有和谈。他的计划是直接到维廷霍夫那里去，可能有韦贝尔陪同，说服维廷霍夫不要坚持争取荣誉条款。盖弗尼茨觉得，在执行这次任务过程中，尽管他能够依靠沃尔夫对他的保护，但作为一个美国人，到敌营中去仍是一个冒险的举动，而且战争还在进行，德军还在顽强抵抗盟军的猛攻。

亚历山大元帅在卡塞塔的司令部否定了这个建议。他们赞赏盖弗尼茨的冒险精神，但是觉得那样太危险。何况，他们不相信德方有诚意。他们已开始觉得，德国人在“日出行动”中的主要意图，归根结底还是要在盟国和苏联之间打进一个楔子。在这一点上，我们不同意他们的看法，但是在那个特殊时刻，通过无线电台与他们进行辩论是毫无意义的。

事实上，我们成功完成“日出行动”的希望仍然很大，我们需要继续执行让一名无线电台操作员，安置在沃尔夫司令部的计划。如果“日出行动”能复活，一名无线电台操作员将是绝对必要的。即使“日出行动”不能复活，我们仍可以从德军那里收到有用的军事情报。问题是要找到一个能胜任该岗位的人。

此前不久，在期待能通过无线电联系意大利北部时，我曾请亨利·海德（Henry Hyde）领导的OSS在里昂的基地，为我们寻找一些会说德语的无线电台操作员。我们的人曾在冬季招募和培训过不同民族的欧洲人，要他们带着无线电设备空降德国，作为战线后方的特工人员，观察和发回有关德军的调动、民间的抵抗运动及其他类似的情报。我们的基地从这一群受训的人员中，推荐了一个符合要求且随时准备面对任何危险的人。亨利·海德推荐给我们的是26岁的捷克人瓦斯拉夫·赫拉德斯基（Vaclav Hradecky）。他是一个矮壮的黑发男人，不大爱说话。我们立即给他起了个代号——“小沃利”（Little Wally）。他的德语近乎完美，曾在意大利南部的基地受过无线电培训。他在6年的战争期间能活下来的冒险经历表明，他能在危险情况下保护自己。1939年，瓦斯拉夫在布拉格被德国人逮捕，他在那里的查理大学（Charles University）上学，而查理大学是世界上最古老的大学之一。他曾被关在达豪（Dachau）集中营[①]里服苦役，并遭到SS的殴打和虐待。6个月后，小沃利逃了出来。很少人能从达豪集中营里逃出来，

---

① 达豪小镇在慕尼黑西北方，相距约15公里。1933年刚上台的纳粹利用这里的废弃弹药厂，建起了第一座集中营，关押反纳粹的政治犯，后来扩大为关押犹太人，还用它培训集中营的看守。——译者注

即使逃出来，也跑不远。此后，小沃利千方百计在德国度过了三年地下生活。他装成工厂的劳工，同时联系捷克斯洛伐克的抵抗运动组织，向他们报告他在德国看到的情况。最后，在巴伐利亚州一个小镇上，有一场突如其来的搜查，小沃利因没有正规的身份证明而被逮捕，并被关进一个战俘营。他设法使德国人相信，他只是一名逃跑的战俘，而不是从集中营逃出来的犯人（这对他来说意味着死亡）。他逃出这个战俘营，来到瑞士。在德国人被清除出法国后，他立即从瑞士去法国，在那里与 OSS 取得了联系。

在同沃利稍做谈话后，我断定他适合做这份工作。我直截了当地把工作指南交给他。我告诉他，他将伪装成一名在意大利－瑞士边境工作的 SS 官员，他连眼睛都不眨一下。考虑到他曾受过 SS 的折磨，这证实了我对他勇气的印象。沃尔夫建议我们派去的报务员，在米兰的齐默办事处的一个房间工作，不要在法萨诺的司令部工作，因为这会给与此行动有关的每一个人带来危险。因此，我对沃利解释：他将被安排住在 SS 官员的家里，这个 SS 官员将在边境迎接他，他不能离开那个地方，把这个 SS 官员交给他的电文发送出去，并接听我们发给此人的信息。沃利必须把我们发给这位官员的电文亲自交给他。关于派他去的理由，以及他将起重要作用的这次行动，我没有给他任何线索。沃利也没有向我提任何问题。

4 月 13 日，齐默从边境打来电话，沃利开车去见他。沃利带了一部手提箱式的电台、密码本和呼号计划、换洗用的衣服和袜子，以及大量香烟。齐默开车送他到米兰，并安排他住在奇马罗萨街（Via Cimarosa）一所房屋的顶层，这样他就可以在屋顶上架起一根天线。没有人能进到沃利的房间，除了齐默和帕里利。这所建筑是SS在皮埃蒙特（Piedmont）地区的反间谍总部。沃利发出的第一个信号在4月16日被卡塞塔收到。他开工了，在伯尔尼的我们有了一个重要的通信渠道，这样就可以独立而安全地同沃尔夫将军互通信息了。

正在此时，我被通知去巴黎。多诺万将军要在那里见我，他特别想听听“日出行动”的全部细节。我决定带盖弗尼茨一起去，他可以说说对沃尔夫及其他参与者的第一手印象。

在出发的前一天，我们在奥地利的一个联络人打电话说，SS在奥地利的情报首脑已到瑞士并急于见我。这个人是威廉·霍特尔，卡尔滕布伦纳手下的SS高级特务之一。霍特尔的名字在几个月前曾被提到过，那时这个奥地利特务，作为极有潜力的来访者，带来了卡尔滕布伦纳给我们的和谈信息。那时沃尔夫已警告过我们，卡尔滕布伦纳对他独自进行投降会谈很恼火，并打算阻止。我们认为，霍特尔在这个时候要求见我，必然是代表卡尔滕布伦纳，企图直接切断沃尔夫与我们建立的联系，因为其他任何办法都没能阻止沃尔夫。我并没有见霍特尔的意愿，而且我无论如何要立刻动身去巴黎。然而，我仍然有兴趣听听卡尔滕布伦纳到底要告诉我们什么，所以我让一位专长于奥地利事务，但对“日出行动”一无所知的助手，到苏黎世去见霍特尔。在我们自己的办事处内部，知道“日出行动”的除了盖弗尼茨和我之外，只有两个人，其中一个是特雷西·巴恩斯（Tracy Barnes）大尉，当我不在时，他负责接待从沃尔夫那里来的使节。

我们去巴黎之前，还传来另一个意义完全不同的事件的消息。罗斯福总统突然于4月12日上午，在佐治亚州（Georgia）的温泉城（Warm Springs）逝世。同一天，杜鲁门总统宣誓就职。我们离开中立的瑞士，到达已被解放的巴黎时，有一种感觉：这位伟人的逝世是一个不可估量的损失，他把美国的强大力量带进欧洲反希特勒的战争。我们与多诺万商讨“日出行动”时，罗斯福在胜利在望但尚未取得最后胜利之时逝世，给我们及与他非常亲近的多诺万都蒙上了一层阴影。罗斯福总统对多诺万的信任，一直是我们这些从事这项事业的人，以及被授权完成这项任务的组织的强大推动力。

盖弗尼茨和我给多诺万和拉塞尔·福根（Russell Forgan）[①]做了一个关于“日出行动”的详细汇报。福根是多诺万的主要助理之一，是OSS驻巴黎使团的头儿，也是我的老朋友，一直为我们在伯尔尼的工作提供持续的帮助。我们尽可能客观地描述了我们的希望和担忧。我们对行动的胜利前景持低调的态度，因为那时尚有维廷霍夫的荣誉条款，而沃尔夫不愿意在没有维廷霍夫合作的情况下就投降。现实不允许我们有任何乐观情绪，但是多诺万仍然很热情奔放，这个行动正是他喜欢看到的那种“我们战斗到底”的类型。他要我们尽一切可能使之成功。福根能为我们提供

① 福根（1911—1972）本来是律师，在日本偷袭珍珠港事件后参军，在空军的情报学校受训后进入OSS，被派到伦敦。1944年12月，杜勒斯写信要多诺万把福根尽快调到瑞士，信中说，“我们这里为他找到了有用的工作”。——译者注

有帮助的指导。他们两位看到的是更大的一盘棋。他们知道，维廷霍夫面对的盟军师团的数量，几乎与凯塞林在西线所面对的一样多。现在的新闻报道全都在关注西线。美国国内人民想读到我们的军队如何横扫敌人国土的报道，因此意大利战役只被限于刊载在报刊的后面几页。但是，如果德军在阿尔卑斯山继续顽抗，许多美国和英国将士的血将流在意大利国土上，因为德国在意大利的最高司令部，不愿停止一场他们根本赢不了且不再有任何军事意义的战斗。而中止意大利战争的可能性还在我们的掌握之中，所以我们必须尽一切努力去完成计划。

了解华盛顿背景的多诺万告诉我们，自苏联人得知“日出行动”的信息以来都有什么样的进展。如前所述，我是在大约一个月前莱姆尼策和艾雷到达阿纳马斯时，从他们那里第一次听到苏联人的反应。不过，那时我们知道的只是已把“日出行动”告诉了苏联人而已，而且他们坚持应该有苏联的将军到瑞士来参加与德国人的任何谈判。现在多诺万才透露，斯大林后来写了一封信指责罗斯福，其要点是我们在斯大林背后与德国人单独谈和。罗斯福在德黑兰和雅尔塔①曾真诚地相信斯大林和莫洛托夫②。苏联对“日出行动”的态度，使罗斯福总统在与苏联打交道的经历中

① 1943年11月28日至12月1日在伊朗首都德黑兰，举行了罗斯福、斯大林、丘吉尔三巨头会议，商讨加速战争进程和战后世界安排问题。1945年2月4日至11日，三巨头在雅尔塔再次聚会，商讨关于制定战后世界新秩序和列强利益分配问题。——译者注

② 莫洛托夫（1890—1986），1906年就加入了俄国社会民主工党（布尔什维克的前身），1915年被流放到西伯利亚，一年后逃回，参加了1917年十月革命的领导工作。——译者注

第一次感到不快。总统在4月12日逝世前，曾写了一封信——可能是他在世时写的最后一封信。这是写给斯大林的关于“日出行动”的信，在信中这次行动被命名为“伯尔尼事件”。现在，杜鲁门总统接手此事。

多诺万带来的消息使我感到惊讶和烦恼。但是他向我保证，如果投降即将实现，美国和英国不会因苏联的任何指责而阻拦此事。我们在诚心诚意地行动。如果德军在意大利无条件投降，能挽救美军和盟军将士的生命，我们就要继续干下去。

随着深入思考苏联的态度，我开始明白究竟是什么可能困扰着苏联的领导者。如果我们能成功地使德国军队尽快投降，美国军队将是亚得里亚海关键之地——的里雅斯特的第一个占领者。如果我们失败，德国人将退到威尼斯以西，在阿尔卑斯山脉阴影下的坚固防御工事中继续战斗。那时共产党的军队，穿过匈牙利而来的苏军或从南斯拉夫来的铁托部下，在亲共游击队的帮助下，将在美军到达之前占领的里雅斯特，甚至可能占领更西面的地区。[①] 因此，我们有紧迫的理由要使投降计划成功。在这方面，我们应该清楚地记得：盟军和苏军在德国（包括柏林）的占领区划分，已经在西方盟国与苏联政府此前的协议中予以确定。但是，对意大利北部并没有做出规划，因为推翻了墨索里尼的意大利被

---

① 据拉恩的说法，德国的情报部门当时截获了斯大林与铁托之间的通信，斯大林敦促铁托准备好让他的军队横穿意大利北部直达法国边境。拉恩分析，这些军队与法国共产党的抵抗运动汇合，将形成苏联控制南欧和西欧的纽带，它将成为使法国和意大利最终苏维埃化的基地。（Silvia Bertoldi，*I Tedeschi in Italia* [Milan, 1964], p. 186.）

视为盟友。因此被共产党控制的力量提前占领的地区，很可能会决定战后的影响区甚至占领区。

当然，直到战争结束后很久，我才知道苏联与西方盟国之间分歧的全部细节，我们下面将看到这些分歧如何严重地威胁正处于关键阶段的“日出行动”。以下是海军上将莱希（Admiral Leahy）称为“自苏联人参加同盟国事业以来，我们同他们之间的第一次激烈争吵”的大事记：[①]

1945 年 3 月 9 日——亚历山大元帅通知联合参谋部，他想派两位将级军官（莱姆尼策和艾雷）到瑞士，去了解德国人的投降建议。3 月 11 日，美国政府和英国政府决定各自把正在进行的事通知苏联。哈里曼（Harriman）大使在通知苏联外交部长莫洛托夫后的第二天，也就是 3 月 12 日，收到对方回复：苏联政府不反对这个谈判，但是希望派三名苏联军官到瑞士参加他们的谈判。

3 月 13 日——美国驻苏联的军事使团团长兼哈里曼大使的军事顾问迪恩（Deane）少将，把莫洛托夫要求苏联军官参加谈判之事报告华盛顿，并建议拒绝此要求，因为他认为这只会拖延谈判的进展，并可能开创一个不幸的先例。他指出，我们并没有介入苏联战线上的德军投降事宜。

---

① 这个记录主要来自下列资料：海军上将莱希的《我曾在那里》（New York: McGraw-Hill, 1950），温斯顿·丘吉尔的《凯旋与悲剧》（Boston: Houghton Mifflin，1953），约翰·迪恩的《奇怪的结盟》（New York: Viking，1947），詹姆斯·贝尔纳斯的《开诚布公地说》（New York: Harper，1947），赫伯特·菲斯的《丘吉尔、罗斯福、斯大林》（Princeton: Princeton University Press, 1957）。

3 月 15 日——美国国务院打电报给哈里曼大使，请他通知莫洛托夫，欢迎苏联代表在投降实现之时到亚历山大元帅的司令部，目前在瑞士的谈话只是探索性的。况且，由于德国人的建议只涉及英－美战线上的投降问题，只有美国和英国能对这个谈话负责。

3 月 16 日——以上所述意味着将拒绝苏联代表参加在瑞士的谈判，这似乎是争论的开始。莫洛托夫语气霸道地通知哈里曼，宣称由于美国拒绝让苏联参加谈判，这对苏联来说是“未料到和难以理解的”，苏联坚持要中断这个同德国的谈判。

3 月 21 日——美国的顶级外交和军事顾问（哈里曼、海军上将莱希、国务卿斯特蒂纽斯和战争部长史汀生）都同意，我们不应该在这件事情上对苏联人施加的压力让步，只是告诉苏联政府我们在 3 月 19 日同沃尔夫将军有过讨论，但是还没有得出什么具体的结论。

3 月 23 日——对以上情况做出回应时，莫洛托夫发给英国和美国政府一个照会，指责英美“在承受反德战争主要压力的苏联政府背后”同德国人谈判。这个出言不逊的指责似乎威胁了英－美－苏共同奋斗的整个结构，自然引起了丘吉尔首相和罗斯福总统的注意。与此同时，莫洛托夫还宣布，他本人将不参加构建联合国框架的旧金山会议。这是对英美最近的单方面活动不满意的明显表示，这使大西洋两岸的领袖们感到不安。正如海军上将莱希所写的：“苏联与它的盟友公开破裂将是唯一惊人的奇事，它将阻碍德国军队的迅速垮台。”[①] 对于苏联这个最新的傲慢举动，丘吉尔首相认为，此时应请罗斯福总统起草和递交一封英美的联合回信。

3 月 24 日——罗斯福总统发了一封私人信给斯大林元帅，在信中，他认为彼此之间有点误会，他客气并坚定地提出，不同意此时暂停能够减少战争伤亡人数的谈判活动，尤其是因为“这没有任何政治含意，也不违反我们都同意的无条件投降原则”。

4 月 3 日——斯大林发出一封警告信，回复罗斯福 3 月 24 日的信。这封信显示，苏联情报机构收集的关于我们在瑞士谈判的信息，有很多是不正确的，或者可能是故意歪曲的。斯大林拖延了几天才回复罗斯福，可能是需要整理和吸收这些信息。斯大林在信中提到许多问题，其中有一项断言：“德国人已同意向英美盟军开放战线，让他们向东调动，英国人和美国人则允诺为德国人放宽停火条款作为交换。”这似乎证实了我的推论，使苏联人最担忧的是，我们可能比他们先到达的里雅斯特及其西面的威尼斯 – 朱利亚大区（Venezia Giulia）。

4 月 5 日——罗斯福总统答复了斯大林的指责信。这封信先由马歇尔将军和海军上将莱希起草，被丘吉尔全部引用（在他著作的第 447 页）[②]。该信的要点是：与德方有过讨论，但没有谈判，

---

① 摘自海军上将莱希的《我曾在那里》（New York: McGraw-Hill，1950）第 337 页。——译者注

② 丘吉尔的《凯旋与悲剧》（Boston: Houghton Mifflin，1953）。——译者注

斯大林可能被源自德国的情报误导了。信中暗示：德国实际上可能是要在英美与苏联之间制造分歧。这个想法在整个“日出行动”期间一直停留在华盛顿高层领导者的思维中。这封信以一段强硬话作为结束，丘吉尔猜测这段话是罗斯福加到草稿里去的，这段话是这样说的：

> 坦率地说，我无法排除我对您的情报人员——不管他们是谁，怀有一种难以忍受的愤怒感觉，他们邪恶地误报了我或者我信任的下属的行动。

关于这封信，前国务卿詹姆斯·贝尔纳斯最近写信给我说，罗斯福给斯大林回信的措辞起初甚至比这更强硬，后来才改得较为缓和，因为在此期间，他收到了斯大林的措辞很友好的另一封信。贝尔纳斯先生还摘引罗斯福在那时曾对他说的：“他不能理解苏联人的这种技巧。”

4 月 6 日——斯大林在 4 月 3 日给罗斯福的信中，除了其他的一些含沙射影之外，还说他“不能理解英国人的沉默，虽然已知这整个事情的创意属于他们”。丘吉尔写了一封长信给斯大林，回顾“日出行动”的发展，并指出一直是美国政府的代表处（OSS）在处理与德方的接触。

4 月 7 日——在回复罗斯福总统 4 月 5 日表示责备的信中，斯大林指责英国人和美国人无诚信的措辞稍微退让了一些，但是仍以许多理由坚持一点，即苏联应该被邀请参加与德方的讨论。

这一点显然使他一直抱怨不已。然而，他在信中也没有漏掉对盟军前些时候的活动缺乏诚信的指责，还维护苏联的情报人员，因为罗斯福总统曾贬低过苏联情报局收集情报的杰出能力。同一天，他还给丘吉尔发去一封多少有些道歉意味，或者如首相所说的“尽可能地接近于道歉”的信。

4 月 12 日——就在罗斯福总统逝世的那天上午，他还发信给斯大林说：“感谢您坦诚地解释了苏联对‘伯尔尼事件’的看法，现在这个事显然已经因未取得任何有益的进展而过去了。”

我们结束了与多诺万的会见后离开了巴黎，再次下定决心回去警告维廷霍夫，或者尝试让他下属的将军们辞职，即使他不愿意这样做。我们离开多诺万将军的房间，沿着丽思卡尔顿酒店的阴暗长廊走着。正当我寻找自己的房间时，一个陌生人来到我面前问了我一个问题。对于一个局外人来说，这似乎没有什么不平常，但是这一次的接触使我感到不安。有必要解释一下。在 OSS，我们都分配了用于秘密通信的代码。如果一个信息被拦截，至少可以使信息中被提到的人员的身份免于暴露。由于我们实际上每天都在使用这些代码收发信息，它们就好像自己的姓名一样被刻在了我们的脑海里。我的代码是 110，两年半以来天天是 110。在半夜过后的阴暗走廊里，与我相遇的这个陌生人问我的问题是，“对不起，110 在哪里？”由于我的脑海里还回想着多诺万刚刚留给我们的想法，这个问题使我猝不及防。我刚要说：“你正在跟他说话。我就是 110。”此时我突然醒悟到，我面对的是现实情况。此人在这家旅馆昏暗的走廊里迷了路，正在寻找他的房间，碰巧他的房间号是110。

我们4月15日深夜回到瑞士，发现收到了许多报告。一份来自我的助理——他同霍特尔的谈话说明，卡尔滕布伦纳正在玩一场秘而不宣的游戏。作为卡尔滕布伦纳的信使，霍特尔说，他要尽一切可能帮助西线盟军防止德军在阿尔卑斯山脉建立最后的阵地。他暗示，在纳粹领导层之中的“奥地利帮”（这无疑包括卡尔滕布伦纳）希望盟军做出某些单独的安排。不管这是什么意思，与“日出行动”屡屡受阻的情况相比，霍特尔向我们提供的信息似乎没有多大诱惑力。

齐默在同一天来到了卢加诺，在那里遇到了韦贝尔、胡斯曼及我的代表巴恩斯大尉。齐默报告，其与沃尔夫三天前到维廷霍夫的司令部去见过他，受到的是非常冷淡的接待。维廷霍夫说，一位英国少校——他从未听说过其姓名，出现在热那亚的利古里亚军团[①]的情报处。这位穿着便装的“少校”声称，他是被亚历山大元帅派来传达一个口信，请意大利的利古里亚军团情报处把这个口信转给维廷霍夫。

这个口信的内容是：维廷霍夫与瑞士的美国代表谈判是走上了错路，他应该走“英国路线”，直接同英国人谈判；归根结底，英国人是欧洲人，对欧洲的未来有莫大兴趣，更熟悉欧洲的情况。他请与之会面的情报官尽快把口信传达给维廷霍夫，他将在几个小时内回来听取回复。然而，此人从此再也没有出现。

---

① 利古里亚军团是在德军控制下的法西斯军队的残余，由墨索里尼政府的国防部长格拉齐亚尼指挥，驻守在意大利战线的西翼。——译者注

维廷霍夫收到这个信息后情绪极坏。他深感不安的是，他和沃尔夫在瑞士接触美国代表的消息，不再是最高机密，到处都在传播，他是英国人与美国人之间争夺的对象。现在他开始担心自己的生命安全，因为他知道，在德国人看来，他的行为不亚于叛国。

为了掩护自己，他决定把整个“日出行动”计划，向在德国希特勒总部的德国武装力量作战部长约德尔将军报告。沃尔夫、罗廷格将军和拉恩大使三人的联合劝说，才使维廷霍夫放弃这样去做。即便如此，这个恶作剧的最终结果是，谨慎小心和自以为是的维廷霍夫比以前更难对付了。

我们立刻发电报向卡塞塔的盟军司令部报告这个事件，收到的回电却说，英国从未派出过这样一个人。直到今天，这仍旧是个谜。我们后来琢磨出的一个解释是，这可能是苏联情报机构安排的一项破坏行动，想达到的目的不仅是吓退维廷霍夫，而且企图在英美盟友之间制造误会。

沃尔夫本人显然被这个事件弄得十分沮丧，这破坏了他与维廷霍夫好不容易建立起的融洽和谐的关系。他在罗斯福总统逝世之时写了一封长信，让齐默交给我。这封信无疑是多年来我与不同寻常的人打交道的不寻常经历中，所收到的最不寻常的文件之一：一位 SS 司令员在德国同美国交战时期，写的哀悼美国总统的吊唁信。这封信是他在正式公文纸上，涂掉了用凸版印着他一切重量级头衔的头三行后手写的。在这三行下面，他标注了“私人”。我引用翻译后的第一节：

尊敬的D先生：

值与您关系如此密切的总统逝世之时，我愿向您表达我诚挚和深切的同情……虽然此刻我不知道总统人选的变化，对寻求交战双方之间互相理解的努力可能会起什么作用。我愿在这个痛苦的时刻向您保证，我现在和过去一样，相信迅速结束敌对状态是可能的……

虽然我赞赏沃尔夫在给我写这封信时的缜密思考，但我仍不能排除一个想法：他可能担心美国新政府对我们与他打交道的态度，甚至担心我是否能留在原有岗位上。当时，有传闻说我是“罗斯福总统的私人代表”，这是在瑞士流行的小道消息，并且出现在德国情报机构的档案里（这是我在战后发现的）。这无疑使沃尔夫在信中使用这样的词句——“与您关系如此密切的总统”。

齐默报告的其余部分，则是好消息和坏消息的混合。好消息是罗廷格将军现在完全支持沃尔夫安排的投降行动，德国在意大利的空军司令冯·波尔也一样，1944年9月多尔曼曾和他及沃尔夫相聚在一起。作为维廷霍夫的参谋长，罗廷格并不处于领导地位，但是现在被卷入“日出行动”的波尔领导着5万人，包括空勤和地勤人员。据齐默说，沃尔夫还同维廷霍夫部下的德国驻意大利的陆军司令谈过，感觉他们肯定会和他站在一起，不管维廷霍夫可能会做什么。齐默还到处传播沃尔夫的如下口头信息：“我请求你们尽最大努力，使盟军在加强进攻时不遭受无谓的牺牲。

我负全部责任，并保证在即将到来的一个星期内一切抵抗都将停止。”

坏消息是，希姆莱又在跟踪沃尔夫。希姆莱4月14日从柏林打电话，命令沃尔夫立即到柏林向他汇报。沃尔夫声称，他现在待在意大利有绝对的必要性：当地的动乱正在滋生；墨索里尼开始不知所措了，因为盟军成功突破了博洛尼亚以南的德军防线，他威胁要命令那些懒散的意大利法西斯军队上前线。只有沃尔夫能在这些棘手的环境下维持秩序。希姆莱暂时被说服了，沃尔夫从而成功地把他甩开。这时，沃尔夫坐下来给希姆莱写信。他利用自己早已抛弃，但是还能引发那些在柏林的纳粹首脑一厢情愿幻觉的唯一想法：沃尔夫宣称，他正在与盟军进行重要谈判，旨在把英美从苏联那里分离出来。他长篇大论地向希姆莱指出，自己在以前一切场合曾向希姆莱提出过的建议，为何总是正确的，并请求希姆莱也接受他现在的建议。德国的西线防御正在垮塌，正如沃尔夫过去曾告诉希姆莱的那样。在南方进一步抵抗，只会毫无益处地导致更多的德国人牺牲。沃尔夫正在寻求与盟军达成体面的协议。他在信的结尾邀请希姆莱过来，在他缔造和平的尝试中同他站在一起。（我后来得知，如果希姆莱接受了沃尔夫的邀请，沃尔夫计划在他到达时逮捕他。）

沃尔夫通过一个可靠的SS信使在4月14日飞往柏林时，把他的信带给希姆莱。同一天，希姆莱两次打电话给沃尔夫，而沃尔夫在他的信能到达希姆莱手中之前，故意离开了司令部。

如前所述，我们知道希姆莱有迫害沃尔夫家属的机会，因此他能控制沃尔夫，所以在那时，维廷霍夫手下那些摇摆不定的将军，越来越理解并认同沃尔夫的行动。一切似乎都取决于沃尔夫与希姆莱之间的斗争，因为在我们看来，似乎没有沃尔夫作为整个行动的推动力，就没有投降，至少在近期内是这样的。

我们花了两天时间等待消息。帕里利男爵 4 月 17 日来到瑞士。情况变得越来越复杂，事实表明，帕里利现在不敢公开地在意大利出行，他装扮成一个牧师，从米兰开车到边境。此前我没有见过他化装。他在伯尔尼同我谈话时都穿着普通的职业装，我难以想象这个不停抽着雪茄的纨绔子弟，穿着教士的长袍是什么样子。一天之前，沃尔夫的副官温纳少校召帕里利到法萨诺，给了他一些沃尔夫要他转给我们的奇怪信息和文件。温纳告诉帕里利，带着沃尔夫信件的信使已到柏林，并在 4 月 15 日晚上见到了希姆莱。希姆莱读了信后，立即打电话给沃尔夫。希姆莱并没有谈论信的内容。他对沃尔夫说："我不想要什么报告，我想同你个人谈谈。"在通盘考虑了此事之后，沃尔夫让步了，在 4 月 16 日坐飞机越过布拉格，以避开激烈战斗的地区到柏林。尽管如此，他还是不得不飞过一些当时空战激烈的地区。此外，柏林在那时已被苏军局部围困。不过，这些只是战争本身带来的危险。沃尔夫即将面临的其他危险更加险恶。

帕里利在沃尔夫离开前并没有见到他，而且温纳不是很健谈。温纳传达给帕里利的是，沃尔夫给我的口头信息："我将去柏林，因为我相信这趟危险的旅行，可能是为全体德国人民做点事的一个机会。我将在一两天内回到意大利。"我们担心的是，他能否回得来。在我们看来，他回来的可能性似乎很小。

后来我才知道，帕里利的口袋里有一张从沃尔夫那里拿来的纸。这是沃尔夫给我的类似本人的遗嘱。帕里利决定先收藏起来，万一沃尔夫回来了，就不用往外拿了，尽管他和我都觉得沃尔夫平安归来已经是不可能的。然而，如果沃尔夫最终回来了，男爵觉得那时这个文件听起来可能有点儿尴尬。以下是帕里利后来转交给我的这份遗嘱：

> 如果我失去我的指挥权……以及与我有关的这个行动没有成功，我请求不要让德国人民和在意大利的德国军队为此承受后果。
>
> 如果我死后，我的荣誉受到攻击，我请求杜勒斯先生恢复我的名誉，公布我真正的人道主义意图。让大家知道，我不是为了私利或叛国而行动，而是完全出于尽可能地挽救德国人民的信念和愿望。
>
> 我死后，请杜勒斯先生，尽力为德国和意大利军队取得投降的荣誉条款，它是我为之而倒下的理想。
>
> 我请求杜勒斯先生在我死后，如果可能的话，保护我的两个家庭，使他们免于毁灭。

在离开之前，沃尔夫已经做好了安排，让米兰的SS领导人劳夫保持与米兰枢机主教舒斯特的密切联系，其目的是避免撤退中的德军与意大利平民和游击队发生冲突。

帕里利还带来另外一条消息。沃尔夫认为，蒂罗尔州的纳粹地方长官弗朗兹·霍弗（Franz Hofer），也已被争取到投降计划这边来。霍弗是纳粹党任命的地方官，在沃尔夫控制区背后的奥地利和南蒂罗尔，拥有绝对的政治权力，德军将在那个地区建立阿尔卑斯山的最后防守阵地。此外，霍弗告诉沃尔夫，他于4月12日在柏林同希特勒和希姆莱谈过话，得知他们两个都不想去这个最后的防守阵地，他们将留在柏林。希特勒疯狂地计划发动新的进攻，以对付苏联的攻势。

无论此后发生什么，沃尔夫已像往常一样做好了必要的安排，让我们保持完全的知情状态。他命令温纳在法萨诺接收从柏林发给米兰的任何信息。齐默从那里把信息带到边境，帕里利再从边境把信息带给我们。或者在不可能这样做的情况下，沃利可以从米兰SS的阁楼上，通过发电报把信息传给我们。

与此同时，沃利正在力图使自己更加有用。4月18日，我们从他那里收到一个信息。他报告，墨索里尼当天晚上要到米兰，将在总督宫（Palazzo Governo）住三四天。他准确描述了这栋建筑的地址，并建议我们俯冲轰炸它，不过要小心的是，东南方向约300米外就是沃利他自己的住所。然而，盟军的空军那时除了轰炸墨索里尼之外，还有其他的任务要完成，而且沃利对我们来说太重要了，不能只为了把这个无用的独裁者埋葬在瓦砾里，而冒失去沃利的风险。

第十章

直面希特勒

在博洛尼亚东面，阿真塔通道（Argenta Gap）[①] 的战斗在 4 月 18 日真正开始了。英国第 8 军突破了德军防线。波兰军队的重炮现在已经离博洛尼亚很近，足以到达防卫该城的敌军阵地。德国人在这个联合进攻反击中遭受重大损失。希特勒疯狂的顽固抵抗，以及维廷霍夫在荣誉条款上的迟疑，导致接下来的两个星期内出现数千人的伤亡。

维廷霍夫在 4 月 14 日向希特勒的总部发出了一个紧急呼吁，我们和沃尔夫当时都不知道此事。这个呼吁纯粹是军事性质的，其中没有一个字提到投降。他告诉希特勒，他不可能守住阵地，请求允许退到波河一线。

战争结束后，我们从收集到的文件得知，希特勒总部的参谋长约德尔将军，突然在 4 月 17 日回复维廷霍夫："一切改变现有战略的建议必须终止。我想特别指出的是，在任何情况下都不允许军队或指挥官们有动摇之心，或持失败主义的态度，你的处境显然是你的司令部持这种思想的结果……"这听起来好像是明显

---

① 阿真塔通道是一条宽仅 3 英里的狭长干地。由于科马基奥潟湖的湖水溢出，周围成为无法通行的沼泽地，向北进攻的部队必须从这个通道突破。——译者注

表示，缔造和平的流言已从意大利传到了柏林。“元首期待……以最坚定的心态来完成你现有的使命，保卫授予你指挥权的意大利北部的每一寸土地。我还要指出的是，那些不执行元首权威性命令的高级指挥官将承担严重后果。”[①]

这显然是在威胁。维廷霍夫不可能不理解这个命令的含义。毫无疑问，不服从命令的后果可能是被上诉到军事法庭和被处决。

4 月 18 日夜间及 19 日的上午和下午，齐默发来了几个信息，都是温纳从法萨诺发给他的。前两个信息是齐默从瑞士边境打电话告诉我们的。我们得知：沃尔夫已在 4 月 16 日夜间安全到达柏林；沃尔夫在 18 日下午与希特勒最后会见，然后直接回了意大利。在柏林期间，沃尔夫同温纳通过电话，所以我们知道他还活着。不过，我不知道他是否还是一个自由人。第三个信息，也是最后一个信息，是由齐默签发并通过沃利的线路传到我们这里的。它说，帕里利将于 20 日上午在法萨诺会见沃尔夫，我们预期可以在 21 日知道关于投降的某些决定。但是，信息并没有说沃尔夫肯定已离开柏林，我们对此也有所怀疑。希姆莱可能在与沃尔夫的同谋者和在意大利的下级，玩“猫捉老鼠”的游戏。或者，如果沃尔夫果真在回来的路上，为了能活着走出虎穴，他同希姆莱和希特勒会做哪些交易？他还能做到他允诺的把意大利的德军拱手相让，完全交给我们吗？

---

① *The Italian Campaign, op. Cit.*, p. 45.

为了让华盛顿和卡塞塔随时知道最新情况，我们严阵以待。4 月 20 日我等了一整天，但是既没有从边境来的电话，也没有沃利发来的信息。后来莱姆尼策将军从卡塞塔发来一条信息，它可能反映了亚历山大元帅的想法。在我同多诺万在巴黎谈话，以及他透露了关于苏联反对“日出行动”的情况后，我曾发电报把我对此事发生原因的分析告诉了莱姆尼策。苏联希望在盟军占领意大利北部和的里雅斯特之前插手该地区。我还再次强调我的信念，苏联的反对不应阻碍我们在投降计划上继续前进，前提是如果德国人已做好准备的话。多诺万曾给我留下了这样的印象，这也是罗斯福总统在逝世前的立场。但是，我不知道杜鲁门总统在此事上的立场。

卡塞塔在答复的电报中似乎支持我的观点。尽管莱姆尼策没有提及苏联的问题，但是给我的印象是亚历山大似乎比过去更急于要纳粹投降。莱姆尼策的信息结尾通报了第 8 军突破了阿真塔通道，攻克博洛尼亚已指日可待。

第 5 军和第 8 军在 4 月 21 日（星期六）黎明时分进入了博洛尼亚。我来到办公室，希望夜间能有从沃利那里发来的关于沃尔夫回来的后继消息。我却发现一封从华盛顿发来的“紧急—绝密”信件在等着我。信里的内容简要而中肯：

> 1. 参谋长联席会议（Joint Chiefs of Staff，JCS）通过信件命令 OSS 立即切断与德国使节的一切联系。因此，指示杜勒斯立即停止一切此类接触。

2. 该信还宣布，联合参谋部（Combined Chiefs of Staff，CCS）的参谋长批准给亚历山大的消息强调，他们明显看出，德国在意大利的司令目前不打算在可接受的条件下交出他的军队。该信继续说，相应地，特别是考虑到因苏联当局而产生的复杂性，美国和英国政府决定 OSS 应切断接触。整个事情被认为已经结束，并通过盟国在莫斯科的军事代表亚契和迪恩通知苏联方面。

华盛顿

1945 年 4 月 20 日

这就是华盛顿在那时发给我的关于改变他们过去立场的一切理由。[①] 确实，谈判一直无限期地拖延着，沃尔夫在希特勒的地下城堡里失踪，并可能已经暂时成为俘虏。罗斯福总统逝世了，杜鲁门总统或许能理解“日出行动”的意义，但我们对他不能期望过高。他上任仅 8 天，有太多其他紧急的问题和其他战线上的事需要处理。很可能我们的参谋长联席会议觉得，那时同苏联在意大利投降问题上较劲儿并没有什么好处。

不管怎样，我在伯尔尼只沉湎于猜测，是没有什么用处的。问题是该怎样执行这些命令。现在，我已失去了与沃尔夫的联系。帕里利和齐默在意大利，而我又不愿意通过沃利的无线电通知他

① 杜鲁门总统在他的回忆录中写道：“在丘吉尔的敦促下，为了避免与苏联的进一步摩擦……指示盟军在意大利的司令中断这些谈话……OSS 停止在瑞士接触德国人。”[Harry S. Truman, *Years of Decision*（New York: Doubleday, 1958）, pp. 200, 201.] 然而，丘吉尔在他的回忆录中并没有提到这是他的决策。

们大约要出什么事。通过沃利发送这样的信息，等于是签署了他们的死亡证。SS的人可能正在他的身后偷看他为我们的信息解码。我当然有理由不跟沃尔夫通话，直到我能把沃利从SS的钳制中解放出来。

所以，我做的第一件事是发一个电报给沃利，请他从米兰到瑞士-意大利边境来磋商。为了找一个可信的借口，我补充道，我们不能完整地收到他的信号，需要商量一下我们能否改善传送系统。

为了使我的命令措辞严谨，我随后发电报告诉华盛顿，我面临着某些他们可能没有考虑到的实际问题。一个问题是沃利的安全，另一个问题是如何安排帕里利。帕里利不是一个"德国的信使"，而是一个意大利中间人。如果沃尔夫确实从柏林回来了，无疑帕里利将立刻出发去瑞士见我，报告他与沃尔夫之间的会见。我无法把他拦截在半路上。何况，他可能带着重要情报。此外，还有一个问题是如何向韦贝尔交代。我们的行动依靠他的友好合作，才在过去取得了基本成功，他在推动"日出行动"平稳顺利进行方面起了很大作用。我们需要向他传达措辞尽可能得体的新命令。

这些都是基于现实的考虑。与此同时，我希望得到批准，以外交方式去处理收场问题。我也许还能够保持开着一点儿门的状态，直到我们知道沃尔夫在柏林出了什么事。华盛顿对此的回答是，他们理解我面对的问题，但命令就是命令，我必须严格按照参谋长联席会议和联合参谋部的指示来解决这些问题。

星期日（4 月 22 日）还是没有收到帕里利的任何消息。如果沃尔夫已从柏林安全回来了，那么按照沃利给我们的消息，帕里利应该在 20 日见到他。男爵没有立刻到瑞士边境把沃尔夫的情况告诉我们，这是不寻常的迹象。我们对沃尔夫的担忧有可能变成现实吗？如果是这样，那么参谋长联席会议发出的命令可谓准确地把握了时间。

盖弗尼茨和我一起在伯尔尼度过了一个忧心忡忡的星期日。其他麻烦还没解决，此时又添了一个新麻烦，我开始感到膝关节剧烈疼痛。多年的经验告诉我，这是痛风引起的。

那天晚上，我们的编码员从办公室打来电话。从沃利那里传来了一个信息。由于我那时走动比较困难，编码员把解了码的文本送到我在海伦街的公寓来。沃利报告，盟军轰炸雷科阿罗的维廷霍夫司令部，造成该地被毁，3 人死亡 15 人受伤。维廷霍夫司令部立即迁址。我不知道这会对维廷霍夫产生什么影响，就去睡了。

我给自己制订了计划，星期一上午的第一件事，就是把行动的最新情况通知韦贝尔。我对行动的进展没有什么期待，但总得做完。就在我打算挪步的时候，电话响了。

是韦贝尔打来的。帕里利刚从瑞士 – 意大利边境打电话给他，告诉他一个惊人的消息：沃尔夫将军、其副官温纳少校，以及维廷霍夫的高级参谋人员之一的维克托 · 冯 · 施韦尼茨上校，正在来瑞士的路上，他们是来投降的。

帕里利的详细信息增加了以下事实：施韦尼茨有权力代表维

廷霍夫签字；他将把他们带到我这里来；沃尔夫和施韦尼茨已准备立刻到卡塞塔，去安排意大利北部的全部德国武装力量——帝国军队和SS投降。他们建议立即在卢塞恩见我，以便安排去盟军司令部的细节。可是我却处于不得与德国方面接触的严格军事命令之下！

我此刻，说得好听一点，正处于窘境之中。现在接待德国人就是明显违反指示。然而我相信，如果华盛顿和伦敦知道德国的使节们已经在前来投降的路上，参谋长联席会议就不会下令禁止与德国接触。

我发电报把这个消息告诉卡塞塔的亚历山大及华盛顿，并请求新的指示。我决定在得到他们的答复之前，暂时不同使节们打交道，而只审查授权他们行动的文件，并取得关于他们的权力和意图的准确信息。

然后，我告诉韦贝尔，我的双手被束缚住了。他也建议我在得到新指示后再去会见德国人。我们都相信，我的信息被接收后，我会得到新的命令。当德国使节在瑞士准备签字时，同盟国却拒绝接受投降，这是不可想象的。韦贝尔少校还建议，让德国的使节们住在他那幢与外界隔离得很好而又能俯视卢塞恩湖的别墅里。

亚历山大立即做出回应。他回电说，盟军总部正在要求联合参谋部重新考虑和谈的整个事情，因此我们至少可以暂时弄清楚德国使节们的意图是否真实，以及他们的权力范围有多大。同时，他希望我能拖延一段时间，努力使沃尔夫、施韦尼茨和温纳留在瑞士，直到华盛顿和伦敦做出最后的决策。

华盛顿给我的答复是含糊其词的。我必须避免做出任何会被理解为继续进行“日出行动”的活动。但是，如果瑞士人不是作为我的中介，而是自行同德国人会谈的话，那么可以把瑞士人给我的任何信息转发给总部。

于是，两个瑞士人——韦贝尔和胡斯曼，到边境去迎接德国的使节，并照顾他们一路安全地到达卢塞恩。他们显然承担着一项微妙的任务，而我则不得不让韦贝尔自行决断，怎样才能最恰当地把盟军的立场透露给沃尔夫。如果韦贝尔鲁莽地告诉德国人，我不能见他们，我不得不担心这几位使节就会扭头回意大利。那时将丧失任何迅速投降的可能性。

韦贝尔很得体地处理了这件事。他在边境告诉沃尔夫发生了某些困难，事情的延误及沃尔夫拜访希特勒的插曲，使华盛顿和伦敦产生了怀疑。不过，他建议沃尔夫最好到卢塞恩去看看能做些什么。韦贝尔觉得他不得不说这些。他不想用借口忽悠沃尔夫。沃尔夫没有一点儿犹豫。韦贝尔和胡斯曼陪着沃尔夫、温纳和施韦尼茨，在当天傍晚到达卢塞恩，把他们安排在韦贝尔的住宅里。

在他们到达后不久，盖弗尼茨和我也来到了卢塞恩。我决定，即使不能会见使节，也离他们近一些为好，尽管急性痛风的发作使我行动困难。这不是那种可以通过电话就能处理的任务。我命令特雷西·巴恩斯大尉留在伯尔尼，把收到的任何信息转发给在卢塞恩的我。韦贝尔则在别墅里的德国人、在卢塞恩施维兹尔酒店（Hotel Schweizerhof）的盖弗尼茨和我之间来回传递信息。那天晚上，我收到了另一个好消息，沃利安全地回到了瑞士。

第二天，即4月24日，我通过韦贝尔告诉德国使节，我不得不拒绝与他们会面。我用同样的方法向他们解释：沃尔夫到希特勒那里去，自然让我们觉得进一步谈判是无用的；我的上级给我的指示是在沃尔夫访问希特勒之行的影响下做出的；我们并不知道沃尔夫准备实施投降计划。我要他们耐心一点。德国人同意等待一两天，并把授予施韦尼茨全权处置的证明发给我，我的电台把它发给了华盛顿和卡塞塔。这份授权书翻译后如下：

> 我已授权参谋部的中校冯·施韦尼茨在我所指示的框架内进行谈判，并代表我做出有约束力的承诺。
>
> 冯·维廷霍夫（签字）
>
> 西南战线司令兼C军团司令
>
> 司令部，1945年4月22日

我自然担心这样的句子，“在我所指示的框架内……”。我请施韦尼茨把他对此措辞的解释通过韦贝尔发给我。施韦尼茨说，他接到指示，尝试就维廷霍夫的荣誉条件进行谈判——比原先的提法稍微弱了一些，他并不受严格按授权书进行谈判的约束。关于德国SS的投降，沃尔夫作为在意大利的SS最高司令可以全权行动。

后来，我从帕里利那儿得知，原先预期维廷霍夫的参谋长罗廷格将军会作为使节来谈判，但是临时由于出现紧急的军务而不能离开岗位。会说流利英语的施韦尼茨被委派替代他。战前，施韦尼茨曾作为一名交换军官，在英国陆军皇家恩尼斯基伦燧发枪团（the Royal Inniskilling Fusiliers）待过，他显然被认为是最适合去亚历山大司令部的人。据帕里利说，施韦尼茨那时曾在韦贝尔的书房内看英文书籍消磨时间。帕里利还知道，施韦尼茨母亲那边的家族，起源于一位签署过《独立宣言》的著名美国人士。帕里利还没有弄清这位美国人的名字。不过，我后来才知道这人正是我们的第一位大法官约翰·杰伊（John Jay）[①]。更重要的是，沃尔夫在离开法萨诺前派多尔曼去见凯塞林。这是沃尔夫试图使凯塞林和他一起行动——西线和意大利北部同时投降，所进行的最后一次努力。

此后便开始了等待。尽管意大利的事情显然在转向乐观，但联合参谋部会改变主意吗？苏联方面的压力会使他们选择后退吗？德国的谈判代表会在我们得到答复前告辞离开吗？4月24日我们一整天没有收到一句回复。

痛风在那时让我饱受疼痛的折磨，以至于盖弗尼茨决定做点什么帮我一把。他不惜有些违背我的意愿，找来一位瑞士医生给我看病。检查之后他们走到过道里，盖弗尼茨在那里同医生谈话。后来过了很久我才知道他们说了些什么。盖弗尼茨坚持要医生给

① 杰伊（1745—1829）是美国的政治家、革命家、外交家及法学家。他曾是美国独立革命时大陆会议的第五任主席，外交国务秘书（国务卿），被华盛顿任命为首席大法官，纽约州州长。他在1794年代表美国同英国谈判，签订了《友好商业航行条约》，历史上称为《杰伊条约》。——译者注

我开一些止疼药。医生说可以给我开一些吗啡，但是首先必须确认我是否会有任何过敏反应。如果有的话，我对吗啡的不良反应可能会很严重。盖弗尼茨这次找医生未同我商量，并不知道我是否有过敏反应。他对医生担保说，他非常了解我，我肯定没有过敏反应。其实这是我第一次使用吗啡，它的确减缓了我的疼痛，使我能再次琢磨“日出行动”。

随后，我留住帕里利，请他告诉我，在沃尔夫访问柏林期间，以及沃尔夫从柏林回到意大利后的那个沉寂的周末，究竟发生了些什么事。韦贝尔和胡斯曼立即到我的房间和我们聚在一起。他们二人已经从沃尔夫本人那里打听到，沃尔夫最近经历的各种冒险故事。他们围坐在我的床边，每人都讲述了一些事情。以下，我以事情发生的先后次序，而不是以他们讲述的次序，来叙述故事。我在此还擅自增加了沃尔夫在战后告诉盖弗尼茨的某些细节，使这个故事更加完整。

沃尔夫对希姆莱要他去柏林的命令做出让步，其中的主要原因之一是，如果他拒绝前往柏林，他将被某个狂热的 SS 司令替代，这个人将坚持到最后的惨痛结局，并执行沃尔夫一直以来阻止实行的毁灭意大利的行动计划。在动身的时候，沃尔夫知道此行危险重重，平安回来的可能性甚至低于 50%。不只在战时的旅途中存在危险，他在柏林被视为异端而受审讯时会面临更大的危险。

4 月 15 日，沃尔夫从他在意大利的司令部飞到慕尼黑，第二天早上飞到布拉格，大部分路途中飞机都是擦着树梢低飞，以免遭到盟军飞机的拦截。沃尔夫从布拉格飞到柏林近郊的一个机场，在那里受到希特勒的私人医生兼希姆莱的亲密助理——格布哈特（Gebhardt）[①]教授的迎接。希姆莱派格布哈特接沃尔夫。格布哈特带沃尔夫到已预订好房间的阿德龙（Adlon）酒店。沃尔夫精疲力竭地在四楼的卧室里睡着了，都没来得及躲到地下防空洞，但躲过了空袭。实际上在一个星期前阿德龙已被轰炸过，一部分建筑已成了瓦砾。4 月 17 日，格布哈特开车把沃尔夫带到柏林以北约 100 公里的霍亨里亨（Hohenlychen）医院[②]。希姆莱在那里等候沃尔夫。沃尔夫立即看出，希姆莱比他们此前 3 月见面时，显得更加犹豫不决和神经质。

希姆莱开始向沃尔夫施压并越来越严厉，几乎指责他犯了叛国罪。此时沃尔夫拿出带来的一封拉恩大使写的签名信，请希姆莱看。这封写给希特勒的信巧妙地指出，目前与盟军建立的接触（拉恩没有说是谁建立的），对于实现希特勒所追求的目标，即在某种程度上挡住盟军在意大利的攻势，是非常有用的。（实际上，这封信的全部目的只是使希特勒冷静下来。）

这封信实际上是拉恩的一个妙计，就是为了使沃尔夫被召去柏林时能得到保护。希姆莱和卡尔滕布伦纳都知道，拉恩那时倍受希特勒的重视和信任，由沃尔夫转交给希特勒的这封信

---

① 格布哈特（1897—1948）是德国体育学院的运动医学教授，专长于用外科手术治疗运动创伤、整骨和截肢的残疾人。他是 1936 年柏林奥运会的首席医疗官。他把结核病疗养院改成帝国运动员外科整骨医院，之后又改为 SS 官员的疗养院。——译者注

② 霍亨里亨是 SS 的疗养院，不是医院。——译者注

是不能被随意忽视的。如果希姆莱或卡尔滕布伦纳试图使沃尔夫出局，而拉恩随后打电话使希特勒知道他的信并没有被转交，那么希姆莱或卡尔滕布伦纳将不得不为沃尔夫的失踪负责。这封信似乎让希姆莱平息了怒火。他读过信后不加评论地把信还给了沃尔夫。

正如沃尔夫所预料的，卡尔滕布伦纳下午出现了，并且显示出他才是沃尔夫力图完成之事的主要反对者。他把沃尔夫叛国的证据给希姆莱看，就好像希姆莱是法官。但这只是清楚地表明，卡尔滕布伦纳试图控制沃尔夫，他觉得摇摆不定的希姆莱在此事上不再有什么重要作用。卡尔滕布伦纳带着一个档案袋，这可能是卡尔滕布伦纳通过他在意大利和瑞士的情报人员，收集的关于沃尔夫的全部活动信息。有些信息显然已经很接近真相，但是卡尔滕布伦纳手下那些笨拙的特务，既没能把全部事实弄得很清楚，也没能把沃尔夫接触盟军的最有力证据弄到手。其中一份报告称，德国在意大利的军队将在 5 天内投降；另一份则说，沃尔夫为了安排投降而会见了枢机主教舒斯特。沃尔夫发誓，他没有见过舒斯特；至于他与我接触的事，他在上一次来柏林时已把该说的一切都说清楚了。然后，他把拉恩写给希特勒的“保护信”给卡尔滕布伦纳看。这并没有减少卡尔滕布伦纳的报复心理，但是这封信让他觉得，如果就此限制沃尔夫的自由或使其招供似乎不太妥当。

辩论从下午持续到半夜，历经了数个小时。最后，沃尔夫认为到了结束对抗的时候了。他说，他现在要去柏林见希特勒，并坚持要希姆莱和卡尔滕布伦纳两人陪他去，这样他就能在大家都在场时汇报，他在瑞士到底做了些什么和为什么要这样做。希姆莱找借口拒绝了，可能是因为感觉到此时自己也有危险。他已深深地陷入与瑞典的贝纳多特伯爵（Count Bernadotte）的谈判之中，但可能还不知道此事已被怀疑和到处传播。于是他找了一个借口，告诉沃尔夫，自从他领导的党卫军在德国东部遭受巨大损失以来，他已不受元首的宠爱。希姆莱建议卡尔滕布伦纳和沃尔夫去见希特勒，他就不去了。

就这样，卡尔滕布伦纳和沃尔夫坐上车去柏林，大约凌晨 3 点到达那里。他们在路上并没有谈话，因为担心司机偷听。他们把车停在威廉大街的总理府，希特勒的地下城堡就在下面。根据沃尔夫叙述的故事，他利用了这个与卡尔滕布伦纳单独相处的有利时机。他告诉卡尔滕布伦纳，如果其打算在希特勒面前指责他进行的秘密谈判，或者让希特勒看特务们的那些报告，他就将告诉希特勒，他已经在 3 月 24 日上次来柏林时，将自己与盟军方面的接触活动报告给了希姆莱和卡尔滕布伦纳，那时他们两人都请他不要把希特勒卷入此事。如果他因此上绞刑架，那么他将看到卡尔滕布伦纳吊在旁边的绞索上晃荡。

据沃尔夫说，当时卡尔滕布伦纳的脸色变得惨白。他那张通常有静脉充血曲张的面容，无疑是大量喝白兰地的后果。然后，他们进了地堡，在地下许多层的希特勒私人住处的前厅等待。这个地方警卫森严。在那一层的几个办公室之间跑来跑去的主要人物之一，是 SS 的菲格莱因中将。几天后，菲格莱因就被希特勒下令枪毙，据说是因为他企图逃出柏林。

突然，希特勒从他的私人住处出来，走过前厅到另一间作为军事简报室的房间。他似乎有点奇怪会在那里见到沃尔夫，但是仍然热情地欢迎，并请沃尔夫等到简报结束。菲格莱因和卡尔滕布伦纳参加了简报会，沃尔夫一人在前厅坐等。

凌晨 4 点过后不久，菲格莱因叫沃尔夫进简报室。卡尔滕布伦纳会后留在了那里，其他人都离开了。菲格莱因和卡尔滕布伦纳在希特勒与沃尔夫的整个谈话过程中一直保持沉默。

沃尔夫后来力图为我们回忆和重述与希特勒谈话过程的细节。对于在充满怀疑、死敌之间斗争和死亡威胁的气氛下发生的事件，当然不可能保证他讲述的准确度。所有其他的参与者或目击者都已死了。

希特勒似乎并不是不友好，他的批评更令人不安。希特勒把从卡尔滕布伦纳那里听来的关于沃尔夫与盟军的接触，称为“严重地不尊重权威当局”，但是他没有责怪沃尔夫在背后擅自行动。如果有什么使他心烦意乱，那就是沃尔夫只专注于一条战线上的情况，因此他无法了解沃尔夫的独立行动将如何干扰他全局计划的主场。但是沃尔夫介入了一项对整个帝国都将产生重要影响的政治活动。

然后，希特勒等待沃尔夫做出解释，而沃尔夫则开始长篇大论地详细介绍他在意大利的工作。他明智地把重点放在 2 月 6 日他与希特勒的会见上，那时里宾特洛甫也在场，希特勒对尝试与西方盟国接触点了头，至少并没有说“不”。沃尔夫解释他为什么在 3 月 8 日去见我之前没有通知柏林：因为没有希特勒的正式支持而自作主张去进行接触，就可以在整个事情搞砸时，给希特勒留下否认和推脱其责任的空间，希特勒不会因此事丢面子。

结尾时，沃尔夫说整个事情很成功。他很高兴能告诉希特勒，已打开了一条直接通向美国罗斯福总统和英国首相丘吉尔的渠道。

沃尔夫没有提到在阿斯科纳会见盟军军事顾问的事。他相信卡尔滕布伦纳和希姆莱以及希特勒，只知道 3 月 8 日在苏黎世的会见。希特勒紧盯着他，显然等待他动摇或躲避其有穿透力的目光。沃尔夫神情坚定地看着希特勒的眼睛，并且成功地给希特勒留下一个诚恳和老实的印象。在沃尔夫结束报告时，希特勒表示可以理解和接受他的叙述。

然后，希特勒问沃尔夫，他认为投降的条款可能是什么。沃尔夫回答，无条件投降是不可避免的。他认为也许会出现某些好转的可能性，但是整个事情取决于德国人如何表达善意及尊重意大利国家和人民。这时，希特勒说他需要睡一会儿觉，因此中断了会谈，请沃尔夫在当天下午 5 点左右回来。他将在此期间考虑沃尔夫的活动。

沃尔夫似乎挨过了第一轮会谈。多年前曾帮助他登上高位，甚至取得党卫军高级军衔的古老魅力和蓝眸中的坦率真诚似乎又一次起了作用。他还没有彻底过关，但是他现在看到的希特勒却是一具脑力和体力的残骸。归根结底，这是他自己漏洞百出的报告，恰巧能与希特勒头脑里闪过的某些偏执思维保持了和谐一致，或者干脆说他交了好运。卡尔滕布伦纳在此期间没有说一句话。希特勒接受了沃尔夫的解释，这使卡尔滕布伦纳曾打算把和谈缔造者沃尔夫排挤出去的希望变得渺茫了。

据沃尔夫说，从前一贯爱摆出挺拔军人姿态的希特勒，现在身形佝偻、摇晃，面部肌肉松弛，出现了凹陷。他沉重和缓慢地拖着身体四处移动。他的右手不停颤动，神经平衡系统似乎也出了毛病，刚走了几步就摇晃不定而不得不坐下。他的眼睛充着血，视力在这几年里出现衰退，给他的备忘录，需要在专用的打字机上打印得比常规字体大3倍，他才能不戴眼镜看清楚，而他觉得戴眼镜对独裁者来说是不合适的。有时他还会不自觉地流口水。然而在说话时，他似乎还能暂时找回长期以来为人所熟悉的那股子冷酷劲儿。希特勒有时候会突然活跃一下，这与他身体显出的衰败完全不一样。在这个时候，他那著名的记忆人名、事物和数字的能力似乎会恢复得像往常一样超群。

沃尔夫回到阿德龙酒店后已经筋疲力尽，在那里睡了一上午。4月18日下午，他在回地堡的路上经过一家银行，他和妻子曾把属于他们的各种证券存放在那里。他突然思考要不要进去取出证券，并把他柏林银行存折里的钱都取出来。他站在银行外考虑了一阵子，试图做出决定。最后，他感到在军队和国家的前途和命运生死攸关的时刻，考虑私人事务不太合适，于是离开了那里。

在等待希特勒下一次约见时，沃尔夫注意到，地堡里办公室的气氛令人绝望和恐惧，尽管每个人表面上都力图装得勇敢。每个人，除了希特勒，都知道不会再有值得期许的奇迹。除了还在制订阻挡苏联军队前进计划的希特勒，其他所有人都知道苏联军队将在几天内围困柏林。

沃尔夫得知，希特勒将肯定待在柏林，不会去阿尔卑斯山中的防御阵地，尽管总部的许多成员依然希望能逃到德国南部去。极少谈论的是，这类防御阵地或阿尔卑斯山脉中的最后立足之地，只是为了避免来自东面的危险——成为苏联军队的俘虏。①

在沃尔夫等待的过程中，恰巧遇到了一次空袭。在地下的地堡里，他仍能感到大地在震动。他自问，即便希特勒放他走，他是否还能逃出柏林?

在空袭结束时，希特勒出现了，请沃尔夫同他一起沿着办公室前的走廊散步。沃尔夫穿着大衣，卡尔滕布伦纳和菲格莱因不知从哪里冒了出来，他们三人陪着希特勒在走廊里来回漫步。那里有一股木头烧焦了的气味。总理府本身被毁坏得相当严重，花园的大部分土地已被炸翻了，但一大半走廊还可以使用。

希特勒告诉沃尔夫，他已在未来全局计划的基础上考虑了沃尔夫汇报的事情。他解释，把顽固的古德里安将军撤职后，

---

① 关于在帝国总理府地堡的最后一些日子，有许多版本。例如，沃利蒙特将军（General Warlimont）的回忆录。关于这一时期的故事之一，是在沃尔夫给希特勒做军事简报（4月20日）之后两天，曾到过地堡的一位德国将军告诉我的，我从未看到这个故事被发表过。在地堡的一间禁烟室内（希特勒厌恶烟味，他在场时不准任何人吸烟），这位将军发现菲格莱因、马丁·鲍曼和希特勒的军事副官伯格多夫将军（General Burgdorf），带着大量的空酒瓶和尚未开瓶的葡萄酒，他们脸部充血，上衣敞开。（希特勒在1944年10月派伯格多夫带着毒胶囊到隆美尔那里去，伯格多夫劝隆美尔按照元首的要求自杀。）伯格多夫用以下话邀请这位来访的将军参加这个喝酒的聚会："整个臭气熏天的混乱将在几个星期内结束。我们可以大喝这个老头藏在酒窖里的酒。"

他终于找到了一位合适的总参谋长——克雷布斯将军（General Krebs）。①

希特勒说，东线现已组建了一个反坦克系统，配备有防空武器，以及能从各种位置打击7公里以外苏联重装甲坦克的反坦克炮，这使苏联最近三天内平均每天损失250辆坦克。苏联装甲部队即使强大，也经受不起这样长期的流血牺牲。苏联军队的兵力消耗和由此导致他们进攻瘫痪是指日可待的。

希特勒已决定从现在起采用下述作战总计划。在德国境内建立三个根据地：一个在中部，包括在他领导之下的首都柏林；一个在北部的石勒苏益格－荷尔斯泰因（Schleswig-Holstein）、丹麦和挪威；一个在南部，包括阿尔卑斯山上的坚固据点。他故意从石勒苏益格－荷尔斯泰因与柏林之间，以及柏林与阿尔卑斯山脉之间的两个广阔地区撤出，并且命令德军退到附近的任何一个根据地。无疑，苏联军队和英美军队将很快在那些开放地区会师。按照他对苏联军队的判断，他们不会在《雅尔塔协议》规定的界线处停止行进。

然而，美国在任何情况下都不会就此罢休，所以他们将被迫用武力把苏联军队推回去。希特勒在此暂停说话，用尖锐的目光盯着沃尔夫，他，希特勒，将在这个时刻站在一方或另一方，加入最后的战争。他声称，他能在柏林至少坚持6个星期以对抗东

---

① 在大约20天之前，希特勒3月28日任命克雷布斯为他的最后一任总参谋长。克雷布斯是典型的纳粹马屁精，在最后的几个月里，就是这样的人围绕着希特勒。古德里安因多次与希特勒在战略方面严重不一致而被撤职。

方或西方军队，甚至有可能坚持 8 个星期。鉴于此，他告诉沃尔夫，必须在意大利坚持同样长的时间。希特勒预计，在这段时间里西方盟国将同苏联发生冲突，他将最后决定加入哪一方。

沃尔夫回答希特勒："我的元首，难道现在您还不清楚在这种冲突中将加入哪一方吗？"希特勒看着沃尔夫，考虑了一会儿后说："我倾向于加入给我好处最多的一方，或者首先联系我的一方。"

显然，在复杂形势的压力下，希特勒的脑海中时刻充满了完全自相矛盾的想法，他不经进一步思考就说出这些想法。过了一会儿，他突然带着不自然的镇静说："你知道，从战争一开始，我个人的雄心壮志就是，站在远处观察德国人民的发展及我对此的影响。我将很快把我的权力交给我最能干的一位助手。"

沃尔夫企图通过指出盟军压倒性的优势和德国每天遭受的损失，把谈话拉回到实际的局势中来。对此，希特勒回答："那些完全不用担心。我刚给你仔细谈了一些事情的未来发展。我将冷静地等待未来，你不要伤脑筋了，老弟。我需要我的头脑处理其他事情，我不允许自己因这些报告而打退堂鼓。一个做最后决策的人，不能被战争带给前线和后方每一个人的不幸和荣誉动摇。所以，按我说的去做。飞回去，代我问候维廷霍夫。"

然后希特勒发出一系列指令，最后以坚守和保卫作为命令的结尾词。希特勒补充说，如果德国人民在他的领导下不能取得这个决定命运的胜利，那么德国人民就放弃了他们的生存权。那时，从东方来的更强大种族将证明他们生理上的超群，但除了英勇地走下去，别无选择。他总结：“回到意大利去，保持与美国人的接触，但要注意争取较好的条件。节奏稍微慢一点儿，因为在这种高度不确定的前提下，无条件投降是愚蠢的。在同美国人达成协议前，我们要争取得到更好的条件。”

这时，一个勤务兵进来告诉希特勒，晚上简报会的时间到了。这时是 6 点差 5 分。

在离开前，希特勒表示很赞赏沃尔夫谨慎的行动方式，并再次要求代他向维廷霍夫问好。在希特勒走后，卡尔滕布伦纳把沃尔夫拉到一边，对他说了一句告别话：“你所在地区的重要平民囚犯，一定不要落入盟军手中，在盟军即将到前消灭他们。”

与此同时，沃尔夫要乘坐的飞机已被调到柏林的滕珀尔霍夫（Tempelhof）机场。他在黄昏中飞抵慕尼黑。第二天，也就是 4 月 19 日凌晨，他从慕尼黑飞到意大利北部的贝加莫（Bergamo），从那里坐车到他在法萨诺的司令部。

4 月 20 日，在米兰等候的帕里利和齐默被召到法萨诺，听取沃尔夫关于这次旅行的报告及下一步行动的指示。温纳和多尔曼也在场。当他们齐聚时，沃尔夫要来了一瓶香槟。他们为沃尔夫的这次幸运经历及其叙述的实情——“我的头还在我的脖子上”而干杯。然而，帕里利很快注意到沃尔夫的复杂矛盾心情。帕里利此前从未见过他这样。这不只是因柏林之行所导致的身体和精神方面的紧张而精疲力竭，他似乎还被柏林地堡内的颓废气氛传染，或者尽管希特勒的计划混乱而无意义，但他内心深藏的效忠心理被唤醒了。归根结底，希特勒从沃尔夫这里获得了一个允诺，而沃尔夫则要为希姆莱和卡尔滕布伦纳都未能除掉他而感谢希特勒。

不管怎样，帕里利难以解释沃尔夫从柏林回来后，为什么不愿按照“日出行动”计划去做安排。沃尔夫似乎试图在希特勒要他坚持的立场与他答应我们的尽快在意大利实施投降之间，寻找妥协的中间路径。他成功找到了一些不采取行动的借口，其中有些借口听起来是可疑的。他强调，在“日出行动”的参与者中显然有一个叛徒，否则卡尔滕布伦纳不会知道那么多信息，即使其中大部分信息是靠收集而来的。沃尔夫坚持认为，首先要找出这个叛徒是谁。接着，沃尔夫指出维廷霍夫最后还是不愿意讨论无条件投降，只有遵循他的荣誉条款才肯投降，沃尔夫认为无法扭转维廷霍夫。沃尔夫建议作为妥协方法，也许他能劝说维廷霍夫把军队每天后撤 10 公里，只做象征性的抵抗，把占领的地区交给盟军，但是这样做并不算是投降。

令帕里利最沮丧的是，沃尔夫像许多德国将军一样，如凯塞林及其他一些将军，喋喋不休地学舌。柏林被围和陷落，希特勒死了，意大利战线完全与帝国切断，那时沃尔夫才会觉得他有完全的行动自由。他告诉帕里利，他不能亲自去瑞士或让他的任何军官去瑞士，至少现在不能。但是，沃尔夫要帕里利来见我，并解释他的立场。“请杜勒斯相信，”他说，“我没有改变主意，但是在当前形势下，我现在不能谈判。我认为这是悲剧性的，但是我现在没有别的路。请告诉他，我将为了实施原先的计划，而尽可能快地恢复与他的接触。”

帕里利和齐默及多尔曼回到米兰，讨论了形势。感觉整个事情已经接近泡汤的帕里利决定，不能发任何信息给我，否则就意味着投降的可能性没有了。当然，他不知道就在那时我也接到了中断谈判的命令，只是理由不同而已。他知道的是，游击队在米兰市内和周围开始搅局，有起义的迹象。如果沃尔夫不作为，德国人与意大利人之间的冲突达到顶点，那么促使帕里利展开工作的第一要素——力图使意大利北部免于被毁，将完全失效。帕里利决定回到沃尔夫那里，告诉沃尔夫他不能将其信息带给我，并请沃尔夫尽快采取行动。

就这样，帕里利在 4 月 22 日独自回到了法萨诺。沃尔夫已命令齐默留在米兰的岗位上，而多尔曼则另有任务。帕里利抵达法萨诺时，沃尔夫不在。温纳告诉帕里利，沃尔夫去见维廷霍夫了。此时，一场关键性的会议正在维廷霍夫的司令部进行。据温纳说，开会的目的是任命一位全权使节，并拟定一份帝国军队在意大利向盟军投降的授权书。

事情出现这个转折使帕里利既惊讶又高兴。召集这次会议的不是沃尔夫而是拉恩。拉恩在沃尔夫去柏林期间，又回到了这个事件的核心位置。在沃尔夫处于其行动意愿最低点，并一度失去主动性时，这是何其幸运的事。拉恩和罗廷格一起成功地使维廷霍夫挺直了脊梁骨。拉恩还请纳粹的地方行政长官霍弗出席会议。霍弗曾口出狂言地宣称，如果希特勒出现在他的管辖区，他将逮捕希特勒。这个会议的气氛显然使沃尔夫再次复活，而且帮助他甩掉了柏林之行的魔咒。第二天，即 4 月 23 日，沃尔夫和其他使节一起动身去瑞士。同一天，面临盟军推进的维廷霍夫，开始把他的 C 集团军司令部迁到南蒂罗尔州的博尔扎诺。沃尔夫在去瑞士前也决定把他的 SS 司令部搬到博尔扎诺。[①]

韦贝尔、胡斯曼和帕里利向盖弗尼茨和我，叙述了沃尔夫在柏林的冒险经历及其与希特勒会面的故事，因此我们也能了解本来一无所知的事情。这有助于驱散因沃尔夫秘密访问柏林，而对他抗拒希姆莱和希特勒压力的能力所产生的怀疑。

现在是 4 月 24 日，我们正在等待华盛顿或卡塞塔发话。我们至少知道，沃尔夫面临的严峻考验已经过去了。

---

① 我不记得我们什么时候知道此事的，但是在本章所叙述的事情发生之前的某个时候，沃尔夫曾设法把他的家属转送到南蒂罗尔州的一个安全地方，以摆脱希姆莱的魔爪。

第十一章
日出

又过了两天，华盛顿或卡塞塔还是没发来新指示。时间一天天流逝。在韦贝尔的别墅里，缺乏耐心的德国使节们，每隔几小时就来询问我们是否接到指示。在整个历史上，可能从未有一支希望投降的庞大军队的使节，得到如此奇怪的接待。

我给华盛顿和卡塞塔发去了措辞强烈的信息。我知道亚历山大元帅和莱姆尼策将军正在给华盛顿和伦敦双方做工作。除了等待，别无他法。

波河以南和博尔扎诺周围的德国军队遭到粉碎性的失败后，美国第 5 军和英国第 8 军正在把敌人推向北方。我们担心，柏林会在某一天发出命令：摧毁意大利北部的强大工业和能源设施及热那亚的港口设施。我们知道，随着战线变得越来越游移不定，要使整个意大利战线投降将更加困难。各个德国战斗部队之间的通信线路也将变得不稳定。

我们等待期间，希姆莱给沃尔夫将军发来一个信息。它是通过一条曲折的线路发过来的。它从柏林发到沃尔夫在意大利法萨诺的司令部，再从那里转到米兰的齐默，齐默把信息带到瑞士－意大利边境，用电话传达给韦贝尔，后者再把信息转给我。对于一个情报人员来说，能在一份情报未到达最终收件人之前，就读到其敌对者的信息，这是很让人愉快的。希姆莱的信息日期是1945年4月23日，内容如下：

> 比以往任何时候更重要的是，意大利战线要挺住和保持完整。不要进行任何形式的谈判。[①]

最后这句话对与“日出行动”有关的德国人有着不祥的威胁。我们有热切的兴趣想听听沃尔夫对此的反应。韦贝尔在把它交给沃尔夫时密切注视着他。沃尔夫未加评论地把它交给助手温纳和施韦尼茨。他们疑惑地看着沃尔夫。韦贝尔告诉我，沃尔夫当时耸了耸肩说：“希姆莱说的话现在改变不了什么。”

沃尔夫4月25日下午给我捎来口信，他觉得自己应该立即回到意大利。他已经在外面好几天了，不知道他不在时会发生什么事。如果他离开太久，希姆莱会到意大利北部来试图控制沃尔夫的SS部队，维廷霍夫也有可能会改变主意，那儿还有难以预料的杜契（墨索里尼），虽然我们已不相信他有做出坚定决策的能力。

恰巧此时，从米兰传来了消息，墨索里尼在那里，并且召开了狂热的会议。重要的是，必须防止墨索里尼和新法西斯分子为了阻挡有序投降，而可能采取绝望措施。沃尔夫还指出，意大利北部现在处于如此动荡的局面，如果他不尽快回到司令部，回去

---

① 此时，希姆莱为了谈判投降而正通过瑞典的贝纳多特伯爵，寻求与盟军的接触，他自然不愿沃尔夫与自己竞争。

的路可能会被游击队切断。游击队正在起义以占领皮埃蒙特地区和伦巴第地区。

我不愿意他离开，尽管我觉得如果他本人在那里，就能很好地维持意大利北部的秩序，也可以避免肆无忌惮的暴力和破坏。沃尔夫建议，施韦尼茨和温纳少校短期内应该留在卢塞恩，如果华盛顿发话要德国使节到卡塞塔去签署投降书，他将书面授权温纳代表自己签字。

沃尔夫给温纳的授权书很简单，没有提到资格问题：

> 我在此授权我的副官SS少校温纳代表我谈判，并代表我签订有约束力的承诺。
>
> 沃尔夫（签字）
>
> 1945年4月25日

在离开卢塞恩前，沃尔夫给了我一个手写的备忘录，列出了蒂罗尔州各地收藏着意大利珍贵艺术品的城堡和掩体的地址。沃尔夫曾在苏黎世告诉我们，他为了在佛罗伦萨之战中保护这些珍品而把它们运到了北边。沃尔夫的想法是，在抢劫者趁德军撤退之机开始动手之前，应该派陆军的小分队把这些珍品从这些地方抢救出来。

沃尔夫在胡斯曼的陪同下，于4月25日黄昏坐南下的火车到达意大利边境。盖弗尼茨和我则回到伯尔尼，因为那里是使用我们的通信网络的最佳地点。随着欧洲中部战线的瓦解，瑞士成了新闻的焦点。

有权代表维廷霍夫的施韦尼茨及沃尔夫的代理人温纳，作为韦贝尔的客人留在卢塞恩。他们不禁开始怀疑我们的意图，这个想法也让他们越来越不耐烦，这是可以理解的。难道他们是避难者或议会中的雄辩家吗？自从收到华盛顿的“停止接触”命令以来，盖弗尼茨和我对他们和沃尔夫都避而不见。

沃尔夫4月25日晚上越过瑞士－意大利边界，他答应发一个报告给在边界的瑞士一侧等待的胡斯曼。然后，他到距科莫湖西南岸仅几英里的切尔诺比奥的SS岗位去。这里是被征用的罗卡特里（Locatelli）别墅，它原本属于意大利的奶酪制造商。沃尔夫到那里后立刻电话联系了他在法萨诺的司令部和SS在米兰的司令部。

这时，德军司令部和SS司令部的人员正在向南蒂罗尔州的博尔扎诺搬迁。沃尔夫的电话被某些尚未从法萨诺迁走的人，以及已经抵达博尔扎诺的人接到，有些在路上的人则错过了电话。沃尔夫在半夜的时候派了一名信使，带一份情况报告到边境交给胡斯曼。沃尔夫在这份报告中表达了对自己能否离开切尔诺比奥的担忧，因为游击队正在聚集力量封锁瑞士边境地区。他还报告，墨索里尼和米兰的枢机主教舒斯特在25日开了3小时的会，讨论游击队与法西斯军队之间的停火谈判。最后，沃尔夫想知道卢塞恩那里有什么情况，我们从华盛顿那里是否听到什么。

在那之后，只有沉默，没有别的。第二天早上，在边境附近等了一夜的胡斯曼，还是没有从沃尔夫那里收到任何信息。胡斯曼打电话给韦贝尔说，沃尔夫肯定遇到了严重的麻烦。华盛顿、伦敦和卡塞塔也没有发来一个字。在自 2 月 28 日以来的全部谈判过程中，现在确实是我们的最低谷。此前，我们曾气馁和沮丧过，但是现在我们觉得全部努力在毫无希望的等待困惑中几乎要付诸东流了。韦贝尔对我说，他觉得不得不告诉还在卢塞恩住宅中等待的施韦尼茨和温纳，边界将很快陷入混乱状态，也许不能通行。由于我们没给他们任何消息，他们可能希望在尚能通行的时候回到部队。

然而，他们决定再稍微坚持一下。施韦尼茨开始谈论，如果不会很快有新进展，他就要把他被任命为投降使节的授权书公开给媒体代表。他说，全世界将知道他们如何被欺骗，以及谁应该对在意大利继续进行的不必要的屠杀负责。韦贝尔请他暂时冷静下来。

韦贝尔 4 月 26 日凌晨通过自己的瑞士情报特工得知，沃尔夫在罗卡特里别墅过夜时被游击队完全包围，他们很可能会袭击这个别墅，将杀死沃尔夫及和他待在一起的其他 SS 军官。韦贝尔决定立即到瑞士－意大利边境去，看看能做些什么可以挽救沃尔夫和“日出行动”。在上午稍晚一些的时候，盖弗尼茨在听到这个情况后，来到我的办事处，请求允许他到边境的韦贝尔那里去。他有一个想法，我们可以有效利用我在卢加诺的那些人脉。其中一个名叫唐·琼斯（Don Jones）的报业前老板，他与“日出行动”毫无关系，但是深深卷入了我们与意大利反法西斯游击队在边境地区的活动。他以“斯科蒂”（Scotti）的名字为游击队员所熟知，他也许能从游击队朋友那里救出沃尔夫。我告诉盖弗尼茨，我处在华盛顿的严格命令之下，不得与沃尔夫有联系，但是没有禁止我获取关于他的情报。盖弗尼茨静静地听了一会儿。然后说，由于整个事情似乎已到了结尾，他希望能花几天做一次小小的旅行。我注意到他的眸光一闪。他后来告诉我，他也注意到我的眸光一闪。我当然知道他要去干什么，而且他做的事由自己负责。

于是，如我所猜想的，韦贝尔和盖弗尼茨去设法营救 SS 将军卡尔·沃尔夫的生命了，他很可能已落在我们意大利游击队伙伴的手中。游击队员们很可能正在为能报复德国敌人和占领者而欢呼雀跃。

第二天，也就是 4 月 27 日，我在伯尔尼，早上被电话叫醒。电话是盖弗尼茨从卢加诺打来的。沃尔夫在游击队控制的科莫地区附近完全失踪后，又回到了瑞士，现在同盖弗尼茨和韦贝尔一起到了卢加诺，在那里的一个小旅馆的房间里坐了大半夜，讨论下一步该做什么。盖弗尼茨没有时间对我细说营救沃尔夫的故事。那个故事得等一等再说。

有一些新的紧急情况。沃尔夫建议到米兰去行动，在德国人控制的广播电台上发布投降宣言。盖弗尼茨和韦贝尔看到了边境地区的游击队活动后反对这个想法。他们质疑沃尔夫能否到得了米兰，即便能到达那里，在到达时广播电台是否还在德国人手中也是个问题。盖弗尼茨觉得，即使广播了投降宣言，也不会起很大作用。一些指挥官作为个人会听从它，但是没有维廷霍夫的合作，整个C军团可能不把它当回事。进一步说，正在向北推进的盟军将不明白这是怎么回事，肯定不会停火。然后，双方陷入互相指责的境地。

作为替代办法，盖弗尼茨建议，沃尔夫通过瑞士到奥地利边境去，从那里再到他在博尔扎诺的司令部。游击队在那个地区尚未强大，德军依然完全控制着那里。博尔扎诺现在是帝国陆军和SS司令部所在地，在那里有可能做最后一次努力，召集有关方面安排有序的投降，以放弃在阿尔卑斯山的防御阵地继续作战的想法。沃尔夫接受了这个建议。事实上，他已准备好踏上去博尔扎诺的路。不过在走之前，他做了一件事，足以证明我们把他救出来是值得的，无论下一步将发生什么情况。

游击队在意大利北部的起义已全面展开，德国SS和意大利法西斯分子是他们的主要靶子。沃尔夫发了一个命令给SS在米兰的负责人劳夫上校，要他不惜一切代价避免SS与游击队发生冲突。如果没有别的办法，SS就向游击队投降。

一位年轻的意大利牧师出现在边境，急于想做点能做的事，以便在最后阶段避免双方承担不必要的流血牺牲。他名叫乔瓦尼·巴巴雷斯基（Giovanni Barbareschi），是一个勇敢的人。我们知道他过去曾在教皇驻瑞士的使节与米兰的枢机主教舒斯特之间充当信使，执行过危险的任务。他愿意把沃尔夫的命令带给米兰的劳夫。他到达了那里，我们后来知道他执行了沃尔夫的命令。

从4月25日到26日，沃尔夫被游击队围困在切尔诺比奥的罗卡特里别墅内。这段冒险经历确实可以称为“日出行动”故事中的故事。直到完成投降行动之后，我才得以把所有的片段归拢到一起：盖弗尼茨、斯科蒂、沃尔夫本人的叙述，还有在米兰传播的各种同样有趣的叙述。其中许多叙述具有历史意义，沃尔夫自己在那时也只知道一部分。

我在前面已阐明，斯科蒂是我在卢加诺的人，对“日出行动”并不知情，也不知道我们与沃尔夫有些什么关系。自从他与我在1943年建立联系起，他一直支持意大利北部的反德游击队，指导他们作战，建立外界与他们联系的途径。在我前面叙述过的坎皮恩革命中，他是主要的活动者之一，而且赶走法西斯分子后，还在这块意大利的飞地上组建了游击队培训中心。他在游击队内部的声望很高，受到高度尊敬和礼遇。他同瑞士警察及提契诺州的军事情报组织有着很好的工作关系。在这个意大利－瑞士边境内，有我在前面提到过的一些城镇：卢加诺、阿斯科纳、基亚索等等。他那时还有一个能干的合作者——达达里奥（E. Q. Daddario）大尉，一位年轻的意大利裔美国人，领导过意大利境内的一个OSS分遣队，不久前被调到卢加诺。[1]

盖弗尼茨清楚地知道，在陪同韦贝尔到边界去了解能为沃尔夫做些什么的时候，他的活动必须极其谨慎，而且不能暴露与我的办事处有任何联系。此外，他不能把斯科蒂卷入他所从事的任何活动中，因为斯科蒂是一个美国官员，所以从华盛顿

---

① 在我写这本书时，达达里奥已是美国众议院的杰出议员，在美国国会中代表康涅狄格州的第一选区。

发来的禁止同德国使节接触的命令，对斯科蒂也同样适用。盖弗尼茨知道，斯科蒂和达达里奥可能出现在基亚索附近的地区，因为边界的意大利一侧现在大部分是没有警卫的，游击队到边境线去向斯科蒂本人报告，是比较简单的事情。盖弗尼茨打算完全远离斯科蒂，如果看见，就赶紧躲起来，以免把后者卷入沃尔夫的事件中。

请想想盖弗尼茨那时的惊讶，他和韦贝尔 4 月 26 日下午在基亚索火车站下车时，看到斯科蒂和达达里奥冲他们笑。斯科蒂说："我正等着你们呢。我明白，你们要解救沃尔夫将军。"解释这个奇遇如何发生是很简单的事。韦贝尔在这一天的早些时候曾打电话给他在提契诺州的情报主任，指示他设法找到沃尔夫。这位主任把此事告诉了斯科蒂，还告诉他，韦贝尔和盖弗尼茨正在来这里的路上。

韦贝尔告诉斯科蒂，瑞士对解救沃尔夫有很大兴趣。他说，瑞士已经给斯科蒂提供了很多优惠条件，经常对他在边境上的非法活动睁一只眼闭一只眼，有时甚至两眼紧闭。现在，韦贝尔要求得到一个回报——解救沃尔夫。

斯科蒂非常赞同并立刻去进行这项工作。这是他喜欢干的事。然而，盖弗尼茨觉得斯科蒂应该说服想一起去执行任务的美国大尉达达里奥不要随行。否则，这件事听起来够矛盾的：一个美国军官去解救一个德国的 SS 将军。斯科蒂至少还算是一个平民。

晚上 10 点时，斯科蒂开始了探险计划。首先，韦贝尔的一名助理，尝试用电话联系在切尔诺比奥的沃尔夫，让他感到惊奇的是，电话居然还能用。游击队忘了切断电话线了！沃尔夫被告知，一个使节将很快到达他那里。他们告诫沃尔夫："我们来时，别向我们开枪。"

刚过 10 点，这支救援队穿过边界进入意大利，消失在黑暗中。这个车队由三辆汽车组成。在组建这支队伍时，组织者努力准备好应对每一种可能发生的情况。这支团队包括一个临时的国际休战队，预期它的多国成员能平息带有敌意的任何干扰。队员中有三名来自提契诺州边境地区的瑞士人，其中一人是提契诺州情报主任的司机。他们都很了解边境地区的游击队员和德国人，因为他们近几个月来一直为安排病人、伤员和交换的俘虏而往返。还有两人是从德国曾设立而现已取消了的边境哨位上退下来的 SS 军官，在通过这个地区时，能处理可能遇到的游荡和可疑的德国士兵而引起的麻烦。此外，斯科蒂还收罗了几个杂七杂八的武装游击队员。第一辆载着德国人的车打着白旗；第二辆载着斯科蒂和三名瑞士人的车亮着前灯，其光线能够照亮第一辆车上的白旗；武装的游击队员们坐在敞开着后门的第三辆车。行动计划是到科莫去，那里已被游击队占领。由于认识游击队安排在那里的官员，斯科蒂打算拿到允许车队通过战线去还在进行战斗的切尔诺比奥地区的通行证。

车队离开基亚索去科莫后不久，便受到游击队员鸣枪"致敬"的待遇。斯科蒂跳到车外，站在车头灯光中，相信游击队员能看见并认出他而停止开枪。这个举动成功了。他的一位游击队领队老朋友，从黑暗中跑出来，投入“我的朋友斯科蒂”的怀抱，就这样停止了交火。从这儿去科莫没有遇到什么困难。科莫的行政长官是斯科蒂的朋友，签发了通过战线所必需的公文。这支车队经历了小小的危险，包括直接对着他们射击的步枪和一颗偶然投出的手榴弹，最终抵达了罗卡特里别墅。坐在第一辆车里的德国军官们成功通过了肃穆的德国警卫队伍。他们在那里找到了穿着全套 SS 制服的沃尔夫。这不是把他引见给游击队员们的恰当场合。斯科蒂告诉沃尔夫穿上便衣，并且动作要快一点。沃尔夫隆重地拿出一些真正的苏格兰威士忌和幸运牌香烟送给救援队，声称这些是隆美尔元帅在北非缴获的。沃尔夫很快换了装，一行人就开始撤离了。他们在回程中遇到每一支游击队时，都要进行冗长的谈判和许多解释，以及出示通行证。沃尔夫被藏在第二辆车后面外人难以看到的地方。奇怪的是沿途并没有人进行搜查。最后，在大约凌晨两点半，这个小车队安全抵达瑞士边界。

与此同时，韦贝尔和盖弗尼茨正在基亚索火车站的饭店里等待。这个光线灰暗的地方，似乎更像淘金热时期的墨西哥小酒馆，而不像在瑞士联邦铁路大站上可以遇到的那些庄重的饭店。外表可疑且带着忧心如焚目光的人们，还有因战争和革命而产生的不伦不类的乌合之众，纷纷涌进这家车站饭店。他们大都试图从战争的废墟中逃离，进入和平的瑞士。

有些人无疑是在瑞士－意大利边境活动的各国情报机构的特工；另外一些人是意大利游击队员，多年来第一次从山里的藏身之地来到瑞士领土上享受一番；有些人在提契诺州有亲属或密友，越过边境求得能立足，或介入黑市外汇交易；还有为数不多的代表瑞士和外国报纸寻找故事的新闻记者。对于这些记者，盖弗尼茨要尽力与其保持一个安全的距离。对韦贝尔和盖弗尼茨而言，这些记者在这个时候比走私者更加险恶。没有别的东西能比媒体对我们的投降计划更有破坏性，哪怕只是最细微的过早曝光。

幸亏随着夜色越来越深，这个车站饭店慢慢变空荡了。盖弗尼茨和韦贝尔离开这里，去距此不足一英里的边境控制哨所，从瑞士到意大利的公路通过。他们听到汽车的噪声几次越过边界，随后又消失在黑暗中。

最后，在等待了约一个小时后，他们看到一辆打着远光灯的汽车，从边界的另一侧接近哨所。这是斯科特及其团队的车队。为了避免未经授权地同沃尔夫谈话，盖弗尼茨坐在停放于海关拐角处的一辆汽车内，一旦确定沃尔夫已安全站在瑞士土地上，他就打算立刻静静地消失。但是，当斯科蒂的汽车停下后，沃尔夫出来时，有个什么人告诉他，盖弗尼茨就在这里。沃尔夫径直走到盖弗尼茨这里，同后者握了手并表达衷心感谢。沃尔夫说："我永远不会忘记您为我做的事。"在这个时刻，盖弗尼茨开始同沃尔夫谈话，不管有无命令。

这个团队——盖弗尼茨、韦贝尔和沃尔夫离开边境，继续驶向卢加诺，并决定沃尔夫下一步该做什么。他们在卢加诺的一家小旅馆的房间里等待天亮时，沃尔夫把过去 24 小时的情况告诉了他们。

沃尔夫一直通过电话与米兰的SS首脑劳夫保持着联系。劳夫报告，城市的中心被SS占领着，而郊区则被游击队控制着。某些街道的一边是SS的，另一边是游击队的。两边的人都部署在大门口和窗户边，他们的枪都上了膛，但尚未开火。沃尔夫命令劳夫把SS军队撤离大门和窗户，并禁止他们开火。一旦流出了第一滴血，一切就无法控制了。他还命令劳夫立即释放所有的政治犯。劳夫那时曾想派一辆装甲车去接沃尔夫，但装甲车无法通过游击队的包围圈。枢机主教舒斯特从劳夫那里得知沃尔夫的窘境，派了一辆车带着一个牧师和一位SS军官去切尔诺比奥。这个军官恰巧是德国的前情报首脑卡纳里斯的亲戚。这个尝试也失败了，这辆车不得不掉头回米兰。

枢机主教如此积极地要把沃尔夫弄到米兰，原因之一是他想安排各方，主要包括意大利的法西斯分子、游击队，米兰地区的德国人，共同签署当地的和平或停火协定，或者一个别的什么名字的类似协定。自1944年秋天开始，这位枢机主教就在努力促使德国人及其意大利法西斯同盟，与游击队进行和平谈判，并在其中发挥突出作用。他现在特别积极地活动，是因为墨索里尼令人不安地出现在米兰。墨索里尼说，要率领他的法西斯支持者做最后的拼搏，并且显然急于要像他的导师希特勒那样，率领军队把支离破碎的帝国夷为平地。由于这个原因，枢机主教请墨索里尼本人出席4月25日的会议，讨论休战问题。

事实上，沃尔夫只知道米兰所发生的复杂情况的一小部分，他知道的情况来自劳夫的电话通报和一位突然到切尔诺比奥的访问者。这位来访者是墨索里尼的国防部长格拉齐亚尼元帅，在理论上或多或少地指挥着四个法西斯师。这些师本应同德国人一起作战，但迄今仍未这样行动。[①] 格拉齐亚尼正在科莫附近同他部下的将军们磋商，他听说沃尔夫在离他不远的切尔诺比奥的罗卡特里别墅。4 月 26 日早上，他自作主张地去见沃尔夫，没有同正待在向北移动的德国车队的墨索里尼打招呼。他把在这个早上草拟和签署的一个文件交给沃尔夫，后来沃尔夫把它交给了盖弗尼茨。在这个文件中，格拉齐亚尼把意大利法西斯武装力量的投降权，以及其他一切要交出的东西移交给沃尔夫。格拉齐亚尼显然知道"日出行动"的一些情况。这个文件的内容如下：

武装力量部

军事委员会　1945 年 4 月 26 日 / XXIII

我，意大利元帅鲁道夫·格拉齐亚尼，在此以意大利武装力量部长的身份，向德国在意大利的 SS 和警察部队最高领袖及武装力量的全权将军卡尔·沃尔夫，移交下述权力：代表我按照与德国在意大利的武装力量同样的条件进行谈

---

① F. W. 迪金在他的著作《残酷无情的友谊》（*The Brutal Friendship*, New York: Harper, 1963, p.772）中，描写了"意大利法西斯主义的没落"，同时还叙述了格拉齐亚尼因沃尔夫没有早一些同他商量投降谈判问题而感到痛苦。沃尔夫回答：保守秘密有"悲伤的必要性"，如果墨索里尼知道的话，"这个秘密将成空"。这里又一次表明，即使在公认的盟友之间也"必须保持绝密"。

判，达成对我有约束力的关于意大利陆军、海军和空军的一切正规部队及法西斯军事组织的协议。

意大利元帅

鲁道夫·格拉齐亚尼（签字）

在安全到达瑞士后，沃尔夫在格拉齐亚尼的文件后面加注："我在此把上述权力交给我的副官温纳少校。"

俗话说"弹指一挥间"，意大利军队就加入了德国军队的投降行列，而温纳少校也就被授权投降了。几天后，格拉齐亚尼本人向达达里奥大尉投降，后者把他带到米兰，同其他法西斯战俘一起关在那里。

对于在 4 月 25 日在枢机主教的宫殿里举行的墨索里尼参加的会议上到底发生了些什么，不同的见证人意见不一，但大部分见证人同意，现场发生了一件使会议破裂的事件。[①] 墨索里尼在会议开始时告诉枢机主教，他计划带着最忠诚的追随者去瓦尔泰利纳（意大利最北面的山区之一，就在瑞士东部的南方），领导他们对盟军做最后的抵抗。枢机主教看着墨索里尼混乱的精神状态，显然没有把他的说法当真。不久之后，枢机主教邀请卡多纳将军和游击队的其他代表到场讨论一个停火计划，这个计划呼吁

① 同前页脚注，第 806 页。

游击队放下武器，如果法西斯部队也这样做的话。在这场讨论中间，格拉齐亚尼出现在现场并报告，他刚得知德国计划向盟军投降，此事完全没有同意大利商量。

这使墨索里尼感到惊讶和愤怒，尽管有些历史学家认为，难以相信墨索里尼在这样长的时间里，对沃尔夫和“日出行动”毫不知情。据传，墨索里尼曾说：“他们（德国人）总是把我们当作奴仆。归根结底，他们背叛了我。”然后，墨索里尼在助理们的跟随下，跺着脚离开了会议现场。有人说，他在一小时后又回来了。其实，他没有回来，坐车去了米兰市政府的办公室。在那里他对被指定护送他的一个德国低级军官生气地说：“你们的沃尔夫将军出卖了我们。”这个护卫不懂他说的是什么。随后，墨索里尼在 10 辆车组成的长列车队中离开此地，去往科莫湖地区。墨索里尼结局的其余部分已载入历史。在此后几天的混乱中，护卫他的德国人人数不断减少。执行任务的游击队员发现他坐在一辆被堵在路上的汽车里，就把他拉了出来，关在科莫湖附近山上的一个小农舍里。他和情人克拉拉·贝塔西，最后被一个从米兰来的声称持有处决命令的共产党人沃尔特·奥迪西奥（Walter Audisio）[①] 枪杀。

在墨索里尼被处决前的两天，也就是 4 月 26 日，斯科蒂告诉我，科莫的市长打算劝墨索里尼向瑞士的美国人投降。事实上，这位市长曾发过一个消息给斯科蒂，提出这种可能。斯科蒂把这

① 奥迪西奥化名为瓦列里奥上校。处决墨索里尼的命令是由共产党游击队加里波迪旅政委拉扎罗下达的。——译者注

个情况告诉了我。

初看之下，墨索里尼像是某人手中拥有的一个诱人的人质，但是行动更吸引聪明和实事求是的人。我不想为将这个法西斯独裁者弄到瑞士而负责。一旦身在瑞士，瑞士人可能有责任根据政治避难者的有关法律程序，给他提供避难权。这样他们手中将有一个尴尬的案子，而我对此要承担一定责任。由此我拒绝做任何把他弄到瑞士的事情。我给斯科蒂回话，让他不要接触墨索里尼。后来我听说，墨索里尼本人也反对向瑞士寻求避难的想法。

第十二章
投降书已签署，但未送达

1945年4月27日早上，我刚到办事处，就收到了三个信息，都标着“三倍优先”——这是一种紧急通信指示，要求信息的处理要优先于线路上的其他任何信息。

以前的一切“停止接触”命令都被收回。联合参谋部指示，亚历山大元帅应立即安排德国的使节到卡塞塔签署投降书，不必再在瑞士开会或讨论。苏联代表也被邀请到卡塞塔。就在那一天，已派了一架飞机从卡塞塔飞到日内瓦附近的安纳西机场，去接投降代表团。如有可能，建议盖弗尼茨和韦贝尔陪同这些使节。

这时，信息开始到处传，电话铃声到处响。由于此时韦贝尔正在开车送沃尔夫去奥地利边境的路上，我联系了韦贝尔的办公室，敦促他们把韦贝尔拦截在路上，并把这个消息转告他。然后，我把情况通知了华盛顿和卡塞塔，告之我们可能有望在沃尔夫到达边境前拦住他。不过我建议，虽然我们能催促沃尔夫本人，但是让他继续待在博尔扎诺司令部可能是更好的选择，只要能及时联系到他。重要的是，他可以让那里的将军们老实一点。

韦贝尔在中午前打来电话说，他和沃尔夫在到达奥地利－瑞士边境时收到了我们的信息。沃尔夫得知情况出现了转机时很高兴，但仍然决定到博尔扎诺去。沃尔夫认为，他在那里会比在卡塞塔的签字现场更有用，温纳已被授权在那里全权代表他签字。沃尔夫有两个建议都是强调，目前通信比在任何时候都更重要的问题。一个是把齐默留在奥地利－瑞士边境的布克斯，做他曾在意大利－瑞士边境做过的工作。另一个是派小沃利到博尔扎诺的SS司令部去，沃尔夫将在那里为他做出秘密安排，如同他在米兰执行任务时那样。从米兰回到伯尔尼以来，沃利一直在等待下一步的命令，沃尔夫知道他是一个能干和勇敢的人。沃利能在博尔扎诺建立一条从那里到卡塞塔的无线电通信线路，使盟军总部能直接与沃尔夫联络，并经沃尔夫联系德国军队。这意味着，一旦签订了投降书，就能制订实施停火计划的具体细节。我立刻发电报把这个建议报告给华盛顿和卡塞塔。施韦尼茨和温纳已得知此事，并准备坐下一班火车从卢塞恩去伯尔尼。

那时，从卡塞塔来的飞机已降落在日内瓦附近的安纳西机场，驾驶员已与我取得联系。我告诉他，第二天，即4月28日（星期六）早上，有两名使节及盖弗尼茨将准备好和他一同起飞。同时，我把亚历山大考虑周到的外交邀请函交给韦贝尔，以便在投降仪式上展示。

黄昏刚降临时，我和盖尔尼茨在我的伯尔尼家中会见了施韦尼茨和温纳。在瑞士没有什么可谈判的，我的工作是把他们送到卡塞塔去，所以我们主要谈论旅程的安排。在长时间大失所望的等待与延误之后，他们即将迎接尚未完成的任务，我们要为此做好准备。他们三位很快就离此去日内瓦了。我们安排他们在第二天上午经法国到日内瓦附近的安纳西机场，他们从那里再飞到卡塞塔。最终是天道助我，就像沃尔夫被救出来时那样。假如华盛顿的电报晚来几个小时，沃尔夫就会带着计划泡汤的情绪回到博尔扎诺，随后就可能无法使将军们一致支持投降。施韦尼茨和温纳也可能因失去耐心而回家。

这一行人在上午到达卡塞塔。沃利到博尔扎诺的危险岗位上去工作的批件也收到了。在下午时光尚未结束之前，小沃利带着电台设备、换洗衣物及像过去一样的大量香烟，到他那危险的新岗位上去。特雷西·巴恩斯大尉陪同他到瑞士边境，齐默接他过境进入奥地利的费尔德基希，并和他一起等待沃尔夫部下的人开SS的车来接。沃利在车内更换衣服，穿上沃尔夫为他准备的SS制服。回想起他在达豪集中营的日子，这真是幽默的一刹那。沃利到达博尔扎诺后，被安排住在用巨石砌造的皮斯托亚公爵宫第三层的一个小房间里。1944年沃尔夫在这里安置了他的通信中心，现在是SS司令部。沃利支起了天线，并在29日中午与卡塞塔的OSS建立了无线电联系，准备在今后签署投降书的关键几天内，执行保持通信畅通的重要任务。

由于保密依然是当时的命令，而且我曾被过分地强调是罗斯福总统的私人代表，我没有到克塞塔去参加签字仪式。如果我出现在签字仪式上，可能会被新闻媒体发现，从而破坏我们迄今为止细心保护的“日出行动”。当时，它仍然应该是一个“秘密投降”行动，而且这是一个由双方的军队代表签署的反映盟军在军事上胜利的投降计划。

应亚历山大元帅之请，盖弗尼茨作为翻译与德国的使节们一起经历了 1945 年 4 月 28 日至 29 日发生在卡塞塔的全过程。他给我写了一份关于这个过程的详细报告。读者从这个报告里可以看出，盖弗尼茨的作用远比翻译重要，尽管他没有担任其他正式公布的职务。事实上，他对德国的使节产生了独特的影响。与德国使节打交道时技巧极其重要，特别是劝导施韦尼茨随心所欲地解释他从上级维廷霍夫处得到的口头指示。如果没有盖弗尼茨作为一名有经验的谈判者在场，可能会产生严重的麻烦，投降书可能签不成。以下是盖弗尼茨写的关于这两天的故事：

4 月 28 日中午，亚历山大元帅的飞机，一架很舒适的 C-47[①]，从安纳西机场起飞。坐这架飞机从卡塞塔来的莱姆尼策将军的参谋汉利（Hanley）少校作为我们这一队人的护卫。飞机上有三名美国军官，他是其中唯一知道我们这次使命的性质的人。

飞机在壮丽的勃朗峰附近飞行，越过尼斯和科西嘉之间的蓝色地中海。德国使节们在旅途的头两个小时里沉思或睡觉，但是在旅程的最后一段开始谈话和提问题。

他们比较关心礼仪问题：在抵达时要与盟军的军官们握手吗？他们将被当作法规辩论专家吗？会不会按战争惯例被蒙着眼睛，以防他们看到盟军战线后方的任何东西？如果和

① C-47 是道格拉斯公司制造的运输机，1940 年开始装备美军。——译者注

谈破裂，他们将被囚禁吗？

飞机在大约下午3点抵达卡塞塔附近的马西娅[①]机场。莱姆尼策将军和艾雷将军在机场等候我们。几个星期前，他们在阿斯科纳会见时曾面临同样的仪式问题。我设法第一个走出飞机，并把又一次发生的握手问题告诉两位将军。他们确定那里没有外人，就请我把这些德国人的真实姓名介绍给他们，反之亦然。在结束这些客套和引见之后，双方简单地点头问候。这两个德国人坐一辆车，盟军的将军们和我坐另一辆车。

地中海战区的盟军司令部位于一座大城堡内，这个城堡从前属于那不勒斯的一位国王。山上流下来的瀑布注入城堡后面由一系列台阶构成的水池和喷泉，周围是巴洛克式的雕塑和18世纪的英国式花园。

下午3点过后，我们的汽车抵达山顶上这座围着铁丝网的营地。这个当时被暂时清空了的营地，坐落在一个能提供意大利最佳景观的地点。这座山及山上的松树林，俯视着那不勒斯的壮丽海湾、蔚蓝色地中海海岸上的白色房屋及几个远离海岸的岛屿。这几位德国"游客"不是为游览而来的。壮丽的景色被连接在大树之间的大块帆布挡住了，这是为了防止德国人认出这个营地的确切位置并获得关于盟军司令部的任何详细情况。归根结底，仗还在打，炸弹还在不断被

① "马西娅"在拉丁语中是"女战神"的意思。——译者注

投掷。

为了保证即将开始的会谈保持绝对机密，这个营地被重重守卫着。不准任何人进出的命令执行得异常严格，甚至连我们自己人一开始也不允许进去。宪兵们坚持说，根据艾雷将军的特别指示，任何人都不准进入营地。我们的这位将军坚持说："我就是艾雷将军。"起初，警卫们无动于衷。他们回答，任何人都可以这样说。经过了几轮的电话往来之后，艾雷将军最后才得以进入这个他自己做了特别指示的营地。

这个营地由一些有金属圆拱顶的军用活动房屋和平房组成。德国人住在分配好的一间小平房里，我住在另一间。那里还有空间较大的建筑，其中的一幢内有脏乱走廊和诱人家具的起居室。另一幢里有会议室，会谈就在那里举行。

莱姆尼策和艾雷二位将军与德国使节之间的第一次非正式会谈进行得不错。我们那时都在喝着传统的英国下午茶。艾雷试图向这两位德国人施加压力，他们来此是为了签订无条件投降书，而不是谈判。然后，我们把这两位德国客人留在山上，自己则开车去艾雷的别墅。在我们抵达那里时，我问艾雷，他的房间里是否安装了窃听器。他说没有。我继续说："我要确定没有窃听器，因为我打算告诉你一些你可能不想记录下来的事情。"然后我告诉他，我如何违反了联合参谋部的指示，解救了沃尔夫，并经瑞士和奥地利把他送到了博尔扎诺。他说："别担心这事。"听他这样说，我就放松了，但没有感到惊讶。

第一次正式会谈在晚上6点开始。除了莱姆尼策将军和艾雷将军，地中海战区盟军司令部的几位高级军官也在场，但是第一次会议上并没有苏联代表。盟军的军官坐在几乎占满整个会议室的长桌的一边，两位德国将军坐在另一边。

亚历山大元帅的参谋长摩根中将主持会议，并拿出包括投降条款在内的许多文件，还请我把他的阐述翻译成德语。他告知这些德国使节，另一场更重要的会议将在当晚9点举行，他们在那时将有机会提出问题和做出解释。这样他们就将有3个小时时间研究这些文件。摩根将军还告诉这两位德国人，一位或更多的苏联代表将参加9点钟的会议。

在第一次会议后，德国使节立刻回到他们的住处，开始研究这些文件。他们在这次旅行出发之际，还沉湎于对“无条件”这个词的幻想。维廷霍夫赋予施韦尼茨的那些权力使用了相当弹性的词汇。施韦尼茨虽然有权以维廷霍夫的名义签字，但是这些权力被附加的模棱两可的“在我所指示的框架内”削弱了。维廷霍夫对施韦尼茨所做的口头指示中特别指出，德军司令希望他的军队免于被囚禁在盟军的战俘营中。他希望得到盟军指挥官的同意，让他把自己率领的军队在意大利就地退役后，尽快回到他们在德国的家里。德国使节们被指示要取得的另外一个条件是，允许军官们保留他们的臂章。

现在，在第一次会议后，盟军似乎不会做出这种让步。

投降文件是以胜利者的郑重和命令式的风格写成的。这两位德国人对此深感震惊。

第二次会议在晚上 9 点准时开始。一位代表苏联总参谋部的少将基斯连科（A. P. Kislenko）[①] 和他的翻译乌拉耶夫斯基（Uraevsky）中尉出席了会议。

德国使节们获得提出任何反对意见的机会。他们强烈请求允许德军就地退役，而不是被关进俘虏营。他们还重申了这样的要求：德国军官要保留他们的臂章，他们声称这是在完成投降前为维持纪律所必需的。

投降协定的条款规定，不允许德国人在放下武器后继续拥有机动运输工具。德国使节们指出，这是不可行的，因为实施全面投降需要两三个星期，在此期间必须给德国军队提供食品。

另一个争论的要点是港口内的海军船舶。施韦尼茨指出，这些船舶不在陆军军团的控制下，受德国海军的控制。所以，他只能保证港口的投降，而不包括些船舶在内。

德国人提出的一个重要的反对意见涉及的里雅斯特港和波拉港[②]。他们解释，他们无法对这些著名的港口做出承诺，后者曾一度作为奥匈帝国的海军基地。最近，的里雅斯特、

---

① 阿列克塞 · 巴甫洛维奇 · 基斯连科是苏联军情局（GRU）的官员，是一个日本问题专家，因为他在第二次世界大战前曾在日本工作过。

② 波拉港在的里雅斯特港南面的伊斯特拉半岛南端，与的里雅斯特一样，也是意大利作为第一次世界大战战胜国而得到的战利品。墨索里尼战败后，波拉港划归南斯拉夫，现在属于南斯拉夫分裂后的克罗地亚。——译者注

波拉及伊松佐河以东地区，被从在意大利的德军司令部划出，现在属于在巴尔干的德军司令洛尔（Löhr）将军[1]的指挥范围。他与沃尔夫将军的投降谈判无关。参加会议的英国海军上将显然对不能在波拉港升起英国国旗，以及接不到德国海军的投降而感到很失望。

盟军司令听取了德国人的意见，在一些小问题上做了一点儿让步。他们同意德国人继续使用机动运输工具。他们还在德国军官保留武器直到全部完成投降工作的问题上做了让步。但是，在德国人要求德军就地退役，并很快返回德国的主要问题上，盟军持断然拒绝的态度。

因此，德国人——主要是施韦尼茨，在休会时很不高兴。他们要我陪着回到住处，希望能进一步讨论投降的条款，特别是他们想通过电报联系博尔扎诺的德军司令部。我们的讨论持续了大半夜。

事情很快就弄清楚了，SS 的代表温纳少校本人关于投降的想法是，按照他得到的指示——签署无论什么形式的投降协定行事。然而，代表帝国国防军的施韦尼茨觉得不能在囚禁问题上退让。他声称，一定要使德国士兵免于被长期扣押在外国土地上的盟军俘虏营内。他一次又一次地重申，他

① 洛尔（1885—1947）在 20 世纪 30 年代是奥地利空军司令，德国吞并奥地利后，他成为德国驻奥空军司令，1941 年成为德军中仅有的三个奥地利裔上将之一，1942 年任纳粹帝国的东南欧地区兼 E 军团司令。他在指挥夜间轰炸南斯拉夫首都贝尔格莱德时，导致大量平民死伤。1945 年 5 月他在南斯拉夫受审，被以战争罪和反人道罪判处死刑，1947 年被处死。——译者注

从其总司令处得到的关于这个问题的口头指示，他说，这个指示使他不能接受盟军现在提出的投降条件。

最后，我提出一个论据，这似乎产生了一些影响。我说："我们说的每一句话都可能使数百名士兵丧失生命，难道你们不明白吗？当我们在这里争论时，每一分钟都意味着更多的毁坏，更多的空袭，更多的死亡。"

施韦尼茨在这一点上示弱了。但是他依然坚持，应该把投降条款告诉他的司令维廷霍夫，请维廷霍夫对签署投降文件给出最后的批示。我们立即一同起草发给维廷霍夫的电报。此时已是凌晨4点了。

我觉得到此已取得了相当大的进展。我口袋里装着电报稿，在晨曦中沿着皇家花园里披着黯淡月光的走廊，开车前往莱姆尼策将军在宏大的皇家宫殿内的办公室。

我发现他还在工作。我向他出示电报稿时，他很受鼓舞并命令立即编码。由于我们OSS的电报员沃利尚未在博尔扎诺的沃尔夫司令部就位，这封电报被发送到我们在伯尔尼的办事处。这个冗长的传输方法使我们最快也得两三天后才能得到回音。

这时，我们可以享受几小时的睡眠。德国使节、莱姆尼策将军、艾雷将军与我之间的又一次非正式会晤在早上开始。这次会晤开始时，先由艾雷说明，此刻没有时间等待维廷霍夫的回音。艾雷将军坚持在当天签署投降书，这样就可以让使节们在下午离开此处，力争在第二天到达博尔扎诺。

施韦尼茨同意不经维廷霍夫的重新批准就能签署投降书，昨夜的长时间辩论终于有了成果。

在那之后，还有许多为完成投降计划所必需的安排，需要进一步讨论和决定。使一支正在作战的部队放下武器，在许多方面就像使这支部队参战一样费劲儿。所有事项中最重要的是，如何确定停止相互敌对战争的具体时间，使这个命令及时送达前线的部队并得到执行。没有比一方停火而另一方仍在继续开战更糟糕的事了。为了防止产生任何误解，并使双方同步行动，决定根据格林尼治标准时间确定投降时间。

几乎同样重要的事项是，在盟军司令部与敌方司令部之间建立无线电通信。双方军队之间通信的密码和电台波长，也通知给德国人，并被带回到他们的司令部去。[①]

投降的日期和时间定在 1945 年 5 月 2 日格林尼治标准时间 12 点整，对应的意大利时间是当地时间下午 2 点整。当时是 4 月 29 日，我们假设使节们能在大约 24 小时内回到他们的司令部。这样就有 48 小时可用于发布投降命令，并把它传达到战争前线的德军部队。我们知道，要满足这个 72 小时后的截止时间，必须赶紧办事。至关重要的是，为了天黑前能在瑞士－法国边境着陆，带着投降协定的这伙人，不

① 然而，这段精心准备的两军之间通信的代码，此后被德国总部的德国首席情报官烧毁了，因为他担心代码如果被发现的话，投降计划就会过早暴露，他会被判为叛国罪而被射杀。

能迟于当天下午3点坐飞机离开卡塞塔。现在甚至没有时间再重新拟定30来页长的投降协定，以便把盟军指挥官们同意的更改加进去。按照莱姆尼策将军的建议，我把这些更改手写加进去，而这位将军则在我背后亲自监督修改过程，以确认措辞正确。

下午2点，一切都已准备好，只待签字。为此，在庄严的皇家夏宫内举行了盟军指挥官与德国使节之间的第三次正式会议。一间从前的舞厅被改成摩根将军的办公室。这个大房间内挂着波河流域的战略地图，以及另一张展示整个地中海地区的地图，通过在这个房间里即将完成的活动，和平将再次回到这个古老而又弥新的战场。

虽然签订第二次世界大战以来的德国首次投降协议，在此时是一个高级保密事件，但是它仍被安排在受现代公众注目的场合。为了记录这个历史事件，抽签选中的一些英美的报纸和广播电台记者从罗马飞抵这里。这些新闻界人士在到达后宣誓保密，直到官方在5月2日的投降生效日正式宣布投降已完成。记者们都诚实地遵守了这个新闻封锁时段的要求。

此时我建议，艾雷将军暂时对德国使节们的姓名完全保密，因为我担心他们将来可能会被仍在战败的德国各地活动的纳粹地下人员当作叛国者杀害。

对安排媒体报道毫不知情的德国人，进入安装了8盏巨大弧光灯的大厅后，看到麦克风并听到摄像机的运转声时吃了一惊。

美国人、英国人和苏联人站在大厅的一边。那里共有11名英美的高级将领和海军上将、一名苏联将军和他的翻译、三名盟军的高级军官、几名报纸和广播电台的记者，还有我。

一张长长的抛过光的会议桌放在大厅靠近中间位置。摩根将军一人站在一端。两个德国人被领到另一端。

摩根将军站在他的椅子后面，以下列问题开始了仪式：

"我知道你们已准备好，并被授权在投降协定的条款上签字。是这样吗？"我翻译了这句话。

施韦尼茨回答："是"。

然后，摩根将军转向温纳，重复这个问题。这位SS的代表回答："是"。

摩根将军继续说，"我被授权代表盟军最高司令签署这个协定，这些条款将在格林尼治标准时间5月2日中午12点生效。我现在请你们签字，我将在你们后面签字"。

此时，德国代表引发了一个意外。又一次困扰于自身被授权范围的施韦尼茨用德语插话说："在签字之前，我重申我在预备会议上说过的一点，即我个人可能正在超越我的权力范围。我推测我的司令——冯·维廷霍夫将军将接受协定，但是我不能完全负责。"

我缓慢和仔细地把这些话翻译成英语。在全体听众一阵骚动时，莱姆尼策将军和我交换了一些怀疑的目光。这样的宣言可能使两位德国军官的签字在盟军眼中毫无价值。然而，摩根将军似乎对此没有这种怀疑。他用肯定的语气说："我接受。"

在又一次提醒这些条款将在格林尼治标准时间5月2日中午12点生效后，摩根将军再一次请德国使节签名。

在仪式开始前，桌子上的笔和墨水瓶都已被仔细检查过。有些记者已把目光转向那些将成为有辉煌历史纪念价值的笔。结果令他们大失所望，因为另一位纪念品收藏者——一位担任会议秘书的年轻军官，已经把自己的自来水笔递给德国人签字。两位德国使节在协定的5份复印件上签字后，摩根将军也随后签了名。

下午2点17分，摩根将军结束了这个仪式。德国人被领出大厅，弧光灯熄灭了。这间大厅像演出结束后的舞台那样，突然变得黑暗和空荡荡了。

文件已签署了。[①] 现在，还有最后要办的一件难事：必须把他们已投降的事实通过他们部队的各级指挥官，让德国军队都知道。这意味着，信使们必须带着投降文件秘密通过法国、中立的瑞士和德国控制的奥地利，回到博尔扎诺的德

① 之前几乎没有起草无条件投降的先例。这个协定的文本或多或少是由莱姆尼策将军及其参谋们撰写，然后呈报亚历山大元帅批准的。这就更有意思了，因为据报道，这个文本被作为一星期后在兰斯急忙起草的整个德国投降文件的基础。开头第一段关于"无条件投降"的说法被广泛引用。例如："我，德国西南战区司令，在此无条件地交出我指挥或控制的地面、海上和空中的一切武装力量，并将自己和这些武装力量无条件地置于盟军地中海战区的最高司令的管辖之下。"

军司令部。而这个旅程的最后一段不得不经过被盖世太保控制同时遭到游击队威胁的地区。

我们这一行人是在下午 3 点离开卡塞塔附近的马西娅机场的，自我们到达卡塞塔以来已过去了 24 个小时。感谢莱姆尼策将军和艾雷将军的机敏和足智多谋，以惊人的速度和效率完成了计划。

在法国时间下午 7 点 15 分，相当于瑞士时间下午 6 点 15 分，我们降落在日内瓦附近的安纳西机场。我们曾希望赶上稍早于晚上 8 点的最后一班从日内瓦到伯尔尼的火车，能顺利地通过边界进入瑞士。我想，我们大概是期望过高了。在大事顺利时，小事往往就来添乱。我们在法国 – 瑞士边界附近阿纳马斯的 OSS 基地，并没有收到从卡塞塔发来的信息，也没有把我们在卡塞塔取得成功，以及预计到达安纳西的时间通知他们。我们似乎飞得比电台信息还快，因此当地组织没有安排把我们带过边界进入瑞士。

由于没有别的办法，我只好自己走到边界的哨所去，希望能说服瑞士的边境守卫让两个德国人入境。我编的故事是，他们仅在一天前离开瑞士，短暂访问法国，打算尽快完成商务工作后回到瑞士。不幸的是，我不能告诉边境守卫，这两个人几乎决定着德国和意大利的一百万士兵的命运，而且与此同时可以保护瑞士免受南边来的一大群无组织的德国败兵的入侵。

这些瑞士守卫似乎很敬业。他们并无恶意地问：“他们的姓名是什么？”我极为尴尬，因为我忘记了他们上次在边境用过的假名，而且我还担心连他们自己也已忘了。但是我不能跑到外面的等候处去问德国人。我回答，如果能查看记录，我就能指出我的旅伴仅仅是在一天之前离开瑞士的。他们很天真，接受了这个建议。我们一起顺着记录本上的名单往下找。在快速查看时，我看到了德国人用过的两个名字。这时我向瑞士的边境守卫暗示，瑞士总参谋部的官员对这两位绅士的旅行特别感兴趣，并安排了他们在前一天离开瑞士。瑞士边境守卫的态度软化了，同意让德国使节再次入境。

这只是一系列偶然事件的开端。我们到达日内瓦火车站时，去伯尔尼的最后一班车刚开出站。OSS 在日内瓦的代表没有接到我们到达的通知，晚上外出了，我们联系不上。当时汽油是有严格配额的，我们也不可能雇一辆汽车，所以我们只能口袋里揣着紧急重要的投降文件，在日内瓦火车站的室外餐厅里，挤在那些平静地过周日的瑞士资产阶级中，不耐烦地等待。每隔 15 分钟我就打一次电话到这位 OSS 人的家里，指望他能回家。最后，在又浪费了一个小时后，这位代表终于在约 9 点的时候到家，立即给我们提供了一辆车。我们坐车回到了伯尔尼。

盖弗尼茨的报告到此结束。

回到我叙述的故事。4 月 29 日早上，莱姆尼策将军用电报把投降条款的文本发到伯尔尼供我阅览。莱姆尼策相信，施韦尼茨和温纳会在当天结束前签署这个协定。意大利的军事形势每小时都在变化，并且越来越混乱，现在我们已快要取得自 2 月底以来一直努力想要的成果。莱姆尼策强烈地感觉到，在为实际停止双方敌意而做基础准备方面，一分钟也不能浪费。为了立即实施投降，位于博尔扎诺的德军司令部必须尽早得到德军代表即将签字的文件。文件传送方面的任何延误，都意味着双方可能产生更多的伤亡。

由于小沃利在博尔扎诺的电台联系尚未建立，莱姆尼策建议派一个信使到维廷霍夫那里去。我指定巴恩斯大尉承担这个信使的使命，并在我们收到投降条款后给他一份复印件。他立即去卢塞恩联系韦贝尔少校的人员之一，一位瑞士陆军大尉。他们两人将开车到瑞士－奥地利边境的布克斯，在那里找到齐默，把文件交给他。齐默将文件带过边界，并设法送到博尔扎诺。我是这样设想的。

巴恩斯年轻胆大，韦贝尔的那个瑞士陆军大尉也是同样的人，他还有一个朋友拥有一架私人飞机。巴恩斯是受过训练的跳伞员，在战争的前几年里多次为 OSS 的危险任务而成功跳伞。所以这两人未同我商量就筹划了一个计划：把飞机的主人请来帮忙，巴恩斯从苏黎世飞越阿尔卑斯山到博尔扎诺，带着投降文件跳伞，随后再设法步行到德国司令部并递交文件。

这是一个极好但也很危险的计划。暂且不论在巴恩斯见到维廷霍夫将军之前可能发生什么情况，首先要保证中午天气晴好，保证飞行不出问题。正当巴恩斯等待天空晴朗时，卡塞塔发来了两条信息。一条信息是沃利已经建立了无线电联系。投降文件已直接发送给他，他确认已收到了。另一个信息是通知我，投降文件已签署，德国使节和盖弗尼茨正在回瑞士的路上。

盖弗尼茨和两位德国使节刚好在 4 月 29 日的半夜前到达我在伯尔尼的家。三人都处于我少见的精疲力竭的状态中。

我打开供应得越来越少的威士忌，煮好了咖啡，做好了三明治。这个投降队伍终于在壁炉前暖和了过来。瑞士的怪异天气处处与我们作对，不仅寒冷，甚至常常下雪。我对他们说了一些打气话，因为我知道德国使节还要面对艰难而危险的旅程。即使在最佳环境下，至少也得花上 12 个小时坐汽车从伯尔尼到博尔扎诺，而距离最终投降的截止时间只剩下两天了。

他们两人不能耽搁太久，刚过了凌晨 1 点，就在盖弗尼茨陪同下启程去布克斯那里的边境。现在，汽车里放了毛毯和枕头，让他们能在行驶过程中睡一会儿。

现在，投降行动可能不会再面临什么障碍了，我怀着这个希望去睡觉。但是过往的经验教训我，这是期望过高。

还没到早上 7 点，电话铃声就响了。电话的那一头是盖弗尼茨，他是从布克斯打来的。车到了边界，但是被拦住了。瑞士政府以正规措施严密地关闭了边界，任何人没有特别批准都不能进出边界。普通签证没有用，甚至韦贝尔领导下的瑞士情报人员享有的特殊待遇也不起作用，只有瑞士政府的直接行动才能帮我们摆脱困境。

不能再耽误时间了。我立刻打电话到瑞士外交部代理部长沃尔特·斯特基（Walter Stucki）家里。迄今为止，我还没有对瑞士政府的任何成员透露过我正在干什么，据我所知韦贝尔也没有透露过。但是，现在是摊牌的时候了。我告诉斯特基，我必须立刻见他。他回答说，我到达外交部办公室后，他就尽快接见我。

我知道斯特基是一个果敢的实干家。他在许多外交岗位上都很出色，总是被选去代表瑞士政府承担特别困难的任务。他从维希的工作岗位上回来，在那里做出了杰出的贡献。1944 年夏天，德国人撤走和法国人夺回贝当政府的倒霉首府维希时，斯特基就曾安排了和平过渡。

我简要地把问题告诉了斯特基。两位德国使节带着签了字的意大利北部德军的投降文件正在瑞士边境等待。如果他们能迅速和安全地回到在意大利的德军司令部，意大利北部的战争就将结束，不再有毁坏和流血。在瑞士周围山区的游击战也能停止。瑞士可以免遭数千个绝望的德国人和法西斯分子涌入其领土，否则他们将试图经瑞士回到德国，或者在这个中立国寻找难民营和拘留所以避免成为战俘。现在已经没有正式磋商的时间了。斯特基立即明白了要点。几分钟之内就给边境发命令，让施韦尼茨和温纳通过。

沃尔夫已从博尔扎诺派了一辆车，在边界的奥地利一侧等候他们。为了成功完成我们的冒险事业，沃尔夫还发了一个极其重要的信息给他们。出席过4月22日与维廷霍夫的会见，并在那时宣布自己支持投降的蒂罗尔州纳粹地方长官霍弗现在变卦了，他站在卡尔滕布伦纳一边反对沃尔夫。卡尔滕布伦纳和霍弗一起力图阻止这次投降的实现。他们知道，使节们将要带着投降文件经奥地利回博尔扎诺，通常会经过因斯布鲁克。他们就通知盖世太保在因斯布鲁克逮捕使节们。因此，沃尔夫告诉使团绕道，翻过雷申山口走比较远的南线，这条较长路线的某些地方还被积雪覆盖着。沃尔夫唯一能为他们提供的这辆车也不是大马力的。尽管如此，他们还是得以躲过了霍弗的陷阱，深夜带着投降文件到达博尔扎诺。

就在那天早上，我们收到独自确认的信息：卡尔滕布伦纳正在绝望地尽其所能同我们做某种和平交易。无疑，他为了这个理由而不肯放弃逮捕沃尔夫的使节。我在奥地利的事务助理确认了此事，他在几个星期前会见了可疑的霍特尔——卡尔滕布伦纳在奥地利的情报首脑。他向我报告，霍特尔显然用了假证件进入瑞士后到苏黎世会见他。霍特尔说，卡尔滕布伦纳现在在奥地利，希望到瑞士边境来谈整个事情。据霍特尔说，他代表卡尔滕布伦纳不仅接触了维廷霍夫将军，还有西线的凯塞林元帅、巴尔干地区和亚得里亚海地区的司令伦杜里奇（Rendulic）将军[①]和洛尔将军、蒂罗尔州行政长官霍弗，以及奥地利其他地区的纳粹行政长

① 伦杜里奇（1887—1971），像洛尔一样，也是德军中仅有的三名奥地利裔上将之一。1933年任奥地利驻英国和法国大使馆的武官。1948年被纽伦堡国际军事法庭判处20年徒刑，1951年间减为10年并立即被释放。——译者注

官。霍特尔甚至未提及沃尔夫。显然，卡尔滕布伦纳和霍弗都力图使维廷霍夫的投降失效。此外，霍特尔又在重弹过去的老调，即美国军队担心德国人坚守最后的防御阵地。他允诺会把整个奥地利，包括最后的防御阵地，都交给我们。卡尔滕布伦纳本人是奥地利人，是最需要逮捕的战犯名单上的人之一。那时和现在都令人难以想象的是，他怎能指望盟军会和他打交道，会相信他的明显谎言和陈述，或者接受多年来作为德意志帝国一部分的奥地利会独自投降的想法。

小沃利在博尔扎诺开始业务后的 24 小时内发来了信息，其中包含引起我们警觉的一件事。他在 4 月 30 日早上发电报说，昨天晚上，美国轰炸机袭击了博尔扎诺，一些炸弹落在距沃尔夫用作司令部的建筑约 50 米的地方。沃利通知我们，他发现这次轰炸导致一些 SS 军官狂怒；如果再这样轰炸，沃利自己的生命也有危险。我们给卡塞塔发电报，要求它指示空军放弃这个目标，我们也这样告诉了沃利。然而，第二天晚上还是出了同样的事，不过这次轰炸离那座建筑比较远。沃利在整个轰炸过程中都坚守了自己的岗位。

第十三章

高潮

第二十章

演高

不到48小时之后，4月30日，阿道夫·希特勒在他的柏林地堡中开枪自杀[1]。希特勒的死讯延迟到第二天，即5月1日晚上才公布。我们在之后将看到这个延迟公布，对“日出行动”的收尾几乎产生了致命的影响。官方宣布希特勒死讯时说，他在他的军队前头倒下，但这并不属实。

4月30日，当德国使团的冯·施韦尼茨上校和温纳少校，携带着德军已签署的投降文件，开车从瑞士边境越过白雪覆盖的蒂罗尔州阿尔卑斯山口时，这场大戏中的其他演员聚集在博尔扎诺，在那里将要出演最后一幕戏。其中包括把司令部迁到那里去的维廷霍夫将军和他的幕僚、沃尔夫将军和小沃利。

5月1日，我们直到晚上都没有收到消息。就在那时，亚历山大元帅通过沃利发了一个紧急信息给维廷霍夫将军，卡塞塔把这个信息的副本发到伯尔尼让我过目。亚历山大要立刻知道，维廷霍夫是否会履行这个投降协定的条款，条款规定停火在第二天当地时间下午2点生效。否则，他将不能及时向盟军的部队发

① 此处作者有误。希特勒是服毒自杀，不是开枪自杀。——译者注

布一些必要的命令以停止战斗；没有这些命令，投降行动就会难产。

后来，卡塞塔在那天晚上收到了沃尔夫签发的电报信息，沃尔夫感谢元帅发来的信息，并说在随后的一小时之内将发送一项决定。什么样的决定？信息中并没有提及维廷霍夫。那天晚上沃尔夫也没有给在伯尔尼的我们再发来一个字。

第二天，也就是5月2日，是原定投降的日子。这天清早，一个惊人的消息从博尔扎诺的沃尔夫发送到卡塞塔，维廷霍夫被凯塞林解除了司令职务。然而，这个信息还报告，维廷霍夫率领的C军团下属的德国第10军和第14军的司令赫尔将军和莱梅尔森将军、空军的冯·波尔将军及沃尔夫本人，已向各自所属的部队发布了命令，按照规定的下午2点钟停止敌对行动。根据沃尔夫的信息，在此事发生后，凯塞林立即发布命令，逮捕所有的投降将军。因此，沃尔夫要求亚历山大派空降兵保护在博尔扎诺地区的已经投降的将军们。这一切听起来很令人沮丧。必须由盟军干预才能强制执行的投降，很可能变成持续的敌对行动。

在德国境内，兵败之后变得喜怒无常和犹豫不决的凯塞林，是否将在最后一刻阻止在意大利的投降行动呢？希特勒的死讯刚传遍欧洲。凯塞林在几个月前说过，一旦希特勒死去，他就投降。美国第5军拿下了维罗纳，正在向奥地利和的里雅斯特推进。德国在热那亚、米兰和威尼斯的守军已经投降。捍卫军人荣誉的想法是异乎寻常的荒诞，除非有人认为希特勒的个人精神失常已传染给他的将军们，不能再用胆怯和害怕SS来解释顽固和毫无希望的忠诚。

这些就是在阳光明媚的 5 月 2 日早上，我们在伯尔尼等待投降到来的最后几小时的想法。同时，在瑞士首都清洁有序的街道上，红色的天竺葵花在窗台绽放，农民去赶集的车辆隆隆地在鹅卵石路上驶过。

午餐时间已过，仍然没有消息。盖弗尼茨和我坐在伯尔尼的办公室内，打开了收音机，并让它一直开着。卡塞塔没有发来信息，收音机里也没有相关新闻。我们当然还要做其他工作，而且有许多工作要做 。但是，在竖起一只耳朵听新闻简报的同时，我们确实也做不了什么事。

最终，在瑞士时间下午接近 5 点时，新闻终于来了。我们像世界其他地方一样，从收音机广播里终于听到了投降宣言，敌对状态已终止。这可能是盖弗尼茨和我——“日出行动”的两名“工程师”，在巨大压力和严格保密的环境下紧张工作两个月后，最盼望的结局。这条新闻不太详细，只说德国人已在意大利投降。是有这么一回事，但目前还处在流言疯传时期，新闻属实吗？我们能相信它吗？几分钟后，我们收听到亚历山大元帅正式宣布投降，才终于放心。不久，英国广播公司（BBC）在伦敦报道了，我在本书第一章引用过的丘吉尔首相在国会下议院关于投降讲话的全部细节。

我们大大地松了一口气，高兴地站起来在房间里旋转跳舞。我们立刻打开几瓶香槟，请在伯尔尼的所有同事一起举杯，庆祝我们历经曲折后取得的和平，而且它不再是一个秘密。

此后不久，我们开始在卡塞塔与博尔扎诺之间的无线电通信中收到从卡塞塔发来的报告。在最后的那几个小时内，卡塞塔的通信活动异常紧张，它必须保持与前线指挥官们联系所需的线路通畅，这使他们不能及时发信息给身处伯尔尼的我们。归根结底，我们在最后几小时内只能做观众。

从卡塞塔转发给我们的信息中看出，直到那天中午，即截止时间前的两个小时，亚历山大元帅的司令部才收到最后确定的信息。这是沃尔夫（通过沃利）以凯塞林的名义发来的。它说：

> 在西南战区总司令的指挥权范围内，我同意以书面和口头方式确定停火协定的条件。

从卡塞塔随后转发给我们的一些电报中看到，一个最后的意外错误——肯定是一个小错误，帮助落实了投降的宣布。凯塞林通过沃尔夫及沃利的通信线路，又一次要求在48小时内不做公开宣布，尽管敌对行动将在规定时间内终止。亚历山大的参谋提请他注意，停火命令是由电台用明码，即未经编码加密，通知德国第10军和第14军的，所以任何人收到后都很容易知道正在发生的事。亚历山大发电报通知沃尔夫和凯塞林，他不能再推迟宣布投降的时间。凯塞林的理由与后来拒绝全局整体投降的理由相同。凯塞林需要时间撤出部署在更东面的南斯拉夫和伊斯特拉半岛的德国军队，以避免他们被迫向南斯拉夫人或苏联军队投降。

但是，我们还是不明白在投降前的24小时里，博尔扎诺到底发生了什么内情。为了把此事说清楚，必须回顾几天之前发生的事情。

“日出行动”最后阶段的转折点，是4月22日在雷科阿罗的维廷霍夫司令部举行的一次会议。曾在柏林面见希特勒的沃尔夫在那天刚回来。我们后来发现，主要是罗廷格将军和德国大使拉恩在起作用，他们在雷科阿罗说服维廷霍夫，派施韦尼茨作为帝国国防军的投降使节去卡塞塔。然而，维廷霍夫坚持，还要派一个使者到凯塞林那里去获取他对投降的许可。多尔曼被派去承担这个使命。在“日出行动”稳步推进的漫长演变过程中，越来越多的合谋者被卷了进来，其中蒂罗尔州的纳粹地方行政长官霍弗，第一次被邀请参加这个会议。在这么晚才邀请他出席的唯一理由是，德军司令部现在已被迫撤退到霍弗的行政管辖区内，而且这里是阿尔卑斯山脉中最后防御阵地的一部分。问题在于维持该地区的秩序和实施投降都需要霍弗的配合。沃尔夫曾试探过他，比较信任他，并认为他愿意参加投降计划。然而，霍弗其实是个危险的阴谋家，他唯一的兴趣是维护自己作为蒂罗尔州领导人的地位。此后发生的大部分问题都源自他的阴谋。

在4月22日有维廷霍夫参加的关键会议上，霍弗极力主张在投降协定中做出某些规定，以保证蒂罗尔州的政治自治，由他继续掌权。他说出了这个意思或者想过这些。让这样的小野心挡住投降之路显然不是时候。霍弗离开会场时表面上和解了，而且完全知道此后会发生什么，并允诺合作和保密。但他后来完全食言了。

沃尔夫带着施韦尼茨和温纳于4月24日抵达瑞士，并计划去卡塞塔时，多尔曼出发去慕尼黑附近的凯塞林司令部。多尔曼带了一位名叫尼森的医生，此人是维廷霍夫的部下，曾任凯塞林的私人医生多年。多尔曼认为，尼森可能比其他任何活着的人更了解凯塞林。

在去慕尼黑的路上，多尔曼和尼森在因斯布鲁克停留，在那里成为霍弗的晚宴客人。得知多尔曼此去是为了看望凯塞林，并争取凯塞林同意“日出行动”，霍弗抓住这个机会，同多尔曼谈了一个暂时把他的私人野心搁置下来的新计划，这是自他两天前离开维廷霍夫的会议后想到的。多尔曼立刻明白了霍弗不再支持“日出行动”。卡尔滕布伦纳和霍特尔在因斯布鲁克，霍弗显然同他们有联系。据霍弗说，他们也有一个接触盟军以谈判“奥地利投降”的计划。霍弗说，卡尔滕布伦纳将在几个小时后见他，询问多尔曼是否愿意待在这里同卡尔滕布伦纳谈谈。多尔曼感到麻烦来了，在这个特殊的节点上，卡尔滕布伦纳是他最不愿见到的人。多尔曼说，如果在此待得太久，他会错过与凯塞林约定的会见时间。多尔曼及时离开了。他清楚地了解，卡尔滕布伦纳和霍弗的力量如果联合起来，会不顾一切地阻挡沃尔夫的计划，即使是在该计划即将成功的最后时刻。

4月26日，当美国军队正在接近慕尼黑以北约50英里处的城市雷根斯堡时，多尔曼在慕尼黑郊外的普拉赫拜访了凯塞林。那时，多尔曼在凯塞林司令部得知，这位元帅快要被任命为德国南部和意大利的德军总司令了。这意味着，迄今为止只听命于柏林的维廷霍夫司令部将隶属于凯塞林。如果属实，则凯塞林将必须对C军团的投降给出具体批示，不只是他个人道义上的支持。多尔曼在最后同凯塞林谈话时发现他既苦恼又刻薄。帝国正在瓦解。凯塞林从柏林得到的命令是，如果戈林[①]在巴伐利亚出现就将其逮捕。德国南部的几十个著名的纳粹分子试图接触凯塞林，求他保护和向他咨询。凯塞林仍然坚持继续战斗，至少在元首还活着时。无路可退的他打算树立一个榜样。[②]

多尔曼把“日出行动”的最新情况，包括沃尔夫带着施韦尼茨和温纳去瑞士的实情，告诉了凯塞林，但是没有提及这几位使节的使命，是到卡塞塔去签署无条件投降书。按照尼森的建议，他把这最后的关键情节略去了。因为尼森认为，凯塞林能猜出他们去干的事，但是如果今后维廷霍夫成为他的下属，他将乐于不必因知道此事而承担责任。根据多尔曼本人的叙述，他问了凯塞林这样一个问题：“如果在关键时刻德国人民呼吁您的良心与责任，先生，您将做些什么？您将给德国人民怎样的答复？”

凯塞林回答：“你放心，在这种情况下，我将毫不犹豫地把我所有的一切交给他们。”

这种的回答使多尔曼又一次恢复了信心。多尔曼认为，这意

---

① 戈林（1893—1946）曾是希特勒在1941年6月29日宣布的接班人。他在1945年4月20日出席希特勒生日纪念会后离开柏林，逃往南方。4月23日，他问希特勒，接班人之事是否还有效。希特勒大怒，下令逮捕他。——译者注

② 凯塞林后来解释他继续战斗的主要动机是，给东线的德国士兵一个向西转移和逃脱被苏联军队俘虏的机会，尽管他那时没有对多尔曼这样说。参见阿尔贝特·凯塞林元帅，《凯塞林，一个战士的记录》（*Kesselring, A Soldier's Record*, New York, 1954, pp. 331 ff）。

味着一旦凯塞林觉得可以自己做主，凯塞林将支持任何使敌对状态停止的行动。也就是说，一旦希特勒不挡道了，将军们就可以自由行动了。多尔曼相当轻松地离开了凯塞林。但是，随后几天的事态表明，他对凯塞林的判断并不正确。

在多尔曼和尼森于4月26日离开凯塞林司令部后不久，凯塞林打电话给维廷霍夫，要求同他在因斯布鲁克私下碰面。在德国的南方战线支离破碎的时候，我不知道凯塞林怎么会有时间离开司令部。但是，4月27日，在位于慕尼黑至博尔扎诺中间位置的因斯布鲁克举行了一场会议，会议的地点是行政长官霍弗的私人农庄。除了维廷霍夫和凯塞林，拉恩和霍弗也在场。

霍弗似乎没有说多少话。在这种场面中，他是小人物，注视着其他玩家，无疑在等待某些牌落入他的手中。这次会议的结局是凯塞林保持其最初的决定——只要希特勒还活着，不同意任何形式的投降。他说，他必须假定元首关于柏林之战将导致战争转向有利于德国的推断，是立足于坚固基础之上的，尽管他对实际情况并不了解。只要凯塞林还相信这一点，而且还受誓言的束缚，就不能做任何独立的安排。拉恩试图使投降之门一直敞开着，他假设大家都在黑暗中摸索，因为他们都不知道沃尔夫去瑞士的结果，以及盟军提出怎样的条款。他建议多尔曼立即去瑞士会见杜勒斯，并了解谈判进展。凯塞林同意这一点，但是这只不过是一个让步而已，只是搁置整个事情，避免当时的进一步争论。

凯塞林急忙回到慕尼黑。霍弗留在因斯布鲁克的岗位上，他在那里显然向卡尔滕布伦纳报告了所发生的事。在回去的路上，维廷霍夫和拉恩为了简短地谈一谈，而在博尔扎诺以北的南蒂罗尔的一个小镇梅拉诺（Merano）稍做停留。拉恩在解散了加尔达湖畔的德国驻墨索里尼法西斯共和国大使馆后，在那里设立了应急总部。

留在博尔扎诺的罗廷格将军通过电话与维廷霍夫保持联系。他得知这次与凯塞林的会见未做决定就结束了，很沮丧，于是开车到梅拉诺与拉恩和维廷霍夫汇合。他可能觉得拉恩在尝试劝说维廷霍夫采取行动方面可以发挥作用，况且现在没有别的出路。他还拉着多尔曼一起去了，因为他知道拉恩计划让多尔曼去瑞士。

在这一点上，我应该说明，我们对梅拉诺的会见及此后在其他场合发生的事情的了解，来自三个参与者——维廷霍夫、罗廷格和多尔曼，还有沃尔夫本人在战争结束后写的一系列回忆录。从这些叙述的摘录中，可以判断在梅拉诺发生了什么。

罗廷格写道：“维廷霍夫完全灰心了。他认为他已没有能力实施投降。我与他观点不同。接着是一场最激烈的讨论，在讨论中我不得不使用粗鲁的话语。拉恩保持中立。”

多尔曼写道：“维廷霍夫的心情是悲观、急躁、紧张的。感谢上帝，罗廷格将军在场。没有罗廷格，整个事情将毫无可能。维廷霍夫继续谈论战士的荣誉问题和对希特勒的忠诚，然而这些思想并未妨碍他在几天前派他的参谋施韦尼茨，带着授权信为安排在意大利的最后投降而活动。……这是我一生中第一次听到两位高级军人之间毫不留情的争论。在争论的最后，罗廷格宣称：

当争论的原因显然来自完全缺乏个人勇气时，无法使任何人相信荣誉和忠诚及诸如此类的华丽辞藻……”

维廷霍夫在自己的回忆录中没有提及那一天，显然不想回忆。

4 月 27 日下午，就在我收到华盛顿关于取消禁止谈判的指示后的几个小时后，就举行了一场可能破坏德国使节到卡塞塔完成使命的会议。这位有权的人——维廷霍夫，在 5 天前曾同意派一位使节去签署投降协定，现在他已处在妥协的边缘。

就在会议结束时，有消息传到这个团队。沃尔夫已越过边界进入奥地利，正在回博尔扎诺的路上。这表示需要多尔曼到瑞士去。于是，四个人——维廷霍夫、罗廷格、拉恩和多尔曼，都改道回博尔扎诺，在那里会见沃尔夫。他们还觉得必须把沃尔夫回来的消息通知霍弗。他们通过电话找到了在因斯布鲁克的霍弗，请他在那天傍晚时分到博尔扎诺来。

沃尔夫在 4 月 27 日的半夜才抵达博尔扎诺。“日出行动”中起主要作用的德国合谋者们，穿着全套戎装在 4 月 28 日凌晨大约 2 点召开会议。沃尔夫把在瑞士发生的一切最新情况——盟军中断谈判，然后美国政府改变了给盟军的指示，派施韦尼茨和温纳到卡塞塔去，都告诉了与会者。沃尔夫解释，无条件投降是盟军唯一能接受的条款。他说，现在已不可能有任何特殊的交易。如果德国人没有如此长时间延误和出现内部分歧，早些时候本来是有机会争取优惠条件的。盟军攻势的成功——自第一次认真考虑停火可能性以来的几个星期里，德军不断溃败，使事情成了现在这样。谁也不能指望得胜的盟军现在会让德国军队提出特殊条款。

没有人，除了霍弗，显然对此深感失望。他声称，这是他第一次听到“无条件的”投降，如果早知道这些条款，他永远不会同意任何事情。现在，他要求由他控制他管辖区内的所有德国军队。这位狡猾的蒂罗尔州老板的要求遭到了在场的每一个人，甚至维廷霍夫的强烈反对。罗廷格开始同霍弗进行没有结论的激烈争辩，会议在午休后结束，未达成任何成果。霍弗怒气冲冲地离开了会场。其他在场的人决定，在使节们带着投降协议从卡塞塔回来之前不采取进一步的行动。显然，没有人想把他们在此出席会议之事告诉凯塞林。

4 月 28 日，使节们刚到达卡塞塔，“日出行动”的所有德国合谋者担心的事在这一天发生了。凯塞林被希特勒任命为南方战线德军，包括维廷霍夫军队的总司令。这是希特勒的最后命令之一，几乎葬送了“日出行动”。

在 4 月 29 日的某个时刻，霍弗设法接触了凯塞林。他向凯塞林报告了沃尔夫在一天前告诉合谋者们的话——盟军要求的是无条件投降。罗廷格，与沃尔夫不同，从来没有信任过霍弗，他第一个听到了将要出事的风声。在当天他与霍弗的通话中，霍弗在电话里向他大吼：“人们都爬到我头上了！我跟你们的计划没有任何关系！你为什么不用战斗代替谈判？”罗廷格告诉沃尔夫，他认为巨大的危险正在来临。沃尔夫还是不相信霍弗会背叛他们。在这天的晚些时候，凯塞林在一次电话交谈中警告罗廷格：“战斗——不要考虑谈判。”

4 月 30 日早上，斧头砍下来了。凯塞林撤销维廷霍夫和罗廷格职务的命令下发到博尔扎诺。他们必须去卡雷扎湖（Lake Carezza）附近的多洛米蒂山（Dolomites），去 C 集团军的山中秘密指挥所报到，接受军事法庭的审判。舒尔茨（Schultz）将军，当时是在德国的司令之一，接替维廷霍夫的职位；温泽尔（Wenzel）少将接替罗廷格的职位。沃尔夫不归凯塞林管辖，留给 SS 做特殊处理。沃尔夫接到通知，凯塞林把他的案子转交给卡尔滕布伦纳去调查，因为卡尔滕布伦纳是该地区级别最高的 SS 和盖世太保首脑。在这个关头，沃尔夫终于明白，霍弗背叛了他们。

维廷霍夫，这个以自己的名义在投降书上签字的人，是一个恭顺的士兵，立刻按照命令在当天到卡雷扎湖去。他似乎很乐意被排除出这个舞台，并摆脱执行这个决策的责任。另一方面，罗廷格声称他必须留在岗位上，直到舒尔茨和温泽尔来接班，以便向他们介绍情况。这使他争取到了进一步活动的时间。当天下午，沃尔夫得知，施韦尼茨和温纳带着签署的投降文件，从卡塞塔回到了瑞士 – 奥地利边界。沃尔夫通知他们避开因斯布鲁克的霍弗总部，如我在前面所述，其实沃尔夫已知道霍弗是个什么货色。施韦尼茨和温纳在 5 月 1 日的后半夜到达博尔扎诺，并在与沃尔夫和罗廷格秘密会见时展示了投降文件。文件规定在 5 月 2 日当地时间下午 2 点实施投降，那时只剩下 26 个小时了。

与此同时，舒尔茨和温泽尔告诉沃尔夫，他们不能没有凯塞林的专门批示就下令停火。但是沃尔夫知道，现在似乎已没有使凯塞林改变主意的可能性。

这是 5 月 1 日拂晓前几个小时内的事态。维廷霍夫，这位很难被说服且从来没有用他的实际力量支持过投降的司令，已经不光彩地走了。罗廷格，这位投降背后的主要军人支持者，在舒尔茨和温泽尔准备好接管指挥任务后，大约要在那天上午去拘留所与维廷霍夫汇合。这两位不出名的将军——舒尔茨和温泽尔，像大多数在帝国解体前最后一分钟被任命的将军那样，无疑觉得在历史的这几页上写上一笔的时刻来到了——他们应该利用这个时刻，从那些迫切要求投降的背叛者手中挽救军队的荣誉。他们将在任何问题上都听从凯塞林的指令，免遭与维廷霍夫和罗廷格同样的命运。沃尔夫本人现在已知道霍弗和卡尔滕布伦纳的敌意和报复态度，他必须注意自己的个人安全，因为凯塞林已把他的案子转交给卡尔滕布伦纳。在卡塞塔，亚历山大元帅坚持投降协定的条款，等待德国人确认。盟军准备停止向德国人攻击。沃尔夫和罗廷格已做了他们能做的一切，除了动用武力。在 5 月 1 日破晓时，沃尔夫和罗廷格决定采取孤注一掷的措施——逮捕舒尔茨和温泽尔。如果把他们清除出去，沃尔夫和罗廷格就能自由地催促 C 军团的下属司令们，把停火的命令传达到他们的部队。这些司令是：第 10 军的赫尔将军、第 14 军的莱梅尔森将军和空军的波尔将军。几个星期以来波尔一直站在沃尔夫一边，现在可以依靠波尔下达指令。另两位将军也赞成投降计划，但不像波尔那样坚定支持。

博尔扎诺的陆军司令部是在山中岩石隧道里的坚固防御阵地，离沃尔夫的SS司令部不远。舒尔茨和温泽尔，这两位新来的将军，那天早上正在陆军司令部工作，研究构成这支军团的两个犬牙交错的战线。7点过后不久，罗廷格率领他的军事警察分队，包围和封锁了他们的司令部，并礼貌而坚定地宣布他们被捕了，他们必须暂时在警卫看管之下留在这里。舒尔茨和温泽尔守口如瓶，接受了拘捕。

随后，罗廷格接管了C军团的最高军事权力。他命令通信兵主任坎普（Kempf）关闭一切与德国的电话和电传通信。坎普遵从了命令。这样，外界无人知道这里发生了什么，在柏林或慕尼黑的人无法给下属的司令发命令。

下一步，罗廷格打电话给赫尔将军和莱梅尔森将军，告诉他们，他已逮捕了舒尔茨和温泽尔，以及自己打算继续执行投降计划。使罗廷格沮丧的是，赫尔和莱梅尔森两人都对非法逮捕他们的上级军官表示不认同，并且拒绝按这些条件投降。他们告诉罗廷格，将不会参加他在当天傍晚召开的会议。对于罗廷格来说，这似乎是末日。他粗暴地以下犯上，可能会被判处死刑而最终一无所获。

大约中午的时候，罗廷格部下军衔最高的参谋之一——摩尔（Moll）上校，急匆匆地跑进沃尔夫的办公室告诉他，罗廷格正在考虑自杀。沃尔夫快速跑到罗廷格办公室，劝他放弃冲动的自杀情绪，并建议他现在改变策略，以便把舒尔茨和温泽尔扭转到他们这边来。为此必须撤掉看守两人的守卫，让他们获得自由，并允许他们接管司令部。

沃尔夫自愿单独去同舒尔茨和温泽尔谈谈。现在的问题是要在德国将军们内部之间保持和平，再进一步确保双方军队之间有更大的和平，如果还有可能的话。罗廷格让沃尔夫留在这两位将军那里。沃尔夫同两位将军进行了较长的谈话之后，最终说服了他们。他们同意加入投降行动，但有一个条件——投降必须获得凯塞林的批准。这时，沃尔夫叫罗廷格进来，罗廷格为他做的事向舒尔茨和温泽尔道歉。这样算是有了一个和解的结局。被罗廷格逮捕过的这两位军官原谅了他，甚至与他握手言和。现在，与凯塞林司令部的通信恢复了。赫尔和莱梅尔森这两位陆军司令，被告知舒尔茨和温泽尔已被释放并恢复了领导权，而且他们两人都表示愿意参加将于 5 月 1 日下午 6 点举行的将军会议。

参加会议的将军包括：沃尔夫、罗廷格、舒尔茨、温泽尔、赫尔、莱梅尔森、波尔和海军中将罗威施（Löwisch），最后的这位将军代表德国海军，还有摩尔、多尔曼和其他高级参谋官。

罗廷格和沃尔夫向聚在一起的司令们呼吁，不能再耽误时间了，因为距结束敌对行动的规定时间只剩约 20 个小时了。赫尔和莱梅尔森也在一定程度上支持沃尔夫，力图影响现在的意大利战区最高司令舒尔茨，理由是他们的部队处于危险的困境，几乎没有重炮。不过，赫尔和莱梅尔森强调，如果没有舒尔茨批准，他们两人都不会采取独立行动，即使再也无法为继续战斗找到理由也不会投降。波尔表示了同样的观点。舒尔茨再次重申，没有凯塞林的批准，他不会采取行动。不过，他答应立即同凯塞林联系，把事情交给凯塞林决策。这是他能尽力做到的。

现在剩下的时间越来越少。在晚上 8 点的时候，沃利接到亚历山大元帅的信息：要求确认德方投降和投降的时间，这样他才能在盟军这一方执行协定。这时，沃尔夫指示沃利回电，最后决定将在 2 小时内做出。

沃尔夫和舒尔茨二人都试图打电话到凯塞林在德国的司令部，但是在这个关键时刻却找不到他。沃尔夫最后成功接通了凯塞林的参谋长韦斯特伐尔将军的线路。他想尝试一个新的策略。他告诉韦斯特伐尔，为了不误事，必须立即任命一位愿意为投降承担责任的军团新司令，而且这位新司令必须从已在博尔扎诺声明愿意采取独立行动的将军们中选取。为达到此目的，沃尔夫要求从罗廷格、赫尔、莱梅尔森、波尔或者他自己中选一个，任命为 C 军团的司令。对此，韦斯特伐尔回答，他将把此事上报给凯塞林，并在半小时之内电话回复。然而到了晚上 10 点，沃尔夫并没有从凯塞林或韦斯特伐尔那里收到答复。

沃尔夫决定守信用，在 10 点 30 分给亚历山大一个答复。根据多尔曼的叙述，大约在这个时候，尽管争论的各方之间存在着紧张气氛和公开冲突，但人的固有弱点占了上风：围在会议桌边的这一伙人已坐在那里争论了 4 个小时，都饿了。然后，来了一大盘三明治，每一个人，无论赞成或反对投降，都在吃着三明治，几分钟内一片肃静。吃饱之后，沃尔夫请舒尔茨最后一次打电话给凯塞林。这次终于弄清楚了，凯塞林不在办公室，是因为去检查他在蒂罗尔州剩下的战斗部队了，他将在半夜过后回到司令部。舒尔茨耸了耸肩膀，他什么都不能做，没有凯塞林的命令，他不能动一步。

面对面地静坐在会议桌边的这一伙人，在将近10点30分迎来了一个转机。自会议开始以来，一直显得犹豫不决的第10军司令赫尔将军回过头对他的参谋说："下令第10军明天下午2点停火。"这位参谋离开了这个房间。此后，其他将军——沃尔夫、波尔，最后还有莱梅尔森，各自立即下达了同样的命令。沃尔夫随即离开了房间，通过沃利给亚历山大发送一个关键的信息：在构成德军作战力量主体的主要部队停火的基础上将实施投降，但是未经舒尔茨或凯塞林同意。

就在晚上11点，向亚历山大发出这个信息的时候，广播电台公布了希特勒死亡的消息。沃尔夫指望这个消息能立刻使凯塞林和舒尔茨转变到投降行动这边来，因为效忠希特勒的誓言不再有约束力。但是凯塞林那边还是没有发话过来，而没有他的指令，舒尔茨就不肯动一步。

在此期间，拉恩在寻找解决沃尔夫问题的另一种途径。在傍晚的时候，他在梅拉诺从与沃尔夫的电话交谈中得知，维廷霍夫和罗廷格被撤职，以及沃尔夫的危险处境。由于我还不完全清楚原因，他立即开车到瑞士边境，希望能同我接触。我自然无力为博尔扎诺的形势做什么事，我将不得不通知亚历山大，当前实现投降的前景渺茫。瑞士的边境守卫无论如何也不让拉恩入境。他们允许他给伯尔尼的某个瑞士官员打电话。拉恩要求打电话给我。这个守卫请他等待，说此事正在考虑中。拉恩等了两个小时。突然下雪了，雪花轻轻飘舞，他在放下的边界栅栏前来回踱步取暖。然后，他获得的答复是“不行”。瑞士当局不允许他入境。他开车回到梅拉诺，想通过电话联系沃尔夫，但没有成功。最后在破晓之前，他干脆亲自去博尔扎诺，看看那里正在发生什么事。

在一长夜的紧张气氛下，时间从5月1日来到了5月2日，反对投降的力量又开始聚集起来。在将近半夜的时候，从德国发来了一个逮捕冯·波尔将军的命令。命令来自波尔的上司，德国第6空军集团司令德斯洛克（Dessloch）将军。这个命令未被执行，因为波尔的参谋诺伊贝特（Neubert）少校收到命令后拒绝执行。更令人不安的是，凯塞林在凌晨1点15分发来命令：逮捕维廷霍夫[①]、罗廷格、施韦尼茨及其他几个参与投降计划的军官。沃尔夫没有被包括在内，因为他并不在凯塞林管辖之下。然而，毫无疑问的是，这些逮捕令是针对他们所有人的，包括沃尔夫在内。沃尔夫认为，还和其他人一起坐在这个房间里的舒尔茨，很可能会把这些参与投降的将军关在他的司令部内，以阻止大家的进一步行动。沃尔夫借口上厕所而略带歉意地离开一会儿。他在过道里注意到一批持枪的士兵正在集结。他立即回到会议室，示意他的合谋者们，包括赫尔将军和莱梅尔森将军，快点跟他走。他们照做了。沃尔夫知道司令部所在的这条隧道的布局，领着这一群人到一个很少使用的出口，那里还没有部署守卫。一出来，沃尔

① 维廷霍夫的名字仍在这个逮捕令中，尽管他已经被囚禁。可能是凯塞林担心维廷霍夫没有遵从最初的命令，而要确保逮捕他。

夫就告诉他们，自己将回到皮斯托亚公爵宫内的司令部去，并建议大家回到各自的司令部。在那里他们可以最大限度地保护自己，应对任何逮捕他们的企图，还能监督给各自部队下达的停火命令的执行。

在沃尔夫和多尔曼到达宫殿内的司令部后不久，他们从沃尔夫部下的几个军官那里得知，刚接到一道命令，要帝国国防军的坦克部队包围这所宫殿。沃尔夫立即命令他指挥下的 7 辆警察坦克开进宫殿的花园。他还提醒机动化卫队的几个分队保卫这所建筑的地面部分。这样，在凌晨 2 点，沃尔夫准备好了为投降问题而打一场德国人自己之间的小战争。“日出行动”一切出人意料的怪诞和冲突——SS 站在投降集团一边，军队的高级指挥则反对投降，现在都已达到高潮。就在这个节点，沃尔夫发信给亚历山大，要求派盟军的空降部队介入两派间的冲突。

在这些对立的武装力量即将互相开火之际，沃尔夫的电话响了。这是凯塞林打来的。凯塞林说，他刚得知投降令已发给意大利战线的所有德军部队。他对沃尔夫提出了最严厉的指控。他说，他清楚地知道沃尔夫是下达这些投降令的一系列事件的推动者。他指责沃尔夫及其同伙的军事叛乱。沃尔夫则再一次恳求他参与并批准投降行动。

那是一个很长的通话，从凌晨 2 点延续到凌晨 4 点。沃尔夫请求凯塞林结束无意义的作战。他提醒凯塞林，每过一小时就意味着更多生命的牺牲和更多德国城市的毁灭。他说，他们一致认为，德国继续打这场战争是毫无希望的，它已经拖得太久了，而且德国已经输掉了。

这场谈话时而声音渐小至无声，时而被完全切断。谈话有时是在凯塞林的参谋长韦斯特伐尔与沃尔夫的副官温纳之间进行的。不难想象这样的舞台场景：两个司令部里心烦意乱和精疲力竭的人们，用不断的争论度过这场战争的最后几小时。

沃尔夫为凯塞林回顾了“日出行动”的整个过程，证明在每一个转折点上，他的行动都是正确的。沃尔夫知道凯塞林担心德国投降的结果是出现苏维埃化的欧洲。沃尔夫以下述理由结束了辩论（在整个谈话期间，站在旁边的多尔曼记录了沃尔夫的话）：

> 军事投降不仅是为了避免进一步的毁坏和流血牺牲。现在停火将有可能使英美联军阻止苏联军队向西挺进，防止铁托的力量占领的里雅斯特，同时可以反击试图在意大利北部建立苏维埃共和国的共产主义起义……[①]，由于元首的死亡已使你解除了对誓言的忠诚，我虔诚并怀着最大限度的服从心理请求你，作为整个阿尔卑斯山地区的最高司令，对我们的良知迫使我们采取的独立行动给予事后追认的批准。

沃尔夫与凯塞林之间的谈话，最终以凯塞林将在半小时内给

① 沃尔夫用这一段陈述讲出了盟军司令的思想。在实现投降后不久，亚历山大元帅立即命令伯纳德·弗雷伯格（Bernard Freyberg）将军，率领新西兰机动化师尽快向的里雅斯特进军。他们与铁托的游击队同时抵达。然后，克拉克将军调动美军第 91 师向同一个方向挺进以展示其强大的力量。的里雅斯特免于被共产党接管。（Mark Clark, *Calculated Risk* [New York: Harper, 1950], pp. 443 ff.）

出最后决定而结束，此时已是5月2日凌晨4点。4点半过后不久，舒尔茨打电话给沃尔夫说，他刚接到凯塞林的电话。凯塞林决定批准投降行动，还撤回了逮捕维廷霍夫、罗廷格及其他人的命令。

拉恩在早上到达博尔扎诺，刚好赶上了这个事。他觉得极其重要的是，凯塞林应恢复维廷霍夫的司令职务，而这一点在舒尔茨同凯塞林的最后一次通话中却被遗忘了。拉恩的理由是，投降协议是以维廷霍夫的名义在卡塞塔签署的。如果在实施投降时，有某些下属的德军指挥官抗拒命令，完全可以声称维廷霍夫的撤职导致投降命令失效。如果维廷霍夫没有权力，盟军方面也可能会担心投降的安排得不到尊重与确认。

沃尔夫及其他人注意到了拉恩的观点，但是他们已受够了凯塞林。他们建议这次由拉恩自己打电话给凯塞林，拉恩打了电话。在“别扭和勉强的交谈后”，如拉恩本人所形容的，凯塞林对拉恩的要求做出了让步，恢复了维廷霍夫的职务。维廷霍夫急忙从他的山中囚室赶回了博尔扎诺。

与此同时，随着意大利北部阿尔卑斯山脚下的战斗接近尾声，盟军在想些什么？那时，作为进攻先锋的美国第5军司令卢西恩·特拉斯科特将军，在后来发给这个军的军官和士兵的一本小册子中描述了当时军队的紧张状况。[①]

只有少数盟军指挥官知道正在进行的谈判已到了关键时刻，

① Lucien K. Truscott, Jr., “19 Days from the Apennines to the Alps—the Story of the Po Valley Campaign.”

如果真的能实现投降，却没有一个人知道确切的投降时间。特拉斯科特写道：“4 月 30 日，星期日，是紧张等待的一天。德国军官们能到达维廷霍夫的司令部而不被盟军半路截获吗？维廷霍夫和沃尔夫将尊重他们代表的签字吗？这个消息会被泄露而前功尽弃吗？”在收到确切的信息之前，不能透露风声，以免过早的庆祝热潮破坏周密安排的计划。

事实上，盟军已制订了大举进攻的计划，但在最后时刻被暂停，不准实施这个计划，除非投降计划最终失败。谁能料到未来会怎样？那时，德军的司令和他的谈判代表们可能已被逮捕，也可能已经死了。特拉斯科特甚至不敢相信电话或广播电台透露的投降即将来临的消息。

然而，关注德国广播电台的听众，在 5 月 2 日收听到博尔扎诺对德国军队发送的广播——命令他们停火。

5 月 2 日当地时间下午 2 点，德国士兵开始放下武器。战争在意大利结束了。

第十四章

余波

5月1日至2日夜间，在博尔扎诺发生非常事件后，维廷霍夫恢复了司令职务，希望挑选一位合适的下级去制订复杂而细致的投降行动细节。他选择弗里多·冯·森格－埃特林[①]（Frido von Senger und Etterlin）将军承担这项任务。此人在牛津大学受过教育，一年前策划了德军在卡西诺山的防御战事。森格受命在冯·施韦尼茨上校的陪同下，去佛罗伦萨的马克·克拉克将军的司令部。施韦尼茨在推动德军投降进程方面起了很大作用，现在已被盟军最高司令熟知。这个代表团中的第三位是代表沃尔夫的多尔曼，是个职业经纪人。多尔曼从一开始就参加了几乎所有的谈判环节，来参加收尾工作是很合适的。从博尔扎诺来迎接的英国人和美国人护送这三人到南部的佛罗伦萨去。5月4日，他们在那里会见了克拉克将军。当克拉克的参谋聚在一起处理解除德国军队武装，恢复意大利秩序，保护隐藏的艺术珍品等繁杂问题时，克拉克将军和森格，这两位曾在不断向北移动的意大利战线互相敌视的老对手，在谈论这次战争的战术和战略。克拉克将军在他的《计算

---

① 森格是《既无恐惧，亦无希望》（*Neither Fear Nor Hope*，New York: Dutton, 1964）一书的作者，此书叙述了5月2日德军投降后的余波（pp. 303–306）。

过的风险》(*Calculated Risk*)一书中提到了这次谈话。克拉克问森格，为什么德军待在波河以南，被盟军打得落花流水仍不往北撤到山里，为什么在那里他们可以毫发无损地坚守相当长的时间。森格耸了耸肩，用一个词回答——“希特勒”。

尽管意大利的枪声已经平息，但战争在欧洲尚未结束。欧洲胜利日是在5天后。我们通过“日出行动”不仅取得了第一次大规模的投降，而且建立了盟军与德军最高司令部之间的通信渠道，这在安排其他地区的投降谈判中很有用处。小沃利，这个从德国集中营中逃出来的捷克斯洛伐克难民，在意大利地区的德军投降后，仍坐在博尔扎诺的德军司令部里的秘密电台前，为德国境内已战败的纳粹军队与盟军最高司令部之间的联系而服务。

5月3日下午，处于困境的凯塞林从他的司令部（后来迁到了奥地利西部）打电话给在博尔扎诺的沃尔夫，请他转发一份电报给亚历山大元帅。沃利在卡塞塔把电报编成密码，并为沃尔夫将军发出这份电报时很激动。电文如下：

> 凯塞林的司令部请沃尔夫转达亚历山大——请指示西线总司令，为了投降应如何联系盟军总司令部。

亚历山大司令部的回答是，请告知凯塞林，他的问题已转交给艾森豪威尔将军。

次日，艾森豪威尔将军的答复通过亚历山大元帅的司令部，转发给博尔扎诺的沃利，沃尔夫将军在那里打电话转告在奥地利的凯塞林元帅。艾森豪威尔将军的答复传达了下列有历史性意义的信息：

致沃尔特[①]：致沃尔夫将军。请把下文转给凯塞林元帅。

1. 为了安排无条件投降，西线总司令凯塞林元帅或他的使节应联系第 6 军团司令德弗斯将军。

2. 如果派使节来，他们应该有无可争议的签署无条件投降协议的资格和权力。

3. 德方应在萨尔茨堡经基姆湖南岸到罗森海姆的公路上遇到的第一个联络点通过美方战线。如果萨尔茨堡已被美军占领，则德方应从 331 号公路或 31 号公路的方向抵达萨尔茨堡。

4. 元帅或他的使节乘坐的车辆前面一公里处，应该有另一辆车开路。这两辆车的前盖上应标有标志，并在车顶上悬挂不小于 4 英尺的白旗。

5. 在 5 月 4 日格林尼治标准时间 10 点之后，将在公路上离美国战线最远处设置一个长期岗哨。如果萨尔茨堡的海关已被占领，则将在 31 号或 331 号公路上设置一个类似的岗哨。

6. 如有可能，请说明德国代表团大约在何时接触美国战线。

7. 谨致谢意。

1945 年 5 月 4 日

---

① 不清楚这个“沃尔特”是谁的名字，很可能是指沃利，或者是亚历山大元帅司令部电台的一位报务员。——译者注

那天下午，另一个来自凯塞林的信息通过同样的路线（凯塞林－沃尔夫－沃利－亚历山大－艾森豪威尔）传送过来，宣布舒尔茨，一位在投降前夜引起许多麻烦而现在是凯塞林部下的人，将负责到德弗斯将军率领的美国第6军团处理投降之事。次日，凯塞林通过沃利的线路通知艾森豪威尔，凯塞林的参谋长韦斯特伐尔将军正在去萨尔茨堡的路上，希望能从那里坐飞机去艾森豪威尔将军的司令部，以加快投降的进程。这个信息如下：

> 我相信您已准备好接待我的一位全权代表。如果属实，我将不胜感激您的立即确认。我将立刻派我的参谋长，骑兵将军韦斯特伐尔，带领一个5人代表团去萨尔茨堡。为了节省时间，需要通过电台线路接到关于从萨尔茨堡或慕尼黑机场飞到您的司令部的可行性的通知。
>
> 1945年5月5日

5月5日至6日，凯塞林的G军团，包括第1军和第19军，在德国东南部和奥地利向德弗斯将军投降。小沃利的电台加上沃尔夫的劝说，在前几天对凯塞林起了作用，催生了这次投降的实际执行。艾森豪威尔将军在他的回忆录中说，德国军队在意大利的投降，使得在其北面的德国军队处于绝境，这无疑促使凯塞林下决心。[1]5月7日在兰斯签署了德国全部军队的投降书。5月8

① Dwight Eisenhower, *Crusade in Europe*（New York: Doubleday, 1948）, p. 425.

日午夜，敌对行动停止。

德军在意大利地区的投降于5月2日生效后，亚历山大元帅邀请盖弗尼茨和我去他的卡塞塔司令部，这是一个很客气的礼貌举措。我没有见过他，尽管几个月来我们在某种意义上是紧密的伙伴，而且我很尊崇他的决策能力和领导素质。

盖弗尼茨陪我浏览了卡塞塔及其周围，他指着一排平房说，他在那里面的最后一分钟恳谈，让一心为争取优待条款而讨价还价的施韦尼茨下定了决心。当我们在卡塞塔时，莱姆尼策将军请我们游览卡普里岛（Capri），一批从前被纳粹囚禁的人刚到那里，正在等待接受盟军检查他们的身份。他们是曾被囚禁在集中营内的来自不同国家的其中一部分人。那时，SS的高级领导还扣留着这些人，大概是企图在最后时刻用这些人换取赦免权。这些从德国和奥地利各地集中营里被选出来的人，在SS看守们的驱赶下，越过阿尔卑斯山，来到南蒂罗尔州的多比亚科市（Dobbiaco）附近的尼德多夫村（Niederdorf）。那里有大约200人被囚禁，包括在战争早期就落入纳粹手中的一些国际知名人士。[①] 盖弗尼茨在

① 他们之中有：法国的前总理莱昂·布鲁姆和他的妻子；奥地利前总理库尔特·冯·许士尼格及其妻子；苏联莫洛托夫的侄子科克林（Kokorin）中尉；跟丘吉尔有亲属关系的两个英国官员；在战争早期著名的“芬洛（Venlo）事件”中，在荷兰边境被德国人绑架的两个英国情报人员斯蒂文斯（Stevens）和贝斯特（Best）；普鲁士的利奥波德王子（Prince Leopold）；马丁·尼莫拉牧师（Martin Niemöller）；基督教和天主教的一些传教士；帝国银行的前总裁贾马尔·沙赫特（Hjalmar Schacht）；许多参与7月20日谋杀案而未被处死的将军，如哈尔德（Halder）、冯·法肯豪森（von Falkenhausen）、托马斯（Thomas）及冯·博宁上校等其他人，还有已被处死的军官的妻子和孩子，其中有把炸弹装在皮包里打算炸死希特勒的冯·施陶芬伯的遗孀、孩子、兄弟和侄子。

卡普里岛听到了这些人死里逃生的故事。

由于这些人中一个叫冯·博宁（von Bonin）上校的机敏行动，他们在南蒂罗尔州时引起了罗廷格和沃尔夫的注意。博宁曾设法很长时间躲开了 SS 的看守，在尼德多夫村找到一个电话，打电话给博尔扎诺的德军司令部。他很幸运设法接通了从前就认识的罗廷格。博宁告诉罗廷格，SS 命令把他们全体枪毙，以防他们落入正在逼近的盟军手中。

罗廷格和沃尔夫派帝国国防军大尉冯·阿尔文斯莱本（von Alvensleben）率一个分队，到尼德多夫村去接管这一群人。阿尔文斯莱本带领着只有 15 人的突击队，到达现场时碰上了固执的 SS 看守。他请求从多比亚科市加派 150 名增援，并希望他们能及时到达。增援来了之后，被围困的 SS 威胁要开枪，如果阿尔文斯莱本的军队试图释放这些人。最后双方进行了和谈，人数相对较少的 SS 同意释放他们。这一群人在罗廷格所派人员的保护下被安置在附近的小旅馆内，直到德军签署了投降协议，然后罗廷格安排他们到卡普里岛，在那里他们被逐个审查，非德籍的人被送回各自的祖国。

当我们还在卡塞塔时，我接到艾森豪威尔将军司令部的邀请，为最后的全面投降而去兰斯会面。盖弗尼茨和我在 5 月 8 日回到伯尔尼时，另一个邀请等待着我们。沃尔夫将军请我们两人去博尔扎诺。我不得不婉拒这个邀请，但盖弗尼茨去了，因为沃尔夫在离开这个舞台前急于安排诸多事务，其中之一是他以前曾告诉过我们的那些藏着意大利艺术珍品的地点。还有一件事，为了将来书写历史，盖弗尼茨要直接从宣布投降前最后几天的现场参与者那里，收集5月1日至2日在博尔扎诺事态进展的一些资料。

5月9日，德军在意大利地区投降生效7天之后，德国在欧洲全面投降两天之后，博尔扎诺的形势变得不平常。特拉斯科特将军的前锋师中的山地部队，在投降后经加尔达湖北面迅速向布伦纳山口进发，以联系美国第6军团在奥地利的部队，并关闭了通信线路。匆忙间，他们在博尔扎诺地区只留下一支军事警察分队和一个联络单位。另一方面，除了向的里雅斯特进军以防铁托的部队抢先到达的英联邦军队，其他在意大利的美国和英国军队停留在原地，等待安排投降的细节及德国和意大利军队移交营地，德国的部队也停留在原地。

结果是，当盖弗尼茨坐飞机于5月9日抵达博尔扎诺时，在“日出行动”中发挥关键作用的沃尔夫将军、维廷霍夫将军和罗廷格将军，以及他们的参谋们正在阿尔卑斯山里享受春天。他们享用着军队留下的食品和饮料，等待盟军给他们发出下一步的指示。沃尔夫设法把他的妻子和孩子转移到博尔扎诺和他待在一起，我们向他祝贺自1943年以来的第一次家庭团聚。德国士兵和SS的人可以自由地在附近散步和享受阳光。盖弗尼茨和我们OSS的资深官员之一——泰德·里昂（Ted Ryan），从卡塞塔来到这个伊甸园般的地方。

以下是他们讲述的开车从机场到博尔扎诺市中心的沿途感受：“这是一幅和平的景象，有点像午餐时刻的迪士尼游乐场中的米高梅影城。一个穿非洲卡其色短裤的棕色皮肤的小伙子骑着自行车，在他的自行车横杠上坐着一个穿紧身连衣裙的姑娘，正微笑着。一些奥地利人戴着黑色小礼帽、穿着紫色的夹克在街道上闲逛。几百名帝国国防军的士兵懒洋洋地成群坐在路边，对驶过的美国军车似乎产生了点儿兴趣。我们遇到的第一个交通管理员不是美国宪兵，而是一个整洁端正的肩上斜挂着自动枪的德国士兵。”

他们停在一家旅店门前，那里已有德国军官住宿。盖弗尼茨费了一点儿时间说服旅店老板，给他们这些来自美国的胜利者好一点的房间。在皮斯托亚公爵宫的沃尔夫司令部，德国警卫为他们的车引路。盖弗尼茨和里昂到达为高级军官预留座位的咖啡厅，刚好及时享用午餐后的咖啡。

他们开始游览这个宫殿，拜访了位于该建筑第三层的沃尔夫办公室。沃利穿着已穿了三星期的过于肥大的双排扣灰色细条纹外衣、一件红色条纹的衬衣和一条松松地挂在脖子上的新领带。密码本和电台放在角落的桌子上，天线伸出到外面的房顶，并呈对角线地穿过房内。从窗户能看到这栋建筑的另一个门，它已在4月29日的轰炸中被毁坏。那天沃利慌乱地发电报来说，SS发怒了。从沃利的小房间通向沃尔夫洗手间的门上还挂着一个牌子：“只允许有SS全国副总指挥（沃尔夫）特别批准的人进入。”

然后，他们一行人被领到建造在山边的有隧道系统和掩体的维廷霍夫指挥部。5月1日至2日夜间，那里曾发生高潮迭起的几乎酿成悲剧的事件。里昂和盖弗尼茨与维廷霍夫、沃尔夫、罗廷格、多尔曼、温纳及尼森一起照了相，他们都露出微笑，显得很轻松。

在这次访问行程中，盖弗尼茨和里昂还去了蒂罗尔村。沃尔夫在那里收藏着佛罗伦萨的乌菲兹画廊和皮蒂（Pitti）美术馆的大量艺术珍品。在 1944 年 12 月保护珍品免遭战争损坏和抢掠方面的最后一个行动中，希姆莱曾下令把珍品运到沃尔夫控制区以外的奥地利，但沃尔夫没有执行此命令。当时，他拒绝的理由是没有足够的汽油运输它们。

沃尔夫给盖弗尼茨和里昂提供了他辖管的 SS 的汽车和司机，这两位美国人则请求德方的司机在这次旅行中不要穿 SS 制服。在圣莱昂哈德（St. Leonhard）由美国第 10 山地师的两三个士兵看守的一个小县政府里，他们看到了最奇妙的东西。在这个不引人注目的灰泥小建筑里的每一个房间的墙边，堆放着简直可以说是价值亿万美元的世界上最伟大的艺术珍品：拉斐尔、波提切利、克拉纳赫、鲁本斯、贝利尼、丁托列托的画，还有米开朗琪罗和多纳泰罗的一些雕塑。

里昂和盖弗尼茨回到博尔扎诺后，立即联系美国第 5 军负责看守这些艺术珍品的分队，请他们关注把这些画运回佛罗伦萨的事。[①]

① 这些艺术珍品的分类整理、清洁和装箱工作用了几乎两个月，最后在 7 月 20 日一列 13 节货车厢和 6 节警卫车厢……被电动引擎拉着离开博尔扎诺，经过 22 个小时到达佛罗伦萨的坎波德玛尔特车站（Campo di Marte Station）…… 6 辆装载着名画的卡车，挂着美国和意大利国旗，打着意大利文的“佛罗伦萨的艺术品回到它们真正的家”的标语，象征性地停在市政中心的领主广场（Piazza della Signoria）。3000 个佛罗伦萨人在那里聆听把艺术品转交给佛罗伦萨市长的休谟（Hume）将军的简短而动人的讲话。（*Report of the American Commission for the Protection and Salvage of Artistic and Historic Monuments in War Areas* [Washington: Government Printing Office, 1946], p. 81.）

艺术珍品还包括意大利国王收藏的价值数百万美元的钱币，沃尔夫把它们专门保存在博尔扎诺的皮斯托亚公爵宫的地窖里。最后它们被归还给从前的拥有者——罗马市。

5 月 12 日，里昂和盖弗尼茨离开了博尔扎诺。第二天是星期日，也是沃尔夫的 45 岁生日，他为自己的参谋们安排了一个大型聚会。大家喝了香槟酒。客人们站在宫殿前的草地上，手里端着酒杯，就好像这场愉快的聚会可以永远持续一样。这时候，大家听到博尔扎诺的鹅卵石街道上传来很响亮的隆隆声。随后，一个属于美国第 5 军第 38 师的载重 2.5 吨的卡车队停在了这个宫殿周围。德国军队、SS 高级和低级军官及行政官员都上了车。然后，这些卡车把他们送到盟军占领的摩德纳（Modena）战俘营。

意大利战线的枪炮声沉寂了，但是战后重建、对过去的罪恶给予其应得的惩罚和为未来恢复和平的沉重任务还只是刚开始。

后记

1965年春天，盖弗尼茨建议参与“日出行动”的盟军和瑞士人在阿斯科纳重聚，就在20年前亚历山大元帅的代表与沃尔夫将军会见的那个地点。他建议把聚会日子定于1965年5月2日，即第二次世界大战中德军在意大利投降20周年的纪念日。遗憾的是，我们这些人散居在5个国家，不可能在这个选定的日子里聚会。最后，莱姆尼策将军、盖弗尼茨和我，带着我们家庭的一些成员，于6月中旬在阿斯科纳聚会。马克斯·韦贝尔就住在附近，我们之中的一些人能有机会见到他。

在这个场合，不仅要回忆20年前的事，而且有必要回顾“日出行动”取得的成果，以及我们能从中得到什么教益。我们还可以了解双方的参与者从战后到现在的情况。我们这些人在一场大战的最后几个月里偶然巧遇，为缔造和平做出了特别的努力。

盟军方面，几位参与者的战后生涯是人所共知的。亚历山大元帅在战后不久出任加拿大总督，1952年从加拿大回到英国后被提名为国防大臣。同时，他被授予荣誉的贵族爵位“突尼斯的亚历山大伯爵”。艾雷将军担任的里雅斯特军事长官4年，并在巴黎的北大西洋公约欧洲总部短时间工作后，成为英国驻中国香港地区部队的司令，1954 年他退休时被册封为爵士。

当我们在阿斯科纳聚会时，莱姆尼策将军的职务是北大西洋公约组织在欧洲的武装力量总司令。此前，他担任驻韩国军队的司令还出任过我们的参谋长联席会议的主席。马克斯·韦贝尔在战后致力于瑞士军队的现代化，被晋级到军队的最高岗位之一——陆军参谋长，军衔是师级上校，相当于美国军队中的少将。

“日出行动”的文职人员中有两位已逝世：帕里利男爵于 1954 年去世，胡斯曼教授在 1965 年我们聚会之前刚去世。

我重操律师的旧业。1947 年被杜鲁门总统从这个行业召唤出来，那时我们的政府正在认真地规划战后的情报工作。起初，我同意只做短期的咨询工作，但很快发现自己已经深陷其中，并在 1953 年成为中央情报局局长，直到 1961 年才回归我的私人生活。

在战后的头几个月里，盖弗尼茨同我一起在盟军占领的柏林工作。利用了解德国形势，并通过个人与德国反纳粹抵抗运动领导成员的关系，盖弗尼茨为美国占领当局在困难的战后时期建立德国新政权时选择可用的德国人方面，提供了宝贵的服务。盖弗尼茨于 1946 年退休。此后不久，他与他的朋友法比安·冯·施拉本多夫（Fabian von Schlabrendorff）合作，此人曾在 1943 年把一枚定时炸弹偷偷放在希特勒去东部战线的飞机上，不幸的是炸弹没有爆炸，他出版了第一本叙述德国反纳粹抵抗运动和此次炸弹事件的书：《他们几乎杀了希特勒》（*They Almost*

Killed Hitler，Macmillan，1947）。在接下来的几年里，盖弗尼茨在欧洲和南美洲从事商务活动。

我真希望有可能报告，命运眷顾了我们勇敢的电台操作员小沃利，他是我们的行动能够成功的关键人物之一。在敌对行动结束后，莱姆尼策将军提议将沃利安排为我们军队的正式成员，以表彰他对国家做出的贡献。这需要加快使他成为美国公民的进程。然而，沃利急于回捷克斯洛伐克去看望他的家人。他没有接受莱姆尼策将军的好意，而是选择了回家。自那以后，我不知道他的确切情况。无论他在哪儿，我祝愿他一切安好。

有曾伪装为德国人认真实施“日出行动”的证据而被释放和转交给我的帕里，这位令人敬佩的意大利爱国者，成为战后意大利的第一任总理。这个令人惊奇的释放在战后意大利政界经常爆发的争吵中被恶意地曲解。帕里卸任总理后，曾竞选参议员。他的对手——新法西斯派，曾在罗马的报刊文章中和米兰街头的布告牌上散布污蔑他的新闻，说帕里在成为德国人的囚犯时，曾供出意大利抵抗运动的情报并因此被释放。

帕里立即在米兰提起诽谤诉讼，随后的法庭调查在很大程度上就是回顾“日出行动”。参与“日出行动”的几位盟军和德国人被召去宣誓做证。我们积极证明了帕里的高尚动机及他的忠诚和勇敢。

参与“日出行动”的德国人中，那些不是SS成员的人，包括拉恩、罗廷格和施韦尼茨，都开始了新的成功的职业生涯。

拉恩成为可口可乐公司在德国公司的领导人。当我们在阿斯科纳聚会时，他正参加竞选德国国会议员。

罗廷格将军在德国被占领期间被美国军队雇佣，撰写了第二次世界大战的军事史。当新的德国军队在1951年组建时，由于在战争期间作为将军和反纳粹力量做出过杰出贡献，他被选为第一任监察长。他在这个岗位上一直工作到20世纪50年代中期不幸逝世。维克托·冯·施韦尼茨在一家德国钢铁厂做高层管理工作。维廷霍夫将军在战后几年就去世了。

在SS内工作过的那些人，面临着困难得多的现实生活。在战争尚未结束前，盟军决定SS、纳粹秘密警察、准军事和情报机构的成员都属于“自动逮捕”类。这意味着比其他战俘更长的拘留期。

沃尔夫的助手温纳逃脱监禁，到了南美洲。吉多·齐默——这位不大适合穿SS制服的美学家大尉，很早就洗清了指控，被允许回到德国。他最终移民阿根廷，他的老朋友帕里利帮助他在那里做生意。

多尔曼逃出了美国设在意大利的里米尼拘留营，但不像温纳那样试图去南美洲，而是去了米兰。据说他在那里找到了在战争期间一起工作过的宗教界老关系。最后，多尔曼回到故乡米兰。据我了解，他在那里从事文学工作。

沃尔夫将军在1945年秋从意大利的拘留营被带到纽伦堡，在那里为审判一些战争罪犯的重大案件做证。他在持续审判期间被拘留了4年，但他是以证人身份。他本人也涉及SS罪行中的合谋问题，但是现有证据不足以使他被盟军判刑。但他在1964

年却被德国法庭起诉，并被判处 15 年徒刑，理由是他“持续参加和深度参与犯罪”。显然，他与希姆莱的紧密关系使他对 SS 的活动一直是知情的，尽管他常常私下里向受害者们伸出援手，但由于他能长期待在他的岗位上，只能被解释为他在纵容那些犯罪。

还有一个文件作为证据。1942 年，沃尔夫在要求运输部增加用于波兰的载货车厢的一份文件上签了名。那些车厢似乎是用来把犹太人运到死亡营去的。沃尔夫在被审讯时声明，他不知道那些车厢是干什么用的。

地点和时间都不适合讨论沃尔夫的罪行，也不适合分析他在“日出行动”中那样出力的利益和动机。一方面，这位 SS 将军在促使意大利北部德军最后投降过程中的贡献确实比其他人都要大；另一方面，他多年作为希姆莱亲信的所作所为是难以抹去罪行。德国的法院已做出了判决，试图在这两个方面之间进行折中调和是无用的。

在这个历史故事中，我提供了我所看到的关于沃尔夫所有行为的事实。结论必须留给历史去做。在我看来，有一点是很清楚的：他和德国人民都被希特勒欺骗和误导了，而且希特勒延长战争的企图只会使德国人民面临更加血腥屠杀，沃尔夫就决定，无论他过去的目的和动机是什么，从今往后，他都有责任尽其所能使这场战争结束。在我们谈判的那几个星期里，沃尔夫的决心从没有动摇过，或者改变过方向。据我所知，他从未在他权力和能力范围内言而无信。因此，他对“日出行动”的成功做出了极大的贡献。

曾密切关注沃尔夫受审过程的盖弗尼茨，给德国法庭提供了沃尔夫自始至终参与“日出行动”的完整事实，并得出我们都认同的结论：“自 1943 年开始，沃尔夫明白并试图使这个民族，而不是使他自己，从悲惨的境地中解脱出来。”

当盖弗尼茨和我在投降计划成功之后，访问卡塞塔的盟军司令部和兰斯的艾森豪威尔将军时，对于这个带来和平的特殊冒险事业的成功结果，我们受到的赞誉和祝贺已经超过我们应得的份额。我们更加难忘那时收到的两封电报。一封来自莱姆尼策的电报如下：

> 衷心地祝贺“字谜行动”的成果。这是完美和巨大的成功。你和你的助手可以为你们在目前发生的这个具有划时代意义的事件中所起的杰出作用而自豪。我钦佩你们在这几段困难的时间内对事业的忠诚和奉献，同样地，我也很荣幸，也为我能愉快地参与这个结束纳粹在欧洲称霸的行动而自豪。

另一封电报来自多诺万的副手约翰·马格鲁德（John Magruder），他在“日出行动”的整个谈判期间坐在多诺万旁边，主要负责办理我们从总部收到的指示。我那时并不知道他有一个儿子在第 10 山地师参战，该师在接到 5 月 2 日停火的命令时正在部署进攻。我收到的这封电报内容如下：

马格鲁德致110（这是我在OSS内的代号）：

> 无数的父母将为你祝福，如果他们知道了你做的事。作为这些父母之一，我有幸知道此事，而且有一个儿子在山地师参战，我为你祝福。

我们在阿斯科纳聚会回顾“日出行动”时，我们问自己，从这些谈判中能得到哪些对未来有用的经验教训。

发动战争或被卷入战争是如此容易，而停止战争是如此困难。一旦交战的双方被锁定在战争之中，他们之间的通信联系就中断了。在军规中，同敌人交往是非法的，而在最广泛意义上，“交易”是被禁止的，交谈是禁忌的。即使一方的指挥官想要停止战争，他们不一定希望在条件未成熟时过早地向世界和敌方声张此事，以免被公开指责和被打成叛徒。一般来说，根本没有安全和保险的方法告诉对方他们想要尽快达成和平的意愿。

我们从“日出行动”中得到的一个经验是，战斗双方的领导人之间建立秘密接触和安全通信极其重要。一旦建立了联系，而且坚信可以交换想法，而不必担忧会曝光或过早走漏风声，我们的谈判就到了一个有希望的转折点。在双方对战中要做到这些很不容易，但“日出行动”证明这并不是不可能的。大量的研究和创新专注于准备和进行战争的课题，却很少把注意力奉献给更重要的任务——战争一旦开始后如何才能结束。“日出行动”可以提供某些有用的线索。通过研究那时使用过的技巧与遇到及克服的困难，我们可以为未来开辟路径。

在我们开展“日出行动”时，我们的有些情况甚至传到了日本驻瑞士的代表们那里。1945 年 4 月，当冲绳岛战役正处于高潮时，日本陆军和海军在瑞士的发言人及巴塞尔国际结算银行的日本官员曾找到盖弗尼茨和我。他们希望确定，他们能否利用这个为“日出行动”而建立的联系华盛顿的秘密渠道来为日本谋求和平。我将他们的意愿通知了华盛顿，并被授权先听听日本人讲些什么。巴塞尔银行能干的瑞典经济顾问佩尔·雅各布森（Per Jacobsson）被卷入这些谈话，并在华盛顿与巴塞尔之间曾有过积极的通信交往。

按照华盛顿的指示，我在 1945 年 7 月 20 日参加波茨坦会议，向史汀生部长报告我从东京方面了解到的情况：当日本人民得知德军投降的毁灭性消息后，他们也想要投降，但希望保持天皇政体和宪法，以此作为维持日本纪律和秩序的基础。那时，德军在意大利投降的消息，以及德军是如何投降的事情已经在报纸上广为传播，其影响是具有传染性的。遗憾的是，在日本问题上我们的时间已经不够了。在东京的当权者们确认这里有一条和平之路之前，莫斯科出现在国际舞台上，日本政府决定通过苏联寻求和平。罗伯特·布托（Robert Butow）在他的著作《日本决定投降》（*Japan's Decision to Surrender*）[①] 中，以下列陈述总结了他对在瑞士的日本人的试探活动：“在投降的命运最后到来之时，藤村义

① Stanford University Press, Stanford, California,1954, p. 111.

郎司令灰心失望地回忆起日本政府的盲目性，导致其未能继续利用瑞士的谈判渠道，冈本正刚中将在苏黎世用自杀把他的名字不可磨灭地刻在日本武士的神圣登记册上。”这两人都参与了在瑞士的对话。如果有稍微多一点的时间用于建立谈判渠道，日本投降的故事可能将会有不同的结局。

参考文献

我撰写“日出行动”的资料，主要来自我自己和盖弗尼茨关于谈判的记录和回忆，加上我们可以引用的报告和文件。在 1945 年 5 月 2 日的投降后，多诺万将军立即要我们向他汇报，并指示我们为参谋长联席会议准备一份关于所发生事情的完整报告。盖弗尼茨和我在 1945 年 5 月 22 日完成和递交了详尽的报告，它也成为我们写这本书的指南。

多诺万喜欢在保密允许的范围内让人们知道他的组织能做成些什么事，他准许这个故事通过某种渠道进入公众领域。他找到这种渠道并不难（“The Secret History of a Surrender,” by Forrest Davis, *Saturday Evening Post*, September 22 and 29, 1945）。归根结底，那时不再有保密的理由了。

我从 1950 年至 1961 年底在政府部门工作，没有从事过任何为公众写作的工作。但是，我收集和整理了我的笔记。与此同时，盖弗尼茨和我还从沃尔夫、罗廷格、维廷霍夫、多尔曼、拉恩及其他人那里，获得了他们各自对这些事件的看法，他们每个人都在这些事件中发挥过重要作用。在着手写这本书时，我们才发现这个故事还有欠缺之处。盖弗尼茨又与几位还在世的参与者谈话，弥补了大部分缺乏的资料。我还得到霍华德·罗曼（Howard Roman）的宝贵帮助，把原始资料加以组织，成为我们的故事。

资料中有一些是已发表过的文章，包括帕里利和多尔曼写的文章，它们有助于反映德国军队和SS内部在我们谈判期间的氛围。文献中提到的费卢西奥·兰弗兰奇（Ferruccio Lanfranchi）的书中有帕里利的记录，它特别有用，因为它叙述了只有他与沃尔夫二人在场的谈话内容。有些近代史书，包括丘吉尔所著、值得纪念的第二次世界大战史图书《凯旋与悲剧》（*Triumph and Tragedy*），迪金的《残酷无情的友谊》（*The Brutal Friendship*）和约翰·托兰德的《大国博弈》（*The Last 100 Days*），也都有一些关于"日出行动"的叙述。盖弗尼茨和我很高兴，迪金先生和托兰德先生利用我们的一些资料使他们的叙述更加完整，我认识他们二位。我提到这一点是为了让未来的历史学家免于陷入以重复引用作为定论的根据。

ALEXANDER OF TUNIS, *The Italian Campaign* (*12 December 1944 to 2 May 1945*). Report by the Supreme Allied Commander. London: His Majesty's Stationery Office, 1951. (Appendix E contains the official account of negotiations for the German Capitulation.)

ARMSTRONG, ANNE, *Unconditional Surrender*. New Brunswick: Rutgers University Press, 1961.

BALLOLA, RENATO CARLI, *1953 Processo Parri*. Milan: Casa

Editrice Ceschina, 1953.

BERTOLDI, SILVIO, *I Tedeschi in Italia*. Milan, 1964.

BYRNES, JAMES F., *Speaking Frankly*. New York: Harper & Brothers, 1947.

CHURCHILL, WINSTON S., *Triumph and Tragedy*. Boston: Houghton Mifflin Co., 1953

CLARK, MARK W., *Calculated Risk*. New York: Harper & Brothers, 1950.

DEAKIN, F. W., *The Brutal Friendship*. New York:Harper & Row, 1962.

DOLLMANN, EUGEN, *Call Me Coward*. London: William Kimber & Co., Ltd., 1956.

__________, Roma Nazista. Milan: Longanesi & C., 1949.

DULLES, ALLEN, *Germany's Undergroud*. New York: The Macmillan Company, 1947.

EISENHOWER, DWIGHT D., *Crusade in Europe*. Garden City: Doubleday & Co., 1948.

FEIS, HERBERT, *Churchill, Roosevelt, Stalin*. Princeton: Princeton University Press, 1957.

HOETTL, WILHELM (under pseudonym WALTER HAGEN), *Die Geheime Front*. Linz und Wien: Nibelungen Verlag, 1950.

KESSELRING, ALBERT, *A Soldier's Record*. New York: William Morrow & Co, 1954.

KIMCHE, JON, *Spying for Peace*. London: Weidenfeld and Nicolson, 1961.

LANFRANCHI, FERRUCCIO, *La Resa degli Ottocentomila*. Milan: Rizzoli Editore, 1948.

LEAHY, WILLIAM D., *I was There*. New York: McGraw-Hill Book Co., 1950.

LIDDELL HART, B. H., *The German Generals Talk*. New York: William Morro & Co., 1948.

MINOTT, RODNEY G., *The Fortress That Never Was*. New York: Holt, Rinehart & Winston, 1964.

MOELHAUSEN, E. F., *La Carta Perdente* (2nd edition) . Rome: Edizioni Sestante, 1948.

RAHN, RUDOLF, Ruheloses Leben. Düsseldorf: Diederichs Verlag, 1949.

SCHELLENBERG, WALTER, *The Labyrinth*. New York: Harper & Brothers, 1956.

SENGER UND ETTERLIN, FRIDO VON, *Neither Fear Nor Hope*. New York: E. P. Dutton, 1964.

SOGNO, EDGARDO, *Guerra Senza Bandiera*. Milan: Rizzoli Editore, 1950.

SPEIDEL, HANS, *Invasion—1944: Rommel and the Normandy Campaign*. Chicago: Henry Regnery Company, 1950.

TOLAND, JOHN, *The last 100 Days*. New York: Random House, 1965.

TREVOR-ROPER, HUGH R., *Last Days of Hitler*. New York: The Macmillan Company, 1947.

TRUMAN, HARRY S, *Memoirs* (2 volumes) . Garden City: Doubleday & Company, 1955-1956.

WHEELER-BENNETT, J. W., *The Nemesis of Power*. London: Macmillan & Company, Ltd., 1953.

WOLFF, KARL , "*Ecco la Verità*" (series of five articles) . Tempo (Milan) , February and March 1951.